Lenz · Das Buch der 1000 Fragen und Antworten

Nikolaus Lenz

Das Buch der 1000 Fragen und Antworten

Loewe

Die Deutsche Bibliothek – CIP-Einheitsaufnahme

Lenz, Nikolaus:
Das Buch der 1000 Fragen
und Antworten/Nikolaus Lenz.
8. Aufl. – Bindlach: Loewe, 1994
ISBN 3-7855-2381-5

ISBN 3-7855-2381-5 – 8. Auflage 1994.

Umschlaggestaltung von Creativ GmbH Kolb, Leutenbach
unter Verwendung von Fotos von Frank Lane,
Gabriela Ruta, Robert Harding und Hao-Qui/Silvestris
Satz: Teamsatz, Neudrossenfeld

Inhalt

Das Universum

Seit wann betreiben Menschen Sternkunde?

Seit Beginn der menschlichen Zivilisation haben sich Fachleute mit dem Lauf von Sonne, Mond und Sternen beschäftigt. Diese Astronomen waren in allen bekannten Kulturen hoch angesehen. Inkas und Azteken in Amerika, Assyrer in Asien, Ägypter in Afrika, Kelten in Europa - sie und andere Völker errichteten schon vor Tausenden von Jahren gewaltige Bauten, die als Sternenkalender dienten; mit deren Hilfe konnte man die Bewegungen von Sonne, Mond und Planeten verfolgen und voraussagen. Der berühmte geheimnisvolle Steinkreis von Stonehenge in England ermöglichte bereits vor 4.000 Jahren erstaunlich genaue astronomische Berechnungen.

Wie entstand das Universum?

Die Mehrzahl der Wissenschaftler ist heute der Ansicht, das Universum sei in einer Art großem Knall, dem sogenannten „Big Bang", entstanden. Man darf das allerdings nicht zu wörtlich nehmen: Der „Urknall" ist eigentlich nichts weiter als ein Bild für die völlig unvorstellbare Geburt unseres Universums. Das meiste, was wir über das Verhalten der Sterne, ihre Wanderung durch das Universum und über die ständige Ausdehnung des Weltalls wissen, deutet darauf hin, daß zu irgendeinem Zeitpunkt die gesamte Materie und Energie des Universums - also Sonne, Mond und sämtliche Sterne - in einem einzigen Punkt zusammengeballt waren. Dieser Punkt war unendlich schwer und heiß, und als das konzentrierte Universum schließlich explodierte, schleuderte es all das aus sich heraus, was wir heute als Weltall kennen. Eine Sekunde nach dem Urknall betrug die Temperatur des Universums zehn Milliarden Grad Celsius. Und in einem Stecknadelkopf der damaligen Materie steckte soviel Energie, wie unsere Sonne in den vergangenen fünf Milliarden Jahren erzeugt hat!

Wann war der Urknall?

Die Astrophysiker (Sternphysiker) sind sich ganz und gar nicht einig, wann der Urknall war. Klar ist jedenfalls, daß das Weltall älter ist als unsere Erde; und die Erde bringt es auf immerhin 4,5 Milliarden Jahre. Das Universum muß auch viel älter sein als die Milchstraße oder Galaxis (6,5 Milliarden Jahre), in der unsere Sonne liegt. Und weiter? – Nun, hier klaffen die Berechnungen auseinander. Etwa vor zehn bis zwanzig Milliarden Jahren muß sich die Geburt des Universums abgespielt haben.

Analysiert man das Licht der Sterne, kann man erkennen, daß das Weltall immer noch explodiert. Seine Teile fliegen weiter auseinander, manche sogar mit einer Geschwindigkeit von fast 300.000 Kilometern pro Sekunde. Wenn man nun zum Ursprung zurückrechnet, kommt man auf etwa fünfzehn Milliarden Jahre. Das Geheimnisvolle daran ist jedoch, daß nicht alle Teile des Universums gleich schnell auseinanderstreben. Dies macht sämtliche Vermutungen noch ungewisser.

Und was war vor dem Urknall?

Auf die Frage, was vor dem Urknall war, gibt es keine Antwort, die uns klüger machen würde. Das, was wir „Big Bang“ nennen, haben Physiker und Mathematiker ja bloß ausgerechnet; es ist eine geistige Konstruktion. Man sagt: Um die Entstehung des Universums erklären zu können, müssen wir einfach einen Punkt Null annehmen. An diesem Punkt Null müßten diese und jene Bedingungen geherrscht haben, damit wir verstehen können, was später dann passiert ist. Der Urknall, sagen wir, ist dann der absolute Anfang. Mit ihm ist nicht nur das Universum entstanden. Er brachte auch die physikalischen und mathematischen Gesetze hervor, die in der Welt herrschen. Erst mit dem Urknall hat auch die Zeit begonnen. Wenn es „vorher“ keine Zeit und keinen Raum gegeben hat, dann kann man aber auch nicht fragen, was „vorher“ war. (Das heißt, fragen kann man schon. Aber Antwort bekommt man keine ...)

Wird es wieder einmal einen Urknall geben?

Manche Forscher meinen, das Universum werde immer langsamer auseinanderstreben, eine Zeitlang zur Ruhe kommen und dann wieder in sich zusammenfallen – um in einem neuen Urknall zu explodieren. Falls das stimmt, so sollte es uns dennoch nicht bange machen. Der nächste Urknall würde, falls überhaupt, in 65 Milliarden Jahren stattfinden.

Andere Astrophysiker behaupten, daß das Universum ständig neu aus sich selbst heraus entsteht.

Demnach fliegt das Universum zwar auseinander, in seinem Zentrum jedoch entstehen immer neue Galaxien.

Was ist eine Galaxis?

Galaxien sind Sternensysteme, die aus ungeheuer vielen Sternen (manchmal hundert Milliarden) bestehen. Sie entstanden eine Milliarde Jahre nach dem Urknall und haben verschiedenste Formen: Spiralen, Ellipsen und unregelmäßige Gestalten.

Wahrscheinlich gibt es Milliarden von Galaxien. Eine davon ist unsere Heimatgalaxis, die Milchstraße (das Wort *Galaxis* kommt von griechisch *gala:* Milch).

Was ist ein Sternenhaufen?

Manche Galaxien sind einander benachbart und bilden Sternenhaufen. Die Virgogruppe, die mehr als 60 Millionen Lichtjahre von uns entfernt ist, enthält über tausend Galaxien. Auch unsere Milchstraße gehört zusammen mit zwanzig anderen Galaxien einem eigenen Sternenhaufen an. Die größte Galaxis dieser Gruppe ist der Andromedanebel, der uns mit einer Entfernung von zwei Millionen Lichtjahren verhältnismäßig nahe ist. Man kann ihn mit bloßem Auge gerade noch erkennen. Da das Licht zwei Millionen Jahre braucht, um die Entfernung zur Erde zurückzulegen, sehen wir den Andromedanebel nicht so, wie er jetzt ist, sondern wie er vor zwei Millionen Jahren war. Umgekehrt: Ein heutiger Beobachter im Andromedanebel würde die Erde so sehen, wie sie zur Zeit der allerersten Menschen war. (Das ist nur ein Gedankenspiel. Ein so leistungsfähiges Fernrohr kann überhaupt nicht gebaut werden.)

Können wir unsere eigene Galaxis sehen?

Das „milchige" Lichtband am nächtlichen Himmel ist die Milchstraße, jene Galaxis, zu der auch unser Sonnensystem gehört. Wir sind so weit am Rande dieser Galaxis plaziert, daß wir ihr Zentrum als helles Band am Himmel sehen. Könnten wir (von einer anderen Galaxis aus) unsere Milchstraße beobachten, so würden wir entdecken, daß sie die Form einer Spirale hat. Unsere Sonne läge dann in einem entfernten Spiralarm. Die Spiralarme der Milchstraße drehen sich wie ein Feuerwerksrad ums Zentrum.

Wie groß ist die Milchstraße?

Unsere Milchstraße hat einen Durchmesser von 100.000 Lichtjahren und ist in der Mitte zwanzig Lichtjahre stark. Insgesamt besteht sie aus hundert Milliarden Sternen. Im Zentrum ballen sich vierzig Milliarden Sterne zusammen. Sie sind dort so dicht gesät, daß durchschnittlich alle tausend Jahre zwei Sterne zusammenstoßen!

Im Vergleich zur Größe der Milchstraße ist unser Sonnensystem winzig klein. Wenn man sich die Milchstraße so groß wie Europa vorstellt, dann wäre unser Sonnensystem so klein wie eine Walnuß. Ein

Zug, der von der Erde aus ins Zentrum der Milchstraße fahren wollte, bräuchte dazu 300 Milliarden Jahre - zwanzigmal das Alter unseres Universums!

Was ist ein Lichtjahr?

Die Entfernungen, mit denen Astronomen zu tun haben, sind so ungeheuer groß, daß sie sich neue Maßeinheiten ausdenken mußten - sonst käme man mit den vielen Nullen nicht zurecht.

Das „Lichtjahr" ist so ein künstliches Maß für Entfernungen. Pro Sekunde durcheilt das Licht eine Strecke von fast genau 300.000 Kilometern; die Strecke, die ein Lichtstrahl in einem ganzen Jahr zurücklegt, nennt man „Lichtjahr": 9.461.000.000.000 km (= 9,461 Billionen Kilometer). Ein anderes astronomisches Maß heißt „Parsec". Dieses künstliche Wort ist aus *Parallaxe* und *Sekunde* gebildet. Ein Parsec (abgekürzt ps) beträgt 3,26 Lichtjahre.

Um Entfernungen in unserem Sonnensystem anzugeben, benutzt man normalerweise die „astronomische Einheit" (abgekürzt AE). Sie beträgt ungefähr 150 Millionen Kilometer. Das ist die mittlere Entfernung der Erde zur Sonne.

Wie lange braucht unser Sonnensystem für einen Umlauf um die Milchstraße?

Die Sterne der Milchstraße drehen sich alle um ihr galaktisches Zentrum; zentrumsnahe Sterne schaffen einen Umlauf schneller (zehn Millionen Jahre), entferntere Sterne wie unsere Sonne brauchen 225 Millionen Jahre. Diese Umlaufzeit um den Mittelpunkt der Milchstraße nennt man „kosmisches Jahr“. Vor einem kosmischen Jahr, also vor 225 Millionen Jahren, gab es bei uns die ersten Dinosaurier.

Was ist zwischen den Sternen?

Die gewaltigen Räume zwischen den Sternen sind nicht völlig leer. Sie enthalten sogenannte „interstellare Materie“ (*inter* heißt: zwischen; *stella:* Stern, beides kommt aus dem Lateinischen). Diese Materie ist unvorstellbar dünn gesät. Ein Liter Weltraum enthält lediglich 300 Atome; ein Liter Luft enthält tausend Milliarden Atome. Dennoch besteht ein Zehntel der Materie des Universums aus diesen kosmischen Nebeln oder Gaswolken.

Kann man kosmische Nebel sehen?

Man kann kosmische Nebel meistens nicht sehen. Sie erscheinen als dunkle Flecken am Himmel, weil sie die hinter ihnen liegenden Sterne abdecken. Andere leuchten ein wenig, wenn sie das Licht von Sternen reflektieren. Schließlich gibt es aber auch kosmische Leuchtnebel. Hier wird die interstellare Materie von nahen, heißen Sternen so stark bestrahlt, daß sie selbst zu leuchten beginnt.

Wie entstehen kosmische Nebel?

Viele Nebel sind bei der Explosion einer Supernova entstanden. Eine Supernova ist ein Stern, der in einem Helligkeitsausbruch heller werden kann als eine Milliarde von Sternen zusammen. Er kann in einem Monat soviel Energie verheizen wie unter normalen Umständen in einer Million Jahren. Dabei schleudert er Materiewolken in den Weltraum. Im Mittelalter konnte man die Explosion einer gewaltigen Supernova mitverfolgen, aus der der Krebsnebel hervorging. Er ist heute noch sichtbar. Damals konnte man sich dieses Ereignis natürlich noch nicht als Supernova und als Entstehung eines Nebels erklären. Auch der Veilnebel (Entfernung 2.500 Lichtjahre) ist möglicherweise das Ergebnis einer gewaltigen Supernova. Dieses Ereignis fand vor 50.000 Jahren statt - nach kosmischen Maßstäben also erst gerade eben.

Entstehen immer noch neue Sterne?

Alle 18 Tage kommt in unserer Milchstraße ein neuer Stern zur Welt. Ein Stern entsteht, wenn sich Sternennebel zusammenballen. Durch den Druck wird das Innere des Nebels heißer und heißer. Bei etwa sechs Millionen Grad setzen atomare Reaktionen ein: sogenannte „Kernfusionen" (Kernverschmelzungen). Dabei verschmelzen zwei Atome zu einem einzigen, und ungeheure Energien werden frei. Der Stern sendet Licht und Hitze aus. Die abgestrahlte Energie wird durch frische Energie ersetzt, die bei den Atomreaktionen im Inneren einer Sonne entsteht. Eine Sonne kann man als gigantisches Atomkraftwerk betrachten, in dem bei vollem Betrieb Temperaturen von 16 Millionen Grad herrschen.

Was passiert, wenn ein Stern stirbt?

Auch die Energie, die ein Stern in Form von Wasserstoffatomen zur Verfügung hat, ist nicht unerschöpflich. Irgendwann, nach vielen Milliarden Jahren, ist der Brennstoff verbraucht. Im Todeskampf bläht sich der Stern zu einem sogenannten „roten Riesen“ auf, um dann schließlich zu einem „weißen Zwerg“ zusammenzuschrumpfen. Seine Materie wird dann unvorstellbar dicht: Eine Tasse mit der Materie eines weißen Zwerges würde soviel wiegen wie ein ganzer Eisenbahnzug!

Wird unsere Sonne auch einmal sterben?

Wie jeder andere Stern auch wird unsere Sonne eines Tages ihre Vorräte verbraucht haben und sich zu einem roten Riesen aufblasen; sie wird so groß sein, daß sie die Umlaufbahn des sonnennächsten Planeten, des Merkur, mit umfassen kann. Dabei wird sie alle Planeten verbrennen und vernichten.

Was ist ein Neutronenstern?

Große Sonnen können am Ende ihres Lebens noch viel dichter werden als normale weiße Zwerge und auf Gebilde von nur zehn Kilometer Durchmesser zusammenschrumpfen. In diesem Winzling steckt die ganze Masse einer Riesensonne. Ein Stück Materie in der Größe eines Hemdknopfes wiegt Dutzende Millionen Tonnen. Die Anziehungskraft ist unvorstellbar groß. In solchen Neutronensternen bricht der Aufbau der Materie zusammen; die Teilchen vereinigen sich zu Neutronen (Elementarteilchen ohne elektrische Ladung).

Später verwandelt sich der ehemalige Riesenstern in etwas noch Seltsameres: in ein schwarzes Loch.

Was ist ein schwarzes Loch?

Astronomen haben es mit vielen rätselhaften Phänomenen zu tun, für die man phantasievolle Namen braucht. Ein solches Rätsel geben die „schwarzen Löcher“ auf. Das sind Gegenden im Universum, die kein Licht ausstrahlen und auch kein Licht durchlassen. Man nimmt an, daß es sich um Himmelskörper handelt, die so schwer sind, daß sie alles Licht, das in ihre Nähe kommt, einfach „verschlucken“. Ein schwarzes Loch müßte dazu freilich vier Millionen Mal schwerer sein als unsere Sonne.

Stehen Sterne immer allein am Himmel?

Unsere Sonne ist ein Einzelgänger. Sehr viele Sterne jedoch, die sich zur gleichen Zeit gebildet haben, stehen zu zweit oder in Gruppen am Himmel, wobei sie sich gegenseitig umkreisen. Sternengruppen mit vielen Sternen nennt man „Sternenhaufen“.

Was ist an unserer Sonne Besonderes?

An unserer Sonne ist nichts Besonderes - außer daß sie einen Planeten namens „Erde“ hat, auf dem Lebewesen namens „Menschen“ leben, die darüber nachdenken können, was an unserer Sonne so besonders ist. Tatsächlich ist die Sonne ein normaler Stern in einem ziemlich abgelegenen Seitenarm der Milchstraße. Um sie herum kreisen auf bestimmten Bahnen Planeten und kleinere Himmelskörper, die Asteroiden. Asteroiden (oder Planetoiden) sind Planeten, die zu klein sind, als daß man sie in die Liste der „richtigen“ Planeten aufnehmen könnte.

Wie groß ist die Sonne?

Die Sonne hat einen Durchmesser von etwa 1,4 Millionen Kilometern; damit ist sie über hundertmal so groß wie die Erde und etwa zehnmal so groß wie der Jupiter. Wenn man sich die Sonne so groß vorstellt wie eine Orange, dann ist die Erde so groß wie ein Stecknadelkopf, der die Orange in einer Entfernung von zehn Metern umkreist. In Wirklichkeit ist sie 150 Millionen Kilometer entfernt. Mit dem Zug bräuchte man für eine so lange Strecke ungefähr 170 Jahre.

Woraus besteht die Sonne?

Zum größten Teil besteht die Sonne aus dem Element Wasserstoff, den sie als Energieträger ununterbrochen verzehrt. Sie verliert dabei pro Sekunde vier

Millionen Tonnen an Gewicht - Gewicht, das sie in Energie verwandelt, nämlich in Strahlung und Hitze.

Die Sonne ist aus verschiedenen Schichten aufgebaut. Im innersten Kern der Sonne ist es mit fast 15 Millionen Grad am heißesten. Hier werden Atomkerne zusammengeschmolzen; aus diesem Prozeß gewinnt die Sonne ihre Energie. Weiter draußen liegen die radiative Zone, die Konvektionszone (in der gigantische Gasmassen verschoben werden), die Photosphäre (mit nur 6.000 Grad geradezu kühl), die 10.000 Kilometer dicke Chromosphäre und schließlich die Korona, die „Krone". Diese Außenschicht ist wieder zwei Millionen Grad heiß.

Die Sonne produziert unglaublich viel Energie. In einer einzigen Sekunde erzeugt sie soviel Energie wie sämtliche Kraftwerke der USA in zehn Millionen Jahren. Alle Energiequellen der Erde, auf einmal verheizt, würden die Sonne nicht aufblinken lassen! Noch ein Beispiel: Ein Stück Sonnenoberfläche in der Größe einer Streichholzschachtel strahlt so hell wie zwei Millionen Kerzen.

Wer ist unser nächster Nachbar im Universum?

Der Mond ist von der Erde nur ungefähr 350.000 bis 400.000 Kilometer entfernt. Ein Intercityzug wäre in drei Monaten dort. Der Mond hat an seinem Äquator einen Durchmesser von knapp 3.500 Kilometern. Sein Rauminhalt beträgt ein Achtzigstel des Erdvolumens - achtzigmal würde der Mond in die Erdkugel passen.

Warum verändert der Mond seine Form?

Natürlich verändert der Mond seine Form in Wirklichkeit nicht. Wir sehen bloß immer nur jenen Teil des Mondes, den die Sonne bescheint: Im monatlichen Durchlauf wird einmal die ganze Scheibe (Vollmond) angestrahlt, dann die Sichel; bei Neumond steht die „leere" Scheibe am Himmel, danach ist die Sichel andersherum zu sehen und schließlich wieder der Vollmond.

Gibt es in den Mondmeeren auch Wasser?

Die Bezeichnung „Meere" für die riesigen, dunkel erscheinenden Flächen auf dem Mond stammt aus der Frühzeit der Astronomie. Damals konnte man von der trockenen Beschaffenheit des Mondes nichts wissen. Heute weiß man, daß es sich bei den Mondmeeren um ehemalige Lavafelder handelt, die von Vulkanausbrüchen vor Millionen Jahren stammen. Wasser gibt es keines auf dem Mond.

Könnten sich Astronauten auf dem Mond ohne Funk unterhalten?

Der Mond hat keine Lufthülle. Damit fehlt ein Medium, das Schallwellen übertragen könnte. Auf dem Mond ist es daher absolut still. Astronauten könnten sich miteinander unterhalten, wenn sie ihre Helme gegeneinanderpreßten. Damit würden sie eine Schallbrücke bilden.

Weshalb kreist der Mond um die Erde?

Der Mond befindet sich im Schwerefeld der Erde; die Schwerkraft, die uns daran hindert, von der Erde fortzuhüpfen, zieht auch ihn an. Da der Mond um die Erde kreist, sorgt gleichzeitig die Zentrifugalkraft (Fliehkraft) dafür, daß er nicht auf die Erde stürzt.

Weshalb leuchten Planeten am Himmel?

Planeten sind Himmelskörper, die um eine Sonne kreisen. Sie senden jedoch kein eigenes Licht aus. Wenn wir Planeten wie die Venus zum Beispiel als leuchtenden Stern am Himmel sehen, dann deshalb, weil die Venus von der Sonne beleuchtet wird und einen Teil dieses Sonnenscheins zurückwirft. Von der Venus aus betrachtet, würde auch unsere Erde am nächtlichen Himmel leuchten.

Übrigens ist die Venus derselbe Stern wie unser Abendstern; und der Abendstern ist derselbe Stern wie der Morgenstern. Wir nennen ihn einmal so und einmal so, weil er am Morgen woanders steht als am Abend. Als Planet kreist die Venus ja um die Sonne und verändert daher den Standort.

Welche anderen Planeten sind der Erde am ähnlichsten?

Die Erde gehört neben Merkur, Venus und Mars zur Gruppe der inneren Planeten: Sie heißen so, weil sie auf den inneren Bahnen die Sonne umlaufen, und sind einander ähnlicher als den Großplaneten auf den äußeren Bahnen. Allerdings sind auch diese Ähnlichkeiten nicht allzu groß. Die durchschnittlichen Oberflächentemperaturen reichen zum Beispiel von fast 500 Grad Celsius auf der Venus bis zu minus 23 Grad auf dem Mars.

Welcher Planet ist der Sonne am nächsten?

Der Merkur, der nur ein Zwanzigstel der Erdgröße erreicht, umkreist die Sonne auf der innersten Bahn. Er ist mit 350 Grad am heißesten. Der Merkur (nach dem flinken römischen Götterboten benannt) ist von einer Lufthülle umgeben; diese Atmosphäre besteht aus Helium und ist äußerst dünn. Deshalb sinkt die Temperatur in der Nacht auch auf minus 170 Grad ab: Es gibt keine Lufthülle und keine Wolken, die verhindern, daß die Tageshitze nachts in den Weltraum abstrahlt.

Könnten es Menschen auf der Venus aushalten?

Nur in Raumstationen könnten sich Menschen auf der Venus aufhalten. Denn die Temperaturen dürften bis zu 500 Grad Celsius hoch sein. Der Grund dafür liegt in der Sonnennähe und in der Zusammensetzung der Venusatmosphäre, die fast völlig aus dem (für Menschen giftigen) Gas Kohlendioxyd besteht. Kohlendioxyd verhindert, daß die Hitze in den Weltraum abgestrahlt wird. Dadurch heizt sich die Venus wie ein Treibhaus auf. Nicht nur giftige Luft und Hitze, auch der gewaltige Luftdruck würden es Menschen unmöglich machen, auf der Venus zu existieren. Die Atmosphäre ist so dicht, daß ein Druck herrscht wie in 900 Metern Meerestiefe.

Wo geht auf der Venus die Sonne auf?

Auf der Venus geht die Sonne im Westen auf. Die Venus ist der einzige Planet, der sich „verkehrt" um die eigene Achse dreht; alle anderen Planeten drehen sich in die Richtung, in der sie auch um die Sonne laufen.

Welche der inneren Planeten haben Monde?

Die Erde und der Mars haben Monde. Der Mars hat gleich zwei, Phobos und Deimos (beides ist griechisch; auf deutsch bedeutet es: Furcht und Schrekken). Deimos, der kleinere der beiden, hat eine so geringe Schwerkraft, daß ein Astronaut mit einem Trampolin von ihm weghüpfen könnte - auf Nimmerwiedersehen. Der Unglückliche würde dann wahrscheinlich vom Mond Deimos auf den Mars zustürzen.

Was haben Jupiter und Saturn gemeinsam?

Jupiter und Saturn sind die Giganten im Sonnensystem und gehören zu den gasreichen Großplaneten. Beide haben einen kleinen festen Kern, eine gewaltige Hülle aus flüssigem Wasserstoff und eine äußerst dichte Atmosphäre.

Wie viele Erden würden in den Jupiter passen?

1.300 Erdkugeln hätten in der gigantischen Masse des Planeten Jupiter Platz.

Was ist der rote Fleck des Jupiters?

Bereits vor über 300 Jahren hat man bemerkt, daß den Jupiter ein rätselhafter großer roter Fleck ziert. Man neigt heute zur Ansicht, daß es sich um einen Wirbelsturm handelt, der seit Jahrhunderten auf dem Planeten tobt. Die Fläche des Sturms ist größer als die ganze Erde.

Wie groß ist der feste Kern des Jupiters?

Der feste Kern des Jupiters ist ungefähr so groß wie die Erde – bei Temperaturen um die 30.000 Grad und einem Druck, der viele Millionen Mal höher ist als der Luftdruck auf der Erde. Dieser Druck würde jedes Raumschiff sofort zerquetschen.

Wo sind die fleißigsten Vulkane des Sonnensystems?

Der Jupitermond Io ist vulkanisch sehr aktiv: Alle 3.000 Jahre kommt auf seiner Oberfläche eine zentimeterdicke Schicht geschmolzener Lava dazu. Das scheint zunächst nicht viel. Aber im Laufe der vielen Millionen Jahre, die ein Gestirn Zeit hat, stülpt sich der Io doch langsam nach außen. Insgesamt hat der Jupiter - wie übrigens auch der Saturn - 17 Monde.

Woraus bestehen die Ringe des Saturn?

Mit seinen majestätischen Ringen bietet der Saturn im Teleskop einen faszinierenden Anblick. Diese Ringe bestehen aus Eiskristallen, die das Sonnenlicht widerspiegeln. Sonst würde man die Ringe gar nicht erkennen können, da sie nur etwa einen Kilometer dick sind - bei einem Durchmesser von gigantischen 275.000 Kilometern.

Welches ist der leichteste Planet?

Wenn man seine Größe in Betracht zieht, so ist der Saturn der leichteste Planet. Er besteht hauptsächlich aus Wasserstoff sowie aus flüssigem und gasförmigem Helium. Der Saturn ist mit einem Äquatordurchmesser von 121.000 Kilometern zwar fast so groß wie der Jupiter, wiegt jedoch nur ein Drittel.

Der Saturn ist wahrscheinlich auch der stürmischste Planet unseres Sonnensystems. Auf ihm jagen ständig Stürme mit Überschallgeschwindigkeit rund um den Äquator.

Welche Planeten erscheinen im Teleskop grün?

Uranus und Neptun haben eine Atmosphäre aus Wasserstoff, Helium, Methan und Ammoniak. Von der Sonne erhalten sie wegen der ungeheuren Entfernung so wenig Licht, daß sie im Teleskop grünlich schimmern. Die beiden Planeten sind 2,8 Milliarden (Uranus) und 4,5 Milliarden (Neptun) Kilometer von der Sonne entfernt. Ihre Temperatur beträgt unter minus 200 Grad Celsius.

Bei welchem Planeten scheint die Sonne auf den Pol?

Fast alle Planeten drehen sich so um die eigene Achse, daß der Äquator der Sonne immer am nächsten liegt und die Pole mehr oder weniger quer zur Sonne stehen. Nur der Uranus bildet eine Ausnahme: Er dreht sich auf eine sonderbar rollende Weise. Seine Drehachse (die Linie von Pol zu Pol) zeigt fast genau auf die Sonne. Im „Sommer“ scheint die Sonne senkrecht auf den einen Pol, im „Winter“ auf den anderen; der Äquator ist ständig im Zwielicht. So ein Sommer dauert dann 21 Jahre. So lange braucht der Uranus, bis er den Pol gewechselt hat.

Übrigens hat auch der Uranus Ringe. Das wurde erst im Jahr 1977 entdeckt. Die Uranusringe – wahrscheinlich insgesamt zehn – bestehen aus Material, das so dunkel ist, daß man es fast nicht sehen kann. (Wir sehen nur Dinge, die Licht reflektieren. Das Material der Uranusringe verschluckt jedoch fast alles Licht, das auf ihn fällt.)

Wie lange dauert ein Jahr auf dem Neptun?

Ein Neptunjahr dauert 164 Erdenjahre. So viel Zeit benötigt der Neptun, um die Sonne einmal zu umrunden.

Wann wurde der Pluto entdeckt?

Der kleinste aller Planeten heißt Pluto. Er ist wesentlich kleiner als unser Mond und zieht seine Bahn am äußersten Rand unseres Sonnensystems. Er wurde erst 1930 entdeckt, und zwar aufgrund einer Vermutung. Winzigste Unregelmäßigkeiten in den Bahnen anderer Planeten haben darauf schließen lassen, daß sich dort draußen noch ein weiterer Planet herumtreibt. Man berechnete, wo dieser kleine Unbekannte sein müßte; und als man dann genau wußte, wohin man zu blicken hatte, konnte man den Pluto ausfindig machen.

Wie viele Asteroiden gibt es?

Asteroiden sind Kleinstplaneten, die in Gürteln die Sonne umkreisen. Man schätzt ihre Zahl auf etwa 40.000 Stück. Der größte von ihnen hat sogar einen Namen: Ceres. Ceres hat einen Durchmesser von etwa tausend Kilometern.

Vielleicht sind Asteroiden die Trümmer eines zerborstenen Planeten.

Wann kann man Kometen sehen?

Viele Milliarden von Kometen - Brocken aus gefrorenen (festen) Gasen, Gesteinen und Staub - umkreisen die Sonne. Alle Kometen zusammen wiegen nicht mehr als die Erde. Man kann sie nur dann sehen, wenn sie auf ihren Umlaufbahnen in die Nähe der Sonne geraten. Dann fängt ihr Schweif zu glühen an und leuchtet am Himmel auf.

Der berühmteste Komet ist der Halleysche Komet. Er kehrt alle 76 Jahre von seiner Bahn durch die Randbezirke des Sonnensystems zurück in die Nähe der Sonne; dann kann man ihn von der Erde aus beobachten.

Was passiert, wenn eine Sternschnuppe aufleuchtet?

Sternschnuppen oder Meteoriten sind Materieklumpen, die durch das Weltall rasen. Wenn sie in das Schwerefeld der Erde geraten und in die Lufthülle eintauchen, verglühen sie fast immer. Durch ihre Geschwindigkeit ist die Reibung an der Luft so stark, daß sie glühend heiß werden und sich auflösen. Dieses Verglühen erscheint am Nachthimmel als Leuchtspur.

Sternschnuppen gibt es natürlich auch tagsüber. Dann ist der Himmel aber so hell, daß man sie nicht erkennen kann.

Unsere Erde

Warum gibt es nur auf der Erde Leben und nicht auch auf anderen Planeten?

Auf der Erde herrschen im Gegensatz zu den heißen und kalten Planeten unseres Sonnensystems Bedingungen, die Leben, wie wir es kennen, zulassen: Die Temperaturen liegen im verträglichen Bereich; die Masse (und damit die Anziehungskraft) der Erde ist groß genug, um die Lufthülle festzuhalten und sie nicht ins Weltall entweichen zu lassen; die Atmosphäre ist so zusammengesetzt, daß wir atmen können und vor der tödlichen „harten“ Strahlung, die im Weltraum herrscht, geschützt sind; und so weiter.

Seit wann gibt es die Erde?

Man nimmt heute an, daß die Erde vor 4,5 Milliarden Jahren entstanden ist. Die ältesten Gesteine, die man gefunden hat, weisen auf dieses Alter hin. Im Laufe von unvorstellbaren Zeiträumen haben sich in unseren Bereichen des Weltalls Wolken von Staub und Gas zusammengeballt, die seit dem Urknall durchs Universum treiben; der allergrößte Teil davon hat sich zur Sonne verdichtet. Durch den ungeheuren Druck sind in der Sonne atomare Prozesse in Bewegung gesetzt worden, die uns mit Licht und Wärme versorgen. Aus anderen Teilen dieser ursprünglichen Materiewolken haben sich nach und nach die Planeten gebildet, die seitdem um die Sonne kreisen.

Wieso ist die Erde rund?

Materieteilchen, die sich durch die Schwerkraft gegenseitig anziehen, trachten danach, möglichst nahe zueinanderzurücken. Die Kugelform ist jene Form, in der das am besten möglich ist - wenn es keine anderen Hindernisse gibt und wenn das Material formbar (flüssig) genug ist.

Strenggenommen ist die Erde keine Kugel. Sie ist - durch die Drehbewegung um die Polachse - etwas abgeflacht. Zwischen den Polen ist der Erddurchmesser um fast fünfzig Kilometer kürzer als der Durchmesser am Äquator.

Woraus besteht die Atmosphäre?

„Atmosphäre“ nennt man die Luftschicht um unsere Erde. Sie besteht in den unteren Schichten zu drei Vierteln aus Stickstoff und zu fast einem Viertel aus Sauerstoff. Der Rest sind Kohlendioxyd und Spuren von Edelgasen wie Argon, Neon, Helium, Krypton, Xenon, Ozon und auch noch Wasserstoff. In der Luft schweben außerdem ständig Wasserdampf, mikroskopisch feine Staubkörnchen und die Sporen und Pollen von Pflanzen. Die äußeren Schichten der Atmosphäre sind hauptsächlich aus Helium, Wasserstoff und Sauerstoff zusammengesetzt.

Wie hoch reicht die Lufthülle der Erde?

Die Atmosphäre reicht bis zu 8.000 Kilometer weit in den Weltraum. Atemluft gibt es jedoch nur in der untersten Schicht, der Troposphäre, die über den

Polen acht Kilometer und über dem Äquator sechzehn Kilometer hoch reicht. Je höher man sich befindet, desto dünner ist die Luft, und desto schwieriger wird es, genügend Sauerstoff aufzunehmen. Auf dem Mount Everest (8848 Meter) enthält die Luft nur noch ein Drittel soviel Sauerstoff wie auf der Höhe des Meeresspiegels. Deshalb können die meisten Bergsteiger in diesen Höhen nur mit Sauerstoffmasken klettern.

Was atmen wir, wenn wir atmen?

Menschen und Tiere atmen den Sauerstoff der Luft ein und geben Kohlendioxyd ab; Pflanzen nehmen Kohlendioxyd auf und geben ihrerseits Sauerstoff ab.

Dieses Zusammenspiel hat vor zwei Milliarden Jahren seinen Anfang genommen: Damals begannen Algen, in einem chemischen Prozeß Sauerstoff an die Atmosphäre abzugeben, die damals ein (für uns giftiges) Gebräu von Methan, Kohlendioxyd, Stickstoff und Wasserstoff war. Daß wir heute Luft zum Atmen haben, das haben wir also unseren Mitbewohnern, den Pflanzen, zu verdanken.

Wie hoch können Fluggeräte aufsteigen?

Der Höhenrekord eines unbemannten Fluggerätes liegt bei 52 Kilometern; so hoch stieg ein Ballon auf. Höher ging es nicht, weil weiter oben die Luft zu dünn ist und keinen Auftrieb mehr bietet. Ein sowjetisches MiG-25-Kampfflugzeug kann 38 Kilometer hoch fliegen, ein bemannter Ballon 18 Kilometer, ein Überschallverkehrsflugzeug vom Typ Concorde 18 Kilometer und ein normales Verkehrsflugzeug zwischen 8 und 12 Kilometer. Raketen können natürlich höher aufsteigen und die Atmosphäre komplett verlassen; sie sind zum Flug aber auch nicht auf Luft angewiesen, da sie nach dem Rückstoßprinzip funktionieren.

Weshalb kann man in Deutschland auch australische Radiosender empfangen?

Bestimmte Arten von Radiowellen (vor allem auf Kurzwelle) können an einem Punkt der Erde ausgestrahlt und an einem beliebigen anderen Punkt (mehr oder weniger gut) empfangen werden, obwohl dazwischen die ganze Erde liegt. Das funktioniert deshalb, weil diese Radiowellen von den elektrisch geladenen Teilchen in der Meso- und Thermosphäre zurückgeworfen werden. Diese Teile der Atmosphäre umhüllen die Erde in einer Entfernung von 50 bis 500 Kilometern.

Kurzwellen werden also zur Erde reflektiert (zurückgestrahlt), von der Erde wieder hochgeworfen und landen schließlich, nach einer Art planetarischem Pingpong, beim Empfänger am anderen Ende der Welt. Je öfter sie hin- und hergeworfen werden, um schließlich anzukommen, desto schwächer wird natürlich ihre Leistung. Zeitverluste entstehen dadurch kaum, weil sich Radiowellen mit Lichtgeschwindigkeit (etwa 300.000 Kilometer pro

Sekunde) fortpflanzen. Bei Ultrakurzwellen ist das Ganze allerdings nicht möglich; hier müssen Sender und Empfänger „Blickkontakt“ haben.

Weshalb fliegen Flugzeuge so hoch?

Je höher ein Flugzeug fliegt, desto dünner ist die Luft, und desto geringer ist auch der Luftwiderstand. Moderne Langstreckendüsenjets fliegen aber auch deshalb so hoch wie möglich, weil sie dann die Luftbewegungen in der Stratosphäre nutzen können (die Luftschicht in acht bis fünfzig Kilometer Höhe). Die sogenannten „Jetstreams“ (wörtlich: Strahlströme) wehen meist von West nach Ost und erreichen Geschwindigkeiten von manchmal 450 Stundenkilometern.

Wieso fliegt die Atmosphäre nicht einfach weg?

Auch Luft hat ihr Gewicht; es ist zwar im Vergleich zu festen Körpern und Flüssigkeiten äußerst gering, aber dennoch hoch genug, um die Atmosphäre im Schwerefeld der Erde festzuhalten.

Wovor schützt uns die Ozonschicht?

In einer Höhe von ungefähr 25 Kilometern, also in der Stratosphäre, liegt die Ozonschicht. Sie wirkt wie ein Filter, der dafür sorgt, daß die schädlichen Strahlen im Sonnenlicht die Erde nicht - oder nur in geringem Maß - erreichen. Das sogenannte „Ozonloch“

ist jene Stelle, wo die Ozonschicht durch menschliche Einwirkung verschwunden oder aufgerissen ist. Ozonlöcher entstehen vor allem durch Treibgase, wie sie in Kühlmitteln von Kühlschränken oder in Spraydosen verwendet werden. In Weltgegenden, wo die Ozonschicht am Himmel nicht mehr dicht genug ist und harte Strahlung nicht mehr ausfiltert, nehmen Erkrankungen wie Hautkrebs stark zu. Ganz ohne Ozonschicht wäre auf der Erde überhaupt kein Leben, wie wir es kennen, mehr möglich.

Wann wurde der Erdumfang zum erstenmal berechnet?

200 Jahre vor unserer Zeit berechnete der Grieche Eratosthenes den Erdumfang mit 40.000 Kilometern recht genau.

Schon hundert Jahre früher hatte sein Landsmann Aristarchos von Samos behauptet, daß sich die Erde um die Sonne dreht, und nicht umgekehrt. Er blieb mit seiner Auffassung allein.

Auf welcher Erdkugelhälfte leben die meisten Menschen?

Fast drei Viertel der Erdoberfläche sind mit Wasser bedeckt. Auf der Nordhalbkugel liegen die großen Landmassen mit Asien und Nordamerika, und hier leben achtzig Prozent der Menschen. Die südliche Halbkugel hat die meisten und größten Meere. Allein der Pazifik, der weite Flächen der Südhalbkugel bedeckt, ist dreimal so groß wie ganz Asien.

Ist Europa ein eigener Kontinent?

Normalerweise zählt man Europa zu den Kontinenten. (Kontinente sind zusammenhängende Landmassen; man nennt sie auch „Erdteile“.) Das kommt daher, daß wir die Geschichte und Geographie der Erde mit europäischen Augen ansehen. Mit asiatischen Augen betrachtet, ist Europa nichts weiter als eine an Asien hängende Halbinsel.

Was ist größer – die Antarktis oder Europa?

Wenn wir die Kontinente aufzählen, so vergessen wir allzu leicht die Antarktis. Dieser Erdteil, auf dem der Südpol liegt, ist praktisch unbewohnt - nur einige einsame Forschungsstationen sind bemannt (und befraut); doch an Größe übertrifft die Antarktis (mit über 13 Millionen Quadratkilometern) unser Europa (10 Millionen Quadratkilometer) weit. Der größte Kontinent ist Asien mit 44 Millionen, der kleinste Australien (einschließlich der ozeanischen Inseln) mit 8 Millionen Quadratkilometern.

Wo liegt die abgelegenste Insel?

Die nächsten Nachbarn der 299 Bewohner der Atlantikinsel Tristan da Cunha leben 2.120 Kilometer entfernt - auch auf einer Insel, nämlich auf der Insel Sankt Helena. Die abgelegenste unbewohnte Insel ist Bouvey Oya; sie liegt 1.700 Kilometer von der Küste der Antarktis entfernt im Südatlantik.

Welches ist die größte Insel?

Grönland ist mit einer Fläche von über zwei Millionen Quadratkilometern die größte Insel und damit fast zehnmal so groß wie Großbritannien.

Ist die Erde flüssig?

Die Erde ist heute nicht mehr ganz so flüssig wie vor Milliarden Jahren. Sie hat einen festen 1.200 Kilometer starken Kern und eine Erdkruste, die ungefähr siebzig Kilometer dick ist. Der feste Kern wird von einem hauptsächlich aus Eisen bestehenden flüssigen Kern umhüllt; dann kommt der aus Silicium und Magnesium bestehende Erdmantel und schließlich eine unterschiedlich dicke Schicht aus Magmablasen. Magma ist ein unter sehr hohem Druck stehendes Gemisch aus geschmolzenem Gestein und Gas; diese Mischung ist es, die bei einem Vulkanausbruch zutage tritt.

Wo liegen die ältesten Teile der Erdkruste?

Westgrönland ist vor fast vier Milliarden Jahren und damit „schon“ eine Milliarde Jahre nach jener Zeit entstanden, in der sich heiße Wirbel von kosmischem Staub und Gas zur Erde zusammengeballt hatten.

Warum brechen Vulkane aus?

Die Erde ist noch immer nicht „fertig“ und zur Ruhe gekommen. Zwar hat sich die Erdkruste nach Jahrmillionen mittlerweile abgekühlt; doch im Inneren brodelt es munter weiter. Das Magma steht unter hohem Druck, und zwar auch in oberflächennahen Spalten und Röhren. Vulkane sind eine Art Ventil, durch das zuweilen Überdruck abgelassen wird. Manche Vulkane befinden sich im Ruhezustand; andere sondern zeitweise Schwefel ab, oder sie sind ständig schwach aktiv und spucken dabei regelmäßig Lava aus. - Schließlich kommt es immer wieder zu gefürchteten Vulkanausbrüchen.

Wie viele Vulkane gibt es überhaupt?

Man kennt rund 500 aktive Vulkane, von denen 80 unter der Meeresoberfläche liegen und deshalb auch sehr spät entdeckt wurden: vor hundert Jahren, als man begann, auf dem Meeresgrund Telegraphenkabel zwischen den Kontinenten zu verlegen. Die allermeisten Überwasser- und Unterwasservulkane gibt es im sogenannten „Feuerkreis“ in der Südsee; dieses Gebiet umfaßt die Philippinen, Hawaii und Polynesien. Auch in Zentralamerika (Mexiko) und in den Anden (Peru, Bolivien) gibt es tätige Vulkane. Das uns nächste Vulkangebiet ist Island.

Welches sind die größten Vulkane?

Der größte Vulkan der Welt ist der Mount Kea bei Hawaii, mitten im Pazifischen Ozean; er ist insgesamt 9.000 Meter hoch. 5.000 Meter davon liegen unter der Wasseroberfläche. Der höchste „Landvulkan“ ist der Kilimandscharo in Ostafrika mit 6.000 Metern.

Gibt es auch „frische“ Vulkane?

Fast alle Vulkane sind in vorgeschichtlicher Zeit entstanden. Doch weil die Erde noch längst nicht völlig ausgekühlt ist, kommt es auch immer wieder zur Geburt von „frischen“ Vulkanen. Vor der Südküste Islands zum Beispiel spielte sich im Jahr 1963 so ein Naturschauspiel ab. Ein Unterwasservulkan schleuderte Lava hoch, die sich abkühlte, fest wurde und schließlich über die Wasseroberfläche hinaus hochwuchs. Meerwasser, das in den Vulkankrater eingedrungen war, führte zu immer neuen Eruptionen, bis die neue Vulkaninsel schließlich weit genug über dem Wasser war und sich beruhigte.

Ziemlich neu - wenn man das Alter der Erde bedenkt - sind zum Beispiel auch die Kanarischen Inseln vor der Westküste Afrikas; diese Inseln sind als Folge von Vulkanausbrüchen unter Wasser entstanden. Die Insel La Palma ist erst eine Million Jahre alt.

Warum siedeln sich Menschen überhaupt in der Nähe von Vulkanen an?

Vulkane stoßen Schlacke, Gase und Lava aus, aber auch Asche. Bei kleineren Vulkanausbrüchen wird die Umgebung von Vulkanen oft mit Ascheschichten bedeckt, die den Boden fruchtbar machen. Deshalb siedeln sich an den Vulkanhängen gerne Bauern an; sie nehmen die Gefahr eines Ausbruchs in Kauf.

An den Hängen des Gunung Agung, eines Vulkans auf der indonesischen Insel Bali, konnten bis zum großen Ausbruch von 1963 jährlich drei Ernten eingebracht werden. Beim Ausbruch verloren 2.000 Menschen ihr Leben.

Wie stark können Vulkanausbrüche sein?

Der gewaltigste Vulkanausbruch in geschichtlicher Zeit ereignete sich im Jahr 1883, als auf Java der Vulkan Krakatau förmlich explodierte. Die Explosion war so gewaltig, daß sie in Australien, 5.000 Kilometer weiter, als dumpfes Grollen zu hören war. Die Erschütterungen konnte man noch an der 15.000 Kilometer entfernten kalifornischen Küste wahrnehmen.

Der Krakatau schleuderte feurige Felsbrocken bis zu achtzig Kilometer weit durch die Luft. Vulkanasche trieb mit dem Wind um die Erde und sorgte für geheimnisvolle farbenprächtige Sonnenuntergänge. Am schlimmsten war die Flutwelle, die der Ausbruch über die Ozeane trieb: Sie wurde dreißig Meter hoch und tötete an den Küsten der indonesischen Inselwelt über 35.000 Menschen.

Wie dick können Lavaströme sein?

Lavaströme können zwanzig Meter und dicker werden; oft brauchen sie viele Jahre, bis sie endlich abgekühlt sind. Manchmal sind sie von Höhlen durchzogen; auf den Inseln La Gomera und Lanzarote (Kanarische Inseln) gibt es sogar bewohnbare Vulkanröhren.

Seit wann gibt es die Kontinente?

Die Erdkruste, so fest sie uns Menschen auch scheinen mag, ist ständig in Bewegung; tatsächlich treiben die Kontinente langsam, aber beharrlich auf dem flüssigen Untergrund der Erde herum: Sie stoßen zusammen, trennen sich wieder und brechen auseinander wie ungeheure Flöße auf einem Meer. Vor 200 Millionen Jahren hat die Erde ganz anders ausgesehen. Damals gab es eine einzige große Landmasse, die vom Meer umgeben war. Später haben sich einzelne Schollen von diesem Urkontinent abgetrennt. Vor 65 Millionen Jahren gab es folgende Erdteile: einen euro-asiatischen Kontinent, einen zusammenhängenden afro-amerikanischen Kontinent und einen Erdteil, der jetzt die Antarktis bildet. Die Landmasse, die heute Indien ist, war damals eine Insel für sich.

Verändert sich die Erde heute noch?

Der Prozeß der Entstehung der Erde ist noch lange nicht abgeschlossen. Heute driftet mit einer Geschwindigkeit von einigen Millimetern pro Jahr Afrika an Europa heran. Amerika trennt sich weiter von Afrika. Und dort, wo sich Indien immer stärker an die asiatische Landmasse heranschiebt, erhebt sich die Gebirgskette des Himalaja. Unter dem unwiderstehlichen Schub der ehemaligen Insel Indien wächst der Himalaja ständig höher. Tibet, auf dem Rücken des Himalaja gelegen, hat sich in den vergangenen zwei Millionen Jahren - also in einer Zeit, in der es schon Menschen gab - um drei Kilometer gehoben.

Wie entstehen Meeresgräben?

Die Kontinentalverschiebung kann Gebirge aufwerfen, sie kann aber auch Gräben bilden. Diese Gräben liegen allerdings tief am Meeresboden. Beim Peru-Chile-Graben im Pazifik drücken zwei Platten gegeneinander; die Platten schieben sich jedoch nicht hoch, sondern pressen sich immer tiefer in den heißen Erdmantel.

Wann werden sich Alaska und Sibirien vereinigen?

Falls die Kontinentalverschiebung in der alten Geschwindigkeit weiterläuft - und nichts spricht dagegen -, dann wird die Erde in Zukunft wiederum ganz anders aussehen. In fünfzig Millionen Jahren könnten Alaska und Sibirien wieder zusammenwachsen. Noch später könnten sich auch Asien, Europa und Afrika durch Verschwinden des Mittelmeeres zu einer einzigen Landmasse vereinigen.

Wo ist erst vor kurzem das Meer verschwunden?

Gewaltige Veränderungen bewirkt nicht nur die Natur selbst. Auch der Mensch greift in die natürlichen Abläufe ein und gestaltet die Welt um. Ein Drittel der Ackerfläche von Holland ist ehemaliger Meeresboden und war vor wenigen hundert Jahren noch Nordsee. Diese Gebiete wurden dem Meer Stück für Stück abgerungen. Deiche riegelten Teile des flachen Meeres ab, das Wasser wurde abgepumpt. Diese landwirtschaftlichen Flächen liegen unter dem Meeresspiegel und würden ohne Deichanlagen sofort wieder überflutet.

Auch Täler haben Menschen geschaffen: Eine ehemalige Kupfermine in Utah (USA) ist fast vier Kilometer lang und 800 Meter tief.

Die größten Veränderungen durch Menschenhand sind jedoch die Rodungen gigantischer Waldflächen. Im frühen Mittelalter war Deutschland fast vollständig von Urwäldern bedeckt; zwischen Alpen und Nordsee hätte sich ein mittelalterlicher Tarzan von Baum zu Baum schwingen können, ohne jemals den Boden zu berühren.

Wie entstehen Erdbeben?

Obwohl die großflächigen Schollen, aus denen sich die Erdkruste zusammensetzt, äußerst langsam gegeneinanderstoßen oder auseinanderdriften, so ist diese Bewegung doch die Ursache für die größten Naturkatastrophen, welche die Menschheit kennt: die Erdbeben. Bei diesen Verschiebungen ganzer Kontinente treten ungeheure Spannungen im Erdinneren auf, die sich dann schlagartig lösen.

Was ist ein Epizentrum?

Dort, wo tief im Inneren der Erde die Gesteinsmassen aufeinanderprallen, liegt das sogenannte „Epizentrum" eines Bebens. Von hier gehen die Erdstöße aus, die sich dann wellenförmig in alle Richtungen fortpflanzen und an der Erdoberfläche katastrophale Verwüstungen anrichten können. Am stärksten betroffen von Erdbeben sind Gebiete, die direkt über dem Epizentrum liegen.

Wie weit können sich Erdbeben ausbreiten?

Starke Erdbeben können noch in Entfernungen von Hunderten Kilometern gespürt werden. Viele Texaner haben das Erdbeben in Mexiko im Jahr 1985 wahrgenommen, als in ihren Swimmingpools plötzlich kleine Wellen entstanden.

Warum bebt die Erde eigentlich nicht ständig?

Was die Verschiebungen von Gesteinsmassen im Erdinneren anrichten, das hängt auch davon ab, aus welchem Material diese Massen bestehen. Manchmal handelt es sich um Gestein, das elastisch genug ist, die Bewegungen abzufedern. Und viele Erdbeben sind einfach zu schwach, als daß wir Menschen sie direkt spüren könnten: Bevor die Wellen die Erdoberfläche erreichen, sind sie schon abgedämpft. Mit besonders empfindlichen Geräten, sogenannten „Seismographen“, lassen sich auch sehr schwache Erdstöße registrieren, die man sonst gar nicht bemerken würde.

Kann man Erdbeben voraussagen?

Dort, wo schon einmal Erdbeben stattgefunden haben, wird es mit großer Sicherheit wieder zu Erdbeben kommen. Forscher können auch sagen, warum bestimmte Gebiete gefährdet sind und andere nicht: Das hängt eben von den Verschiebungen im Erdinneren zusammen. Man kann aber nicht voraussagen, wann die Erde beben und wie stark das Beben sein wird. Um drohenden Gefahren zu begegnen, versucht man in vielen Erdbebengebieten (Japan oder Kalifornien zum Beispiel) Häuser so zu bauen, daß sie Erdstöße überstehen können und nicht gleich einstürzen.

Leider haben Menschen nicht die Begabung, Erdbeben so vorauszuspüren, wie manche Tiere es tun. Haustiere (Gänse oder Hunde) werden schon Minuten vor dem Eintreffen von Erdstößen unruhig. Und in China hat man beobachtet, daß Kakerlaken kurz vor Erdbeben ihre Schlupfwinkel verlassen; offensichtlich wirken die langen Fühler dieser Insekten wie besonders empfindliche Seismographen.

Was macht Erdbeben so gefährlich?

Das Schwanken der Erde bringt nicht nur Gebäude zum Einsturz, die dann Menschen unter sich begraben können. Mindestens ebenso groß ist die Brandgefahr. Bei Erdbeben können in Städten Gasleitungen platzen; ausströmendes Gas entzündet sich, was dann oft zu Großbränden führt. Außerdem können Trinkwasserleitungen bersten; Strom und Telefon fallen aus, und Straßen werden unpassierbar, so daß es außerordentlich schwierig wird, tatkräftige Hilfe zu leisten. Das Feuer nach dem großen Erdbeben von San Franzisko im Jahr 1906 konnte erst nach dreieinhalb Tagen gelöscht werden; allerdings war die Stadt auf Beben nicht vorbereitet, und die Häuser hatten fast alle aus Holz bestanden.

Wo gibt es die meisten Erdbeben?

Den traurigen Rekord an Erdbeben hält China. Die stärksten Erdbeben in diesem Land, die Beben von 1556 und 1976, forderten jeweils eine Viertelmillion Menschenleben.

Wie entstehen Gebirge?

Manche Berge können sich innerhalb weniger Tage bilden: dann nämlich, wenn ein Vulkan ausbricht und ein Massiv aus erstarrender Lava aufhäuft. Doch normalerweise entstehen Gebirge durch den Zusammenprall von Landmassen, die sich bei ihrem langsamen Driften ineinanderschieben und Gebirgsketten aufwerfen - ein Prozeß, der Jahrmillionen dauern kann. Wind und Wetter tun ein übriges, um den Gebirgen ihre jeweilige Form zu geben. Im Laufe von Jahrtausenden runden sich die Gipfel ab, die Hänge verlieren etwas von ihrer Steilheit. Außerdem graben sich Flüsse in die Täler und vertiefen sie V-förmig. Für die breiten, U-förmigen Täler hingegen sind Gletscher verantwortlich, die sich während der Eiszeiten durchgeschoben haben.

Wo liegt das höchste Land?

Das höchste Land der Erde ist dort, wo auch die höchsten Berge sind: im Gebiet des Himalaja. Tibet liegt durchschnittlich 4.500 Meter hoch.

Die höchstgelegene Hauptstadt ist allerdings La Paz in Bolivien. Sie befindet sich in 3.625 Meter Höhe in den südamerikanischen Anden.

Wie kommen Menschen und Tiere mit großen Höhen zurecht?

Je höher wir steigen, desto dünner wird die Luft: Wir nehmen immer weniger Sauerstoff auf. Untersuchungen an den Indianern des Quechua-Stammes, die in den Anden auf Höhen zwischen 3.500 und 4.000 Metern leben, haben ergeben, daß sie größere Herzen und größere Lungen haben. Sie können pro Atemzug mehr Sauerstoff aufnehmen, und das Herz kann pro Herzschlag mehr Blutsauerstoff weitertransportieren als bei Flachlandindianern. Auch die Tiere haben sich auf diese Weise den extremen Höhenlagen angepaßt.

Wie kalt ist es im Himalaja?

Die durchschnittliche Temperatur in extremen Bergeshöhen beträgt minus zwanzig Grad; eisige Stürme erreichen Windgeschwindigkeiten von manchmal 300 Stundenkilometern. Als Faustregel gilt, daß die Durchschnittstemperatur in Bergen alle 150 Höhenmeter um ein Grad Celsius sinkt.

Wie groß ist die Tundra?

„Tundra" heißt die baumlose Kältesteppe zwischen der nördlichen Waldgrenze und der Polarregion, wo der Boden immer nur oberflächlich auftaut und von niedrigen Holzgewächsen bedeckt ist. Weite Teile von Skandinavien, Island, Sibiren, Alaska und der nördliche Teil von Kanada sind Tundren. Insgesamt sind diese unwirtlichen Landstriche anderthalbmal so groß wie Brasilien; sie nehmen ein Zehntel der gesamten Erdoberfläche ein.

Was wächst in der Tundra?

Für richtige Bäume ist es in der Tundra zu kalt; statt dessen wachsen hier niedrige Holzgewächse, die eher in die Breite als in die Höhe streben. Diese seltsamen Sträucher sind oft nicht höher als zehn Zentimeter, ihre Äste kriechen jedoch meterweit über den Boden dahin.

Warum gibt es in der Tundra so viele Sümpfe?

Tundren sind Gebiete, in denen oft sehr viel Regen oder Schnee fällt. Da aber der Boden den Sommer über nur oberflächlich auftaut und der Boden darunter Hunderte Meter tief gefroren ist, kann das Wasser nicht versickern. Wenn es auch nicht über Flüsse abfließen kann, bilden sich weitläufige Gebiete voller Sümpfe und flacher Seen. Im Winter wird es in der Tundra häufig kälter als selbst in den polaren Gebieten. Man hat schon Temperaturen von minus siebzig Grad und darunter gemessen.

Ist die Tundra bewohnbar?

Insgesamt lebt nur eine halbe Million Menschen in Tundren, unter ihnen 100.000 Innuits (Eskimos), die in Blockhäusern oder auch in Iglus wohnen, etwa 300.000 Jakuten in Sibirien und 30.000 Lappen in Skandinavien.

Wieso können Tiere und Pflanzen versteinern?

Manche sehr alten Tiere und Pflanzen sind uns über Jahrmillionen erhalten geblieben – in Form von Fossilien. Wenn nämlich Organismen (Pflanzen und Tiere) nach ihrem Tod von abgelagertem Gestein begraben werden, so kann folgendes passieren: Die organischen Teile lösen sich auf und werden durch mineralische Stoffe, zum Beispiel Kalkstein, ersetzt. Auf diese Weise entsteht ein steinernes Abbild eines Lebewesens.

Woher weiß man, wie alt ein Fossil ist?

Die Versteinerungen gewisser Algen und Bakterien, die in verschiedenen Teilen der Welt gefunden wurden, lassen auf ein Alter von drei Milliarden Jahren schließen. Fossilien von Reptilien stammen oft aus dem Perm, einer Periode vor 230 bis 280 Millionen Jahren. Andere Fossilien sind oft nur wenige Millionen Jahre alt.

Um das Alter herauszufinden, gibt es indirekte, detektivische Methoden und eine direkte Meßmethode. Die indirekte Methode erschließt das Alter eines Fossils aus Indizien, also Hinweisen: In welchen Gesteinsschichten lag das Fossil? Wie verhält sich dieses Gestein im Zusammenhang mit der Ausrichtung des Erdmagnetfeldes (das sich nach bestimmten Zeitabläufen verändert)? Auf welches Klima läßt die Art der Versteinerung schließen? Und so weiter. Die direkte Methode besteht darin, aus gewissen radioaktiven Eigenschaften des Fundes auf den Zeitpunkt zu schließen, wo der radioaktive Zerfall begonnen hat. Am bekanntesten ist die C-14-Methode; C steht für Kohlenstoff (Carboneum).

Wieso kann man in manchen Gebirgen versteinerte Muscheln finden?

Das Gestein zahlreicher Berge war vor vielen Millionen Jahren Meeresboden, auf dem sich Muscheln ablagern konnten. Später wurde der Meeresboden durch Verschiebungen hochgefaltet und nach oben gedrückt.

Woher kommen eigentlich die Steine?

Gestein entstand, als sich das Magma – der weißglühende „Urstoff" der Erde – vor vielen Milliarden Jahren abkühlte: Gestein ist erkaltetes Magma. Gesteine haben die vielfältigsten Eigenschaften je nach ihrer mineralischen Zusammensetzung und nach der Art ihres Entstehens: Granit oder Basalt zum Beispiel sind Urgesteine; andere Gesteinsarten (Ablagerungsgesteine) bildeten sich im Laufe der Erdzeitalter.

Wie sind Ablagerungsgesteine entstanden?

Ablagerungsgesteine wie Kalkstein, Kreide oder Sandstein bestehen aus Schichten, die an anderen Gesteinen zerrieben wurden; sie können versteinerte Tiere und Pflanzen enthalten. Der harte Kalkstein birgt oft versteinerte Muscheln, die weichere Kreide versteinerte Überreste von kleinen Tieren. Ablagerungsgesteine sind in Wind und Wettert verwittert, wurden von Flüssen ausgewaschen und bei gewaltigen geologischen Ereignissen, wie bei der Bildung von Gebirgen, ineinander verschoben, aufeinander abgelagert und unter Druck gesetzt.

Können sich Steine verändern?

Steine können sich verändern und sich sogar in ganz andere Steine verwandeln. Solche Gesteine, die im Lauf der Erdgeschichte wieder in den heißen Erdmantel zurückgeschoben und dort unter Druck und Hitze in eine andere Gesteinsart umgeschmolzen wurden, nennt man „Umwandlungsgesteine“. Marmor zum Beispiel war früher einmal Kalkstein; und Diamanten - Edelsteine also - sind aus Steinkohle entstanden.

Gibt es schwimmende Steine?

Der Bimsstein ist ein vulkanischer Stein, in dem Luftblasen eingeschmolzen wurden. Er besteht also zu einem großen Teil aus Luft. Diese Blasen machen ihn so leicht, daß er im Wasser nicht untergeht.

Welcher Stein ist am härtesten?

Gesteine oder Mineralien (das sind die natürlich gebildeten Stoffe der Erdkruste) werden nach Härtegraden von 1 bis 10 eingeteilt. Am weichsten ist das Mineral Talk mit einem Härtegrad von 1. Talk wird auch „Speckstein“ genannt und dient unter anderem zur Herstellung von Puder. Am härtesten ist der Diamant: Härtegrad 10. Diamanten können jedes andere Mineral ritzen; einen Diamanten selbst kann man nur mit Hilfe eines anderen Diamanten bearbeiten.

Wie bringt man Diamanten zum Funkeln?

Wenn man Diamanten aus der Erde holt, sehen sie zunächst aus wie bunte Kieselsteine: weiß oder gelb, rosa, grün, blau oder braun, rot oder schwarz – hübsch, aber nicht eben auffällig. Erst wenn sie kunstgerecht geschliffen und poliert werden, entsteht ihr berühmtes „inneres Feuer“, und zwar durch vielfache Brechung und innere Spiegelung des Lichts.

Wie kommt der Sand auf den Strand?

Sand ist zu Körnchen verwittertes oder durch Wind und Wasser zerriebenes Gestein, das von Wellen oder Gezeiten an Küsten getrieben wurde; manche Sandstrände sind aber auch vom Wind angeweht worden. Sandstrände können viele Farben haben; es gibt weiße Strände wie in Florida und schwarze Strände auf Vulkaninseln wie La Palma. Teneriffa, eine Vulkaninsel vor der arabischen Atlantikküste, hat gleich drei Sorten Sandstrände: Der Sand der schwarzen Strände besteht aus schwarzem Vulkangestein, das die Brandung in Hunderttausenden von Jahren zu Sandkörnern zerrieben hat. Der gelbliche Sand auf den Stränden im Süden der Insel wurde von Stürmen aus der Sahara angeweht. Und schließlich hat man auf Frachtschiffen weißen Sand von der afrikanischen Küste angeschleppt, damit Urlauber sich auch auf weißen Sandstränden sonnen können. Weißer Sand besteht zumeist aus Quarz und zerriebenen Muscheln und Korallen. In anderen Weltgegenden schillern Sandstrände in unwahrscheinlichen Farben; das kommt von den verschiedenen Materialien, die zu Sand zerrieben wurden. Goldfarbener Sand kommt vom Glimmer, roter vom Granat und rosaroter Sand vom Feldspat.

Warum sind Klippen so zerklüftet?

Wind und unablässiger Wellenschlag, dazu noch die Strömungen bei Ebbe und Flut nagen unablässig an Felsküsten; sie greifen dort an, wo der Fels am schwächsten ist. Mit der Zeit werden diese weicheren Stellen ausgewaschen und ausgehöhlt und bilden jetzt immer bessere Angriffspunkte für Wasser und Wind.

Wo liegen die höchsten Meeresklippen?

Genau einen Kilometer hoch sind die Klippen von Molokai in Hawaii.

Wie hoch können Stranddünen werden?

Die höchsten Dünen häuft der Wind an der französischen Atlantikküste an; sie können dort hundert Meter hoch werden. Zumeist weht der Wind landeinwärts. Stranddünen schieben sich oft um mehrere Meter pro Jahr ins Landesinnere und können auf ihrem Weg Häuser und Wälder begraben.

Gibt es Meereshafenstädte im Landesinneren?

Die Meeresküste ändert sich ständig: Auf der einen Seite tragen Wellen und Strömungen Teile der Küste ab und lassen sie ins Meer brechen; die nordfriesische Insel Sylt beispielsweise verliert dauernd Boden an die Nordsee. Andere Küstengebiete wiederum können im Laufe der Jahrhunderte verlanden, wenn das Meer zurückweicht. Einige antike römische Mittelmeerstädte - wie zum Beispiel Cäsarea im heutigen Israel - verlandeten, verloren ihre Bedeutung, wurden von den Einwohnern verlassen und gingen unter. Andere ehemalige Häfen wie etwa Rye in Kent (England) „wanderten“ im Laufe der Jahrhunderte kilometerweit ins Landesinnere.

Sind alle Meere miteinander verbunden?

Sämtliche Salzwassermeere bilden eine durchgehende Wasserfläche, auch wenn sie bisweilen nur durch eine schmale Pforte miteinander verbunden sind - wie Mittelmeer und Atlantik durch die Straße von Gibraltar. Der größte Ozean, der Pazifik, bedeckt insgesamt ein Drittel der Erdoberfläche. Er ist 165 Millionen Quadratkilometer groß - das Mittelmeer bloß 2,5 Millionen Quadratkilometer. Am breitesten ist der Pazifik (auch „Stiller Ozean" genannt) zwischen Panama und Malaysia. Er umspannt an dieser Stelle mit 17.700 Kilometern fast den halben Erdumfang.

Wie schnell fließen Meeresströmungen?

Rund um die Erde sind ständig Meeresströme in Bewegung, die - wie der Golfstrom - achtzig Kilometer breit sein und mit sechs Stundenkilometern fließen können. Die Meeresströmungen fließen auf der nördlichen Halbkugel meistens im Uhrzeigersinn, auf der südlichen Halbkugel in umgekehrter Richtung.

Wieviel Salz ist in den Meeren?

Meerwasser besteht im Durchschnitt zu 96 Prozent aus Wasser, zu 3 Prozent aus Kochsalz und zu insgesamt 1 Prozent aus achtzig verschiedenen Stoffen, unter anderem aus Magnesium, Schwefel, Kalzium,

Brom, Kalium und Kohlenstoff. Würde man alle Meere entsalzen und das Salz über die gesamte Erdoberfläche verteilen, bekäme man eine anderthalb Meter hohe Salzschicht.

Der Salzgehalt der Meere ist sehr unterschiedlich: das Rote Meer enthält zum Beispiel sechsmal soviel Salz wie die Ostsee.

Warum ist es in Island im Winter wärmer als in New York?

New York liegt fast 3.000 Kilometer weiter südlich als die im hohen Norden liegende Insel Island; und dennoch sind die Winter in Island oft wärmer als die Winter in New York. Ursache dafür ist der Golfstrom. Diese gewaltige Meeresströmung wälzt sich aus dem Golf von Mexiko quer über den Atlantik nach Nordeuropa, wo sie für ein verhältnismäßig mildes Klima sorgt, indem sie die Gewässer und damit auch die Luft erwärmt. Der Golfstrom hat im Ursprungsgebiet an die dreißig Grad Celsius und kommt im Winter vor Irland mit immer noch zehn Grad und vor Nordskandinavien mit fünf Plusgraden an. Ohne ihn hätten Nordeuropa und Nordwesteuropa ein wahrhaft sibirisches Klima. New York hingegen liegt im Einflußbereich des kalten Labradorstroms, dessen Temperaturen zwölf Grad unter jenen des Golfstroms liegen.

Gibt es Gebirge unter Wasser?

Wie das Festland besteht auch das Land unter Wasser aus Bergen, Tälern, Tiefebenen und Hochflächen. Die Berge unter dem Meeresspiegel bilden Gebirge mit einer Gesamtlänge von 60.000 Kilometern. Im Pazifik hat man 14.000 Berge ausgemessen, die zwischen 600 und fast 2.000 Meter hoch sind. Einige der Bergspitzen ragen als Inseln aus dem Meer. Der Meeresboden besteht aus Stein, Sand, Schlamm und aus Schichten von abgestorbenen Pflanzen und Tieren, in denen eine Vielzahl kleiner und kleinster Lebewesen wohnen.

Wie tief ist die tiefste Stelle im Meer?

Der Marianengraben im Pazifischen Ozean ist 11.022 Meter tief. Mit dem Tauchboot Trieste tauchten Forscher fast (bis auf hundert Meter) auf den Grund des Grabens. In diesen Tiefen herrscht der unvorstellbare Wasserdruck von einer Tonne auf der Fläche einer Briefmarke.

Wie tief leuchtet die Sonne ins Meer?

Bis höchstens 250 Meter Tiefe können in glasklaren Gewässern noch Spuren von Helligkeit reichen. Darunter ist es absolut finster und mit plus vier Grad Celsius das ganze Jahr über auch empfindlich kalt. Dennoch leben Tiere wie der Weißhai, der Tiefseeaal, die Qualle oder die Tiefseegarnele in Tiefen bis zu 500 Metern. Weiter unten gibt es nur noch Tiefseefische wie den Tiefseeangler, der ein eigenes Leuchtorgan hat. Es wird mit Leuchtbakterien betrieben und lockt Beutetiere an. Der Tiefseeangler lebt in einer Tiefe von 3.000 Metern.

Woraus sind Wolken gemacht?

Wolken sind Ansammlungen von feinsten Wassertropfen und winzigen Eiskristallen; sie bestehen also aus nichts als Wasser.

Wie kommen Wolken in den Himmel?

In offenen Gewässern (vom Meer über Seen bis zu Gartenteichen oder Pfützen) verdunstet ständig etwas Wasser: Es verwandelt sich von seiner flüssigen Form in gasförmigen Dunst oder Dampf. Je wärmer Wasser ist, desto schneller verdunstet es, und je größer die Flächen sind, desto mehr Wasser steigt als Wasserdampf auf. Allerdings ist dieser Dunst zunächst unsichtbar; erst dort, wo er sich abkühlt – in größerer Höhe – kondensiert der Wasserdampf und wird dadurch sichtbar. *Kondensieren* heißt: sich vom (unsichtbaren) Dampf in (sichtbare) Flüssigkeit zurückverwandeln. Letztlich ist es also die Energie der Sonne, die Wasser auf dem Weg der Verdunstung hoch in den Himmel transportiert und in Wolken verwandelt. Diese Wolken wiederum treiben mit dem Wind und verteilen das lebensnotwendige Wasser über weite Gebiete der Erde.

Wie kommt Regen zustande?

Sobald eine Wolke keine Feuchtigkeit mehr aufnehmen kann - sobald sie „gesättigt“ ist -, beginnen die winzigen Wassertröpfchen innerhalb der Wolke zu fallen. Bei ihrem Fall durch die Wolke stoßen sie an andere Tröpfchen und vereinigen sich mit diesen. Aus Tröpfchen werden Tropfen, die wieder neue Tropfen mitreißen und schließlich zur Erde fallen.

Wie groß werden Regentropfen?

Bei Wolkenbrüchen können sich Tröpfchen zu Riesentropfen mit einem Durchmesser bis zu sieben Millimetern zusammentun. Feiner Sprühregen hingegen bringt Tröpfchen, die keinen halben Millimeter stark sind. Bei dieser Art des Sprühregens spüren wir die einzelnen Wassertropfen gar nicht, sondern werden „einfach so“ naß.

Wie entstehen Schneeflocken?

Wenn es in einer Wolke kältere und wärmere Zonen, feuchtere und trockenere Bereiche gibt, so verwandelt sich diese Wolke in eine Art „Schneemaschine“. Feuchtwarme Luft steigt nämlich innerhalb der Wolke in trockene, kalte Bereiche auf. Ihr Luftstrom zieht Wassertröpfchen mit. Wenn es kalt genug wird, vereisen diese Tröpfchen und bilden den „Kern“ einer künftigen Schneeflocke. An diesen Kern fügen sich jetzt Wasserdampfteilchen an, und zwar in einem bestimmten Muster. Nach und nach bildet sich ein Schneekristall, der schließlich die Wolke verläßt und Richtung Erde fällt. Ob die Schneeflocke allerdings auch unten ankommt, hängt von der Lufttemperatur ab. Ist es unten wesentlich wärmer als null Grad, dann schmilzt die Flocke. Was weiter oben noch eine Schneeflocke war, kommt unten dann als Wassertropfen an.

Kann Wasser Säulen bauen?

Nicht nur Eis, sondern auch warmes Wasser kann „Säulen bauen". Dieses Phänomen läßt sich in Tropfsteinhöhlen beobachten. Dabei tropft über Jahrhunderte unablässig Wasser aus einem Spalt in der Höhlendecke auf eine bestimmte Stelle. Dieses Wasser ist zuvor durch Kalkstein gesickert und hat sich mit einem bestimmten Mineral, nämlich Kalkspat, angereichert. Nun tropft es ab. Und während das Wasser des Tropfens verdunstet, bleibt jedesmal eine winzige Spur von Kalkspat zurück. Unendlich langsam, Tropfen für Tropfen, baut sich das Wasser zu Säulen auf, die viele Meter hoch werden können. Säulen, die vom Boden hochwachsen, nennt man „Stalagmiten"; hängen sie von der Decke herunter, heißen sie „Stalaktiten".

Was sind eigentlich Wüsten?

Wüsten sind karge Gebiete, wo aufgrund der Trokkenheit nur wenige Pflanzen und Tiere leben können. Wüsten bedecken ein Fünftel des gesamten Festlandes der Erde. Obwohl wir beim Wort „Wüste" normalerweise sofort an die heißen Sandwüsten der

Sahara denken, sind nur wenige Wüsten mit Sand bedeckt; die meisten werden von Schotter, Geröll oder nacktem Fels gebildet. Nur ein Siebtel aller Wüsten sind Sandwüsten.

Sind Wüsten immer heiß?

Man unterscheidet Wärme- und Kältewüsten. Wärmewüsten sind, zumindest tagsüber, das ganze Jahr hindurch heiß. Die bei weitem größte Wärmewüste ist die Sahara in Nordafrika, die mit 8,4 Millionen Quadratkilometern fast so groß ist wie ganz Europa. In Kältewüsten dagegen sind die Sommer heiß und die Winter kalt. Die Wüste Gobi in Zentralasien ist so eine Kältewüste. Sie ist ungefähr zwei Millionen Quadratkilometer groß. Aber auch in manchen nordamerikanischen Wüsten sind im Winter die Kakteen mit Schnee bedeckt - ein sonderbarer Anblick. Sogar in der Sahara - und zwar im Hoggargebirge - kann es vorkommen, daß Schnee fällt.

Wie können Dünen wandern?

Wanderdünen sind wellenförmige Anhäufungen von Sand. Wie Wasserwellen, nur sehr viel langsamer, bewegen sich auch diese Sandwellen fort. Der Wind wirbelt Sand auf, der sich an der oberen Kante der Düne - am Wellenkamm - anhäuft und auf der windabgewandten Seite wieder herunterrieselt. Wanderdünen schaffen pro Jahr eine Strecke von höchstens fünfzig Metern.

Ist Leben in der Wüste möglich?

Nur wenige Lebewesen sind dafür ausgestattet, in der Wüste mit ihrer extremen Trockenheit, der Hitze am Tag und der Kälte in der Nacht zu überleben. Einer dieser Außenseiter ist die Känguruhratte, die drei Jahre lang ohne Wasser auskommen kann. Sie ernährt sich ausschließlich von trockenen Samen.

Waren die Wüsten immer schon wüst?

Viele Wüsten, zum Beispiel in Nordafrika, entstanden erst durch Veränderungen des Weltklimas. Es gab Zeiten, in denen die Sahara ein blühender Landstrich war. Im Lauf von vielen Millionen Jahren war sie nacheinander mit Eis, mit Meer, mit Wäldern und mit Steppe bedeckt.

Die vom Menschen angerichteten Verwüstungen werden heute immer deutlicher. Schon die Römer beispielsweise holzten weite Teile des heutigen Jugoslawiens und Italiens ab und hinterließen unfruchtbare Karstgebiete. Auch die großen Halbwüsten von Spanien sind eine Folge rücksichtsloser Abholzungen. Und die Wüste Sahara dehnt sich deshalb immer weiter aus, weil zu viele Weidetiere die jungen Pflanzen am Rande der Wüste abfressen und dafür sorgen, daß kein Bewuchs aufkommen kann. Die größte Gefahr droht jedoch den Regenwäldern in den südamerikanischen, afrikanischen und asiatischen Tropen. In diesen Wäldern wird jährlich eine Fläche von der Größe Belgiens abgeholzt; schon wenige Jahre nach dem Kahlschlag ist dort Wüste.

Warum folgt den Holzfällern oft die Wüste?

Das bunte, kraftstrotzende Leben in den Regenwäldern von Afrika, Asien und Südamerika spielt sich nur zu einem geringen Teil am Urwaldboden ab. Die pflanzliche „Biomasse“ (so nennt man die Gesamtheit der Pflanzen) strebt nach oben. Der Boden, der nur wenig Sonne und Licht abbekommt, ist sehr nährstoffarm. Werden nun die Bäume gefällt und wird nicht sogleich sachgerecht wiederaufgeforstet, so kippt das natürliche Gleichgewicht um. Der ohnehin dürftige Boden ist den gewaltigen Regenfällen schutzlos ausgeliefert. Er kann die Wassermassen nicht aufnehmen und wird vom Regen ausgewaschen. Die pralle Sonne tut ihr übriges, und wo noch wenige Jahre zuvor blühendes Leben herrschte, ist jetzt tote Wüste aus rotem Sand.

Was ist Brandrodung?

Von „Brandrodung“ spricht man, wenn Wälder nicht abgeholzt, sondern abgebrannt werden, um Felder zu gewinnen. Brandrodungen in tropischen Ländern vernichten große Teile der Regenwälder. Die meisten Regenwälder liegen in armen Ländern, wo der fruchtbare Boden einigen wenigen Großgrundbesitzern gehört. Die besitzlosen Bauern sind gezwungen auszuweichen. Häufig siedeln sich die bettelarmen Familien entlang der Straßen an, die von Holzfällerfirmen in den Urwald geschlagen werden. Um schnell an Mais- und Kartoffelfelder zu gelangen, werden die Urwälder oft einfach angezündet. Die

Asche des Holzes ergibt so viel Dünger, daß man auf diesen abgebrannten Flächen einige Jahre lang Getreide oder Früchte ernten kann. Dann sind die Böden ausgelaugt; auf ihnen wächst nichts mehr, und die Siedler ziehen tiefer in den Urwald. Dort beginnt das Spiel von neuem.

Wie kann man sehen, wo Brandrodungen stattfinden?

Wenn man Satellitenaufnahmen der nächtlichen Erde betrachtet, so entdeckt man Lichtflecken in allen bewohnten Weltgegenden. Das sind die Großstädte und großen Industriegebiete (wie zum Beispiel Erdölförderstätten). Ein Blick auf Afrika zum Beispiel zeigt aber auch im Urwald große leuchtende Flecken, die so groß und hell sind wie etwa das Ruhrgebiet. Hierbei handelt es sich um Regenwälder, in denen gerade Brandrodungen stattfinden. Diese Feuer sind so groß und stark, daß sie Zehntausende Kilometer weit leuchten.

Was ist der Unterschied zwischen Steppen und Savannen?

Baumlose Gebiete, in denen fast nur Gras wächst, nennt man „Steppen“ oder „Savannen“. Diese Grasländer bedecken fast ein Viertel des Festlandes. Savannen liegen in tropischen Gebieten; hier werden die Gräser bis zu vier Meter hoch. Steppen hingegen findet man in Landstrichen mit gemäßigtem Klima. Es gibt sie in allen Erdteilen (außer natürlich in der

Antarktis), und zwar überall dort, wo das Wasser nicht ausreicht, um Wälder wachsen zu lassen, wo es aber immerhin so viel regnet, daß keine Wüsten entstehen. Steppen haben heiße Sommer und kalte Winter.

Wie heißen die Steppen in den verschiedenen Ländern?

Viele Länder, in denen es Steppen gibt, haben ihre eigenen Bezeichnungen für diese Art von Landstrichen. Nordamerikaner nennen ihre Steppen „Prärie“, Argentinier „Pampa“, Südafrikaner „Veldt“ und Australier „Busch“.

Welche Bedeutung hat Gras für die Menschheit?

Von den Gräsern, die in Steppen und Savannen wachsen, gibt es über 10.000 Arten. Aus einigen dieser wilden Gräser haben Menschen Getreidearten gezüchtet, die uns die wichtigsten Lebensmittel überhaupt liefern. Die Vorfahren von Weizen, Roggen, Gerste, Hafer, Hirse, Reis und Mais, aber auch von Zuckerrohr waren einst wilde Gräser in den unermeßlich weiten Steppen und Savannen der vorgeschichtlichen Zeit. Reis ist die Hauptnahrung von mehr als der Hälfte der Weltbevölkerung. Er kann als einziges Getreide in Feldern angebaut werden, die mit Wasser überflutet werden. Damit hält man Unkraut zurück.

Wem gehören die Pole?

Die Arktis, also das Gebiet um den Nordpol, ist eigentlich kein Land, sondern Meer, das von einer kilometerdicken Eisschicht bedeckt ist. Dieses Meer gehört zu den anliegenden Staaten, nämlich Kanada, USA (Alaska), Dänemark (Grönland) und der UdSSR.

Die Antarktis hingegen - der Kontinent, auf dem der Südpol liegt - hat Land unter dem oft über einen Kilometer dicken Eis. Die Antarktis ist daher ein echter Kontinent. In ihr werden reiche Bodenschätze vermutet. Deshalb kämpfen viele Länder darum, daß ihnen ein Stück der Antarktis zugesprochen wird - wo sie dann tun und lassen könnten, was sie wollten. Naturschutzorganisationen treten jedoch dafür ein, die Antarktis zum „Weltpark“ (einem riesigen Naturpark) zu erklären. Nur so könnte jede Ausbeutung und Zerstörung dieser noch unberührten Gebiete verhindert werden, meinen die Naturschützer.

Welche Jahreszeiten gibt es an den Polen?

Es gibt nur zwei Jahreszeiten an den Polen: den „Polartag“ und die „Polarnacht“, die jeweils ein halbes Jahr dauern. Am Polartag geht die Sonne niemals unter, sondern wandert täglich rund um den Horizont; in der sechsmonatigen Polarnacht geht sie überhaupt nie auf. Der Grund liegt darin, daß sich unsere Erde gegenüber der Sonne auf einer schrägen Achse dreht und die Sonne im arktischen Sommer den Nordpol bescheint - flach zwar, aber ununterbrochen. Gleichzeitig herrscht am Südpol Polarnacht.

Welche Pflanzen wachsen an den Polen?

Nur ganz spezielle Pflanzen wie einige Flechtenarten vertragen arktische Verhältnisse. Diese Flechten werden Tausende Jahre alt; in hundert Jahren wachsen sie oft nur einen Zentimeter.

Welche Tiere bewohnen die Antarktis?

Eigentlich gibt es nur eine einzige Tierart, die in der Antarktis auf dem Festland (und nicht im Wasser oder auf Inseln vor der Küste) lebt: eine Insektenart, deren Vertreter etwa einen Zentimeter groß werden. In den arktischen Gewässern hingegen leben Blauwale und Pinguine.

Kann man unter dem Nordpol durchtauchen?

Da der Nordpol nicht auf festem Land liegt, sondern eine schwimmende Eisschicht bildet, kann man den Nordpol mit U-Booten unterqueren. Erstmals hat dies das U-Boot Nautilus im Jahre 1958 geschafft. Nautilus war dabei fast 3.000 Kilometer auf Tauchfahrt.

Menschen

Seit wann gibt es Menschen?

Die ersten menschenähnlichen Lebewesen haben wohl vor drei bis fünf Millionen Jahren gelebt. Unser damaliger Urahne, der sogenannte „Australopithecus“, konnte schon aufrecht gehen. Dadurch hatte er die Hände für Werkzeug und Waffen frei. Archäologische Überreste - Funde von Knochen und Werkzeug - lassen darauf schließen, daß auch sein Verhalten den „Mitmenschen“ gegenüber bereits menschenähnlich gewesen sein muß.

Stammen wir also wirklich von Affen ab?

Die Menschenaffen sind nicht unsere Vorfahren. Schimpansen, Gorillas und Orang-Utans sind gewissermaßen unsere Vettern und Nichten; denn wir haben mit ihnen die Stammeltern gemeinsam.

Wo lebten die ersten Menschen?

Wenn wir den Australopithecus als den ersten Menschen betrachten, so kann man sagen, daß die Wiege der Menschheit in Afrika stand. Überreste von den ersten „echten“ Menschen (die Wissenschaftler nennen einen solchen Menschen „Homo habilis“) hat man in Asien und Europa gefunden.

Was ist der Homo sapiens?

Homo sapiens ist lateinisch und bedeutet: vernünftiger Mensch. Diese Bezeichnung haben die Wissenschaftler für den „modernen" Menschen reserviert, der sich bereits Werkzeuge wie Ahle oder Schaber zurechtmachen konnte und seine Toten in Gräbern bestattete. Wir werden von Wissenschaftlern übrigens als „Homo sapiens sapiens" bezeichnet: als vernünftige vernünftige Menschen.

Wer waren die Neandertaler?

Die Neandertaler waren Vertreter des Homo sapiens; man hat Überreste, Grabbeigaben und Werkzeuge im Neandertal in Deutschland gefunden - daher der Name. Die Neandertaler zählen jedoch nicht zu unseren direkten Vorfahren, sondern entstammen einer Seitenlinie, die vor etwa 60.000 Jahren ausgestorben ist. Vielleicht wurden sie von den Cro-Magnon-Menschen ausgerottet, die wir zu unseren direkten Vorfahren zählen dürfen.

Von wem stammen die Höhlenmalereien?

Die Cro-Magnon-Menschen waren offenbar die ersten europäischen Künstler. In Höhlen nahe dem französischen Dorf Cro-Magnon hat man vor hundert Jahren staunenswerte Höhlenbilder gefunden, die aus der Zeit vor 35.000 Jahren stammen. Diese Bilder zeigen meist Menschen auf der Jagd. Höhlenmalereien aus derselben Epoche wurden auch in

Afrika und im Nahen Osten gefunden. Aus den Skelettfunden ist zu schließen, daß die Cro-Magnon-Menschen wie wir heutigen Menschen aussahen.

Wie kamen die Indianer nach Amerika?

Es ist eigentlich falsch zu sagen, Kolumbus habe Amerika entdeckt. Die ersten Einwanderer kamen nämlich schon 20.000 Jahre früher. Asiatische Jagdvölker hatten die Beringstraße als Übergang benutzt. (Die Beringstraße ist das heutige Meer zwischen dem nordöstlichen Sibirien und dem nordwestlichen Alaska. Damals gab es dort eine Landbrücke, das heißt, man konnte trockenen Fußes von Asien nach Amerika ziehen.) Von der Nordspitze Alaskas aus haben die sogenannten „Indianer" im Laufe der Zeit beide amerikanischen Kontinente bis hinunter an die Südspitze von Südamerika besiedelt.

Mit welchen Tieren mußten die Urmenschen kämpfen?

Als die ersten Menschen auftraten, waren Saurier und ähnliche „fremdartige" Tiere bereits seit über sechzig Millionen Jahren ausgestorben. Dennoch mußten sich die Urmenschen noch mit so schreckenerregenden Tieren wie Säbelzahntiger, Mammut, Wollhaarnashorn und Höhlenbär herumschlagen. Auch sie sind mittlerweile längst ausgestorben.

Waren alle diese Urtiere gefährlich?

Noch bis vor wenigen Millionen Jahren gab es neben den riesigen Geschöpfen - darunter Ratten und Siebenschläfer, die zwanzig Kilogramm wogen - auch Miniaturausgaben der Großtiere. Auf der Insel Malta und in Kalifornien hat man zum Beispiel die Knochen von ausgewachsenen Minimammuts gefunden, die nicht größer wurden als heutige Bernhardiner.

Warum bauten die Menschen nicht von Anfang an Häuser?

Die vorgeschichtlichen Menschen scheinen Sammler und Wildbeuter gewesen zu sein. Sie streiften herum und lebten von den Pflanzen und Tieren, die sie „im Vorübergehen" erbeuten konnten. Dann zogen sie in neue Sammel- und Jagdgründe weiter. Deshalb dienten ihnen vor allem natürliche Höhlen und Unterstände als Behausung. Die ältesten Spuren von Hütten aus Zweigen stammen aus der Zeit vor 400.000 Jahren.

Warum blieben die Menschen nicht in Höhlen?

Vielleicht erkannten die Menschen im Laufe ihrer Wanderungen, daß ein „fester Wohnsitz", vor allem in einem fruchtbaren Gebiet, nicht zu verachten war. An einem sicheren und bewachten Ort konnte man Vorräte für magere Zeiten anlegen; man konnte sich besser gegen die Witterung schützen, gegen Ungeziefer und wilde Tiere. Schließlich konnte man in

Dörfern auch besser zusammenbleiben und sich gegen Angriffe anderer Menschen wirkungsvoller verteidigen.

Die ersten von Menschenhand gebauten Häuser standen manchmal nicht auf fester Erde, sondern auf Pfählen im seichten Wasser von Seen. Sie waren aus Ästen und Laub gebaut. Die ältesten europäischen Pfahldörfer, die wir kennen, sind ungefähr 4.000 Jahre alt und stammen aus der Jungsteinzeit.

Welche Werkzeuge und Geräte bauten sich unsere Vorfahren?

Die primitivsten Werkzeuge waren zweifellos behauene Steine, die als Schabegeräte benutzt wurden. Die ältesten Funde weisen auf die Zeit vor vier Millionen Jahren zurück. Vor einer halben Million Jahren spitzten sich Menschen Holzstangen zu Speeren zurecht. Vor 250.000 Jahren erschienen erstmals Steinbeile mit Stiel.

Brauchbare Lampen gab es bereits vor 50.000 Jahren. Sie waren aus Stein gehauen. Als Brennstoff diente Tierfett.

Pfeil und Bogen tauchten vor 30.000 Jahren auf. Zwar sind von diesen Waffen selbst keine Reste erhalten geblieben, doch auf vielen Höhlenmalereien sind Jäger mit Pfeil und Bogen abgebildet.

Nähnadeln sind seit 20.000 Jahren bekannt. 13.000 Jahre alt sind Harpunen, also mit Widerhaken versehene Speere, die man in Westfrankreich beim Fischfang benutzte. Etwa aus der gleichen Zeit stammen Fischernetze, die an den Küsten des Mittelmeers verwendet wurden. Dort entdeckte man auch Reste von geflochtenen Körben. Vor etwa 10.000 Jahren scheinen unsere Vorfahren den Kamm, das Ruder, die Töpferei, die Sichel, das Kupfermesser, den Tonziegel - und das Bier erfunden zu haben.

Woraus besteht der menschliche Körper?

Wir Menschen sind aus winzigen Einheiten aufgebaut, die man „Zellen" nennt. Milliarden von lebendigen Zellen bilden unseren Körper. Die meisten von ihnen sind so klein, daß man sie mit bloßem Auge nicht sehen kann.

So verschieden Pflanzen und Tiere und Menschen auch sein mögen: alles Lebendige hat sich aus lebendigen Zellen gebildet.

Sehen alle Zellen gleich aus?

Alles, was lebt, beruht auf dem Zusammenspiel unzähliger Zellen, die sehr verschiedene Funktionen erfüllen. Zellen bilden die Wurzeln von Bäumen und die Nerven von Menschen, sie bauen den Darm auf oder Knochen oder Blätter oder Regenwürmer oder die Wimpern am menschlichen Auge. Deshalb unterscheiden sich die Zellen voneinander. Wie groß sie sind, wie sie gestaltet sind und was sie leisten, das hängt von ihrer Aufgabe ab. Viele von ihnen sind groß genug, um mit einem einfachen Mikroskop deutlich gesehen zu werden; andere Körperzellen sind winzig klein: Eine Viertelmillion von ihnen würde auf diesen i-Punkt passen. Andere Zellen werden ziemlich groß: die Wurzelhaare von Pflanzen zum Beispiel oder Meerestang.

Zellen bilden alle möglichen Formen. Sie können rund wie Bällchen sein, ziegelförmig, zylindrisch, spiralförmig oder platt oder baumförmig. Wohl in allen Gestalten, die man sich vorstellen kann, gibt es Zellen.

Woher kommen die menschlichen Zellen?

So sehr sich die menschlichen Zellen im Aussehen und in ihrer Arbeit auch unterscheiden, sie alle stammen von einer einzigen Zelle ab: nämlich von der befruchteten Eizelle, die entsteht, wenn bestimmte männliche und weibliche Zellen miteinander verschmelzen.

Woraus besteht eine Zelle?

Alle menschlichen Zellen sind nach einem ähnlichen Bauplan aufgebaut: Außen schützt eine Membran die Zelle. Die Zellmembran ist eine Hülle, die außerordentliche Fähigkeiten hat. Sie kann Nahrung und Sauerstoff aufnehmen, und sie kann den „Abfall“ ausscheiden, der bei ihrer Arbeit ständig erzeugt wird.

Die Masse im Inneren der Zelle heißt „Zellplasma“ oder „Zytoplasma“. Das Zellplasma verrichtet die eigentliche Arbeit der Zellen. Es verteilt die Nährstoffe und entsorgt die Abfallstoffe. Kleine Bläschen, die im Zellplasma schwimmen (Mitochondrien und Lysosomen), funktionieren wie winzige chemische Fabriken. Sie stellen Stoffe her, die für den Körper wichtig sind.

Wenn man eine Zelle durch das Mikroskop betrachtet, so erkennt man im Zytoplasma einen dunklen Fleck. Das ist der Zellkern. Diese kleine Kugel ist die Steuerzentrale der Zelle. Der Zellkern regelt die verschiedenen Tätigkeiten der Zelle und die Vermehrung. Im Zellkern (in den Chromosomen) sind außerdem die Erbeigenschaften aufgezeichnet.

Was kann eine Zelle allein tun?

Es gibt primitive Lebewesen - zum Beispiel unter den Algen -, die überhaupt aus nur einer einzigen Zelle bestehen. Menschliche Körperzellen hingegen können ihre Aufgaben nur in Gemeinschaft mit anderen Zellen erfüllen. Zellen müssen sich daher mit anderen Zellen zusammenschließen. Eine Gruppe von gleichartigen Zellen, die alle an der gleichen Aufgabe arbeiten, nennt man „Gewebe".

Welche Arten von Gewebe gibt es?

Es gibt so viele Gewebe, wie der Körper Aufgaben zu erfüllen hat. Hauptsächliche Gewebearten sind zum Beispiel das Nervengewebe (in dem chemische und elektrische Reize im Körper weitergeleitet und verarbeitet werden) oder das Muskelgewebe, das Bindegewebe und das Epithelgewebe. Diese Gewebeart schließt den menschlichen Körper nach außen ab und bildet die äußere Hautschicht. Aber auch die verschiedenen Einstülpungen im Körper, die Körperhöhlungen, sind mit Epithelgewebe ausgekleidet. Beispiele: Magen oder Speiseröhre.

Was ist ein Organ?

Um eine bestimmte Aufgabe erfüllen zu können, sind bestimmte Gewebearten zu einem Verbund zusammengeschlossen: Sie bilden ein Organ. Damit so ein Organ funktioniert, müssen alle Teilnehmer zusammenwirken. Unser Sehorgan zum Beispiel, das Auge, besteht aus einer ganzen Reihe von Bestandteilen (unter anderem sind da die farbige Iris, die Pupille, die Linse, die Netzhaut, der Sehnerv); und jeder Bestandteil besteht aus bestimmten Gewebearten und erfüllt eine besondere Aufgabe. Wir können nur dann sehen, wenn alle Teile unseres Auges zufriedenstellend funktionieren. Andere Organe sind die Sinnesorgane, Verdauungsorgane, Herz, Lunge und so weiter.

Woraus besteht das Verdauungssystem?

Von einem „körperlichen System“ spricht man dann, wenn mehrere Organe zusammenarbeiten, um eine Aufgabe in mehreren Stufen oder Schritten zu erfüllen. So besteht unser Verdauungssystem aus all den Organen, die dabei mitwirken, Speisen zu verdauen und die Nahrungsenergie zu verwerten. Dazu gehören auch die Zähne, mit denen wir die Nahrung zerkleinern. Im Mund speicheln wir die Nahrung ein; sie wird mit Hilfe des Speichels (aus den Speicheldrüsen) vorverdaut. Zum Verdauungssystem gehören weiter die Speiseröhre, der Magen, die Eingeweide und eine Reihe von Drüsen.

Ist unser Körper eine komplizierte Maschine?

Viele Menschen lehnen es ab, den menschlichen Körper mit einer Maschine zu vergleichen. In gewisser Weise haben sie recht damit: Maschinen, wie wir sie kennen - auch die allermodernsten computergesteuerten Maschinen -, sind im Vergleich zu unserem Körper unglaublich primitiv. Und es gibt guten Grund zur Annahme, daß es Menschen nie gelingen wird, so etwas höchst Kompliziertes wie ein Lebewesen nachzubauen - schon gar nicht einen Menschen.

Auf der anderen Seite jedoch funktioniert der Körper nach denselben Grundsätzen, nach denen auch Maschinen funktionieren. Menschen wie Maschinen brauchen zum Beispiel Energie, um funktionieren zu können; und diese Energie muß von außen zugeführt werden - beim Menschen in Form von Nahrung. Und für menschliche Körper wie für Maschinen gelten die Naturgesetze.

Wie die Prozesse im menschlichen Körper aber genau ablaufen, davon haben wir nur eine schwache Ahnung. Je tiefer man in die Natur eindringt, desto geheimnisvoller werden die Zusammenhänge. Wenn man also den menschlichen Körper mit einer Maschine vergleichen will, dann sollte man dazu sagen, daß es sich um eine unendlich staunenswerte, für uns Menschen letztlich unbegreifliche Maschine handelt.

Was ist das größte Organ des Menschen?

Von der Ausdehnung her gesehen, ist die Haut das größte Organ. Ein Erwachsener ist von ungefähr anderthalb Quadratmeter Haut umhüllt. Die Haut ist ein Organ, weil sie aus verschiedenen Gewebearten besteht, die zusammenwirken, um eine ganze Reihe von Aufgaben zu erfüllen. Denn die Haut ist nicht nur Schutzhülle nach außen.

Welche Aufgaben erfüllt die Haut?

Natürlich hüllt uns die Haut zunächst einmal ein, und zwar wasserdicht. Soweit sie nicht verletzt ist, hält sie auch Schmutz und Krankheitskeime vom Eindringen in den Körper ab. (Offene Wunden sind Eintrittspforten für Keime.)

Die Haut ist wasserdicht von außen nach innen - aber nicht umgekehrt. Die Schweißdrüsen in der Haut sorgen dafür, daß Flüssigkeit - Schweiß - austreten kann. Wenn es heiß ist, schwitzen wir. Die Haut wird außen feucht, und die Feuchtigkeit verdunstet. Beim Verdunsten wird der Umgebung Wärme entzogen, wir kühlen deshalb beim Schwitzen ab. Außerdem sondern wir mit dem Schweiß zugleich giftige oder zumindest unerwünschte Abfallstoffe ab. Die Haut wirkt aber auch als Thermostat. Sie dient dazu, die Körpertemperatur in der richtigen Höhe zu halten. Das funktioniert so: Die Haut ist temperaturempfindlich. Wenn es kalt wird, ziehen sich die Blutgefäße in der Haut zusammen (Gänsehaut). Dadurch kommt weniger Blut mit der kalten Hautoberfläche in Berührung; das Blut bleibt wärmer. Das warme Blut fließt durch alle Körperteile und wärmt sie auf. Wenn es draußen hingegen warm wird, dehnen sich die Blutgefäße aus, und der Körper gibt mehr Wärme an die Umgebung ab.

Warum kann man die Haut auch als Sinnesorgan bezeichnen?

Die Sinne geben uns Bescheid, was in unserer Umgebung vorgeht. Das Auge hilft uns bei der Wahrnehmung von Gegenständen; es reagiert auf das Licht, das von Gegenständen ausgestrahlt oder zurückgeworfen wird. Das Ohr nimmt Schallwellen wahr. – Diese Sinne nennt man Fernsinne, weil kein direkter Kontakt besteht zwischen dem Sinnesorgan und den Gegenständen oder Schallquellen. Die Haut hingegen ist Träger für eine ganze Reihe von empfindlichen Nahsinnen.

Der Schmerzsinn, der uns sagt, wo etwas weh tut, hat seine Empfänger über die ganze Haut verteilt. Überall auf der Haut liegen die Enden von Nerven, die Schmerzen wahrnehmen und die Botschaft weiterleiten.

Auch der Tastsinn hat seine Aufnahmepunkte auf der Haut. Er sagt uns, wann wir etwas berühren und wie dieser Gegenstand beschaffen ist. Außerdem liegen die Sinne für Wärme und Kälte auf der Haut. Die

Aufnahmepunkte sind nicht gleich verteilt. Dort, wo die Nervenenden dicht gepackt sind, sind wir am empfindlichsten - zum Beispiel auf den Fingerspitzen oder auf der Zunge.

Wie viele Schichten hat unsere Haut?

Die Haut ist an verschiedenen Stellen verschieden dick: Am stärksten ist sie an den Fußballen und Handflächen. Hier muß sie den meisten Druck und die meiste Reibung aushalten. Im Bereich der Augen, zum Beispiel über den Augenlidern, ist sie hingegen sehr dünn und empfindlich.

Immer aber besteht die Haut aus zwei Schichten. Die Oberhaut (Epidermis), die selbst wieder aus mehreren Schichten besteht, enthält keine Blutgefäße. Sie wächst von innen nach außen und erneuert sich immer wieder. Die alte Haut bildet die wasserabweisende Oberfläche.

Darunter liegt die viel dickere Lederhaut. Sie wird nicht abgestoßen und besteht aus lebenden Zellen. In der Lederhaut liegen die vielen kleinen Blutgefäße und die Nervenenden. In der Lederhaut liegen auch die Haarwurzeln und die Schweißdrüsen.

Warum können Insekten nicht so groß werden wie Menschen?

Insekten werden durch eine starre äußere Hülle zusammengehalten. Das hat manche Vorteile, und Insekten sind auch, vom Artenreichtum her gesehen, die erfolgreichsten Tiere: Neun von zehn Tierarten auf unserer Erde gehören zu den Insekten.

Äußere Panzer haben jedoch den großen Nachteil, daß ihre „Einwohner“ ab einer gewissen Größe unbeweglich werden und ihr Gewicht nicht mehr gut tragen können. Anders bei Wirbeltieren, zu denen der Mensch gehört. Hier werden die Lebewesen von innen zusammengehalten, und zwar durch ein Knochengerüst, das Skelett. Dieses Skelett kann mitwachsen, und es kann viel mehr Körpermasse in Form und Bewegung halten. Mit dem Skelett sind die Muskeln und Sehnen verbunden.

Wozu brauchen wir ein Skelett?

Das Gerüst des Menschen ist sein Skelett. Es hält ihn aufrecht und gibt ihm eine feste Gestalt - ohne Knochen würden wir in uns zusammensinken wie eine Qualle an Land. Als Innenpanzer schützt das Skelett aber auch gewisse empfindlichen Körperteile.

Welche Körperteile werden vom Skelett geschützt?

Im Brustkorb liegen Herz und Lunge. Er heißt „Korb“, weil die Rippen wie ein Korb angeordnet sind. Der Schädel (das ist der knöcherne Teil des Kopfes) schützt das weiche Gehirn. Auch die Augen und die Gehörorgane sind in Knochenhöhlen eingebettet. Und schließlich liegt das empfindliche Rükkenmark in der knöchernen Röhre der Wirbelsäule.

Sind Knochen eigentlich lebendig?

Knochen bestehen aus lebendigem Gewebe. Sie verändern sich, sie wachsen, und sie bilden sich ständig neu. Vor allem aber produzieren manche Knochen im Knochenmark die roten Blutkörperchen. Knochen speichern außerdem die chemischen Substanzen Kalzium und Phospor, die für uns lebenswichtig sind.

Weshalb haben Babys mehr Knochen als Erwachsene?

Neugeborene haben manchmal mehr als 300 Knochen im Körper; wenn man erwachsen ist, dann hat man nur noch 210. Der Grund ist einfach: Der Säugling wächst, und dabei wachsen viele seiner Knochen zusammen. Bei manchen Erwachsenen kommt es vor, daß bei ihnen weniger oder mehr Knochen zusammengewachsen sind als normal; sie haben dann eben ein paar Knochen weniger oder mehr, als von der Natur vorgesehen.

Wie viele Knochen hat der Schädel?

Der Schädel besteht aus 24 Knochen; zehn davon bilden die Hirnschale, die das Gehirn umschließt. Diese Knochen sind beim Erwachsenen durch die Hirnnähte fest miteinander verbunden.

Was sind Wirbel?

Die Wirbel sind hohle Knochenzylinder, die miteinander beweglich verbunden sind. Unsere 26 Wirbel bilden die Wirbelsäule.

Wieso können wir trotz des knöchernen Brustkorbs atmen?

Beim Atmen dehnt sich die Lunge aus und sinkt wieder zusammen. Auch der Brustkorb muß sich daher heben und senken können. Deshalb sind die Rippen hinten nicht starr mit der Wirbelsäule verbunden, sondern durch kleine Gelenke. Insgesamt wird der Brustkorb durch 24 Rippen und das Brustbein gebildet. Am Brustbein sind zehn der zwölf Rippenpaare starr befestigt. Das elfte und zwölfte Rippenpaar ist wesentlich kürzer und schwebt vorne frei.

Wie viele Knochen hat eine Hand?

Die Handwurzel besteht aus acht Knochen, der Handteller aus fünf, die Finger bestehen aus 14 Knochen. Ein Fuß hat einen Knochen weniger: die Fußwurzel - der Spann - hat nur sieben Knochen.

Sind alle Knochen unseres Körpers miteinander verbunden?

Alle Knochen unseres Körpers bis auf einen sind miteinander verbunden. Das hufeisenförmige Zungenbein, das in der Kehle liegt, berührt keinen einzigen anderen Knochen.

Wie sind die Knochen miteinander verbunden?

Knochen sind entweder durch Gelenke beweglich miteinander verbunden, oder aber wie die Schädelknochen an den Knochennähten untrennbar zusammengewachsen. Bei den beweglichen Verbindungen, den Gelenken also, sorgt ein sehr zähes und gleichzeitig elastisches Gewebe dafür, daß Stöße auf einen Knochen gedämpft werden und nicht gleich das ganze Skelett erschüttern. Dieses Gewebe nennt man „Knorpel". Knorpel sind eigentlich weiche Knochen.

Knorpelgewebe umhüllt nicht nur Gelenke, sondern bildet auch eigenständige Ringe. Die Knorpelringe in der Wirbelsäule, die sogenannten „Bandscheiben", liegen zwischen den einzelnen Wirbeln. Wie Puffer aus Hartgummi fangen sie Stöße auf und sorgen mit dafür, daß wir keine Gehirnerschütterung bekommen, wenn wir auf einen harten Untergrund springen.

Was hält Knochen und Gelenke zusammen?

Gelenkbänder sind bewegliche Streifen aus einem äußerst zähen Gewebe; sie halten die Knochen an den Gelenken zusammen. Damit es in den Gelenken nicht reibt und knirscht, geben bestimmte Zellen im Gelenkbereich eine dicke Flüssigkeit ab, die wie ein Schmiermittel wirkt. So können die Gelenke leicht bewegt werden.

In welche Richtungen lassen sich die Knochen bewegen?

Es gibt Kugelgelenke wie das Schultergelenk, in denen sich der Knochen in alle Richtungen drehen läßt. Im Sattelgelenk (in dem unsere Hand sitzt) kann der Knochen fast rundherum gedreht werden, nach oben und unten allerdings weiter als nach links und rechts. Zwischen den Fingerknochen zum Beispiel sitzen Scharniergelenke. Wir können sie nur auf und ab bewegen. Den Kopf können wir mittels eines Drehgelenks drehen. Schließlich haben wir im Unterkiefer noch ein ganz besonderes Gelenk sitzen: ein Schiebegelenk.

Was bewegt die Knochen?

Mehr als 600 Muskeln sitzen im menschlichen Körper und sorgen dafür, daß wir unsere Knochen bewegen können. Diese Muskeln arbeiten wie straffe Bündel von Gummibändern, und tatsächlich bestehen sie auch aus lauter Muskelfasern. Diese Fasern ziehen sich zusammen, wenn wir den Muskel anspannen. Da sie über Sehnen mit dem Knochen verbunden sind, setzen sie den Knochen und damit den entsprechenden Körperteil in Bewegung. Bei einem schlanken Erwachsenen macht Muskelfleisch ungefähr die Hälfte des Körpergewichts aus.

Woher wissen Muskeln, wann sie arbeiten müssen?

Die Befehle an die Muskeln kommen vom Gehirn und werden über die Nervenbahnen an die Muskeln weitergeleitet. Normalerweise arbeiten die Muskeln, wenn wir es wollen und sie willentlich bewegen. Es kommt aber auch vor, daß Muskeln selbständig tätig werden, bei Schreckbewegungen etwa, wenn wir die Arme schützend hochwerfen, oder bei Reflexen: Wenn uns etwas ins Auge zu fliegen droht, schließen wir die Augen. Wenn wir unachtsam sind und auf die heiße Herdplatte greifen, zucken wir zurück. In solchen Fällen müssen Reaktionen schnell kommen. Deshalb wird das Hirn gar nicht eingeschaltet, und wir bewegen Muskeln, ohne es direkt gewollt zu haben.

Gibt es Muskeln, die selbständig arbeiten?

Manche Muskeln funktionieren, ohne daß wir sie „abstellen" können. Die Muskeln unseres Verdauungssystems zum Beispiel arbeiten selbständig, ob wir dies wollen oder nicht. Diese Muskeln nennt man „glatte Muskeln". Sie umschließen die Blutgefäße und die Organe des Verdauungssystems. Aber auch die kleinen Muskeln, die zum Beispiel die Haut zur Gänsehaut zusammenziehen, arbeiten, ohne auf unsere Anweisungen zu warten.

Durch bestimmte Übungen wie etwa Joga kann man allerdings lernen, auch glatte Muskeln zu beherrschen. Geübte Jogis können ihren Herzschlag willentlich regulieren. Normalerweise richtet sich die Schnelligkeit des Herzschlags nicht nach unserem Willen, sondern automatisch danach, wie schnell das Blut durch den Körper gepumpt werden soll, um Muskeln und Zellen zu versorgen.

Wie arbeiten die Muskeln?

Fast an jeder Bewegung, die wir machen, sind mehrere unserer insgesamt 600 Muskeln beteiligt. Sie wirken als eine Muskelgruppe zusammen. Beim Heben des Unterarms beispielsweise verkürzt sich der Bizeps, ein Beugemuskel. Der Muskel zieht den Unterarm an den Oberarm heran. Gleichzeitig streckt sich der Trizeps, ein Streckmuskel, der es möglich macht, den Arm nachher wieder auszustrecken. Viele Muskeln, Knochen und Gelenke arbeiten wie Hebel. So können wir unsere Gliedmaßen weiträumig bewegen, obwohl sich die Muskeln nur ein kurzes Stück zusammenziehen.

Bewegen sich Muskeln, auch wenn man ruhig steht?

Selbst wenn wir ruhig stehen, arbeiten Dutzende von Muskeln, um uns im Gleichgewicht zu halten. Unsere Körperstellung wird nämlich in jedem Moment von vielen Sensoren (Fühlern) registriert – zum Beispiel vom Gleichgewichtssinn im Ohr oder von den druckempfindlichen Nerven in der Fußsohle, die uns sagen, wie wir stehen. Ohne daß wir es wissen, regulieren die Muskeln ständig unsere Stellung. Und wir haben das Gefühl, wir stehen aufrecht und fest. (Wären wir wirklich starr, würden wir beim kleinsten Windhauch krachend umfallen. Aber wir sind niemals starr, und unser Nerven- und Muskelsystem gleicht automatisch die äußeren Einflüsse aus.)

Woher nehmen die Muskeln ihre Kraft?

Alle Kraft auf der Welt muß von irgendwo herkommen. Auch die Muskelkraft. Der Muskel bekommt seine Energie vom Blut, das Sauerstoff und Nährstoffe heranschafft. Dabei verbindet sich der Sauerstoff mit bestimmten chemischen Stoffen in den Zellen. Nur so kann die Zelle die Energie der Nährstoffe ausnutzen. Bei der Arbeit verbraucht der Muskel Energie und wandelt sie dabei teilweise in Körperwärme um. (Deshalb frieren wir beim Laufen weniger als beim Sitzen.)

Warum können wir uns bewegen, ohne darüber nachzudenken?

Für uns furchtbar einfach: sich bücken und ein Buch aus einem Stoß herausnehmen. Aber wie unglaublich kompliziert, wenn man es recht bedenkt.

Wir müssen den Körper, Kopf und Augen bewegen, um zu sehen, wo das Buch liegt. Wir müssen hingehen, ohne hinzufallen, wobei wir unser Gleichgewicht alle Sekundenbruchteile verlagern, neu berechnen und neu herstellen. Wir müssen uns bükken, ohne umzufallen. Wir müssen Entfernungen zum Buch abschätzen und aus jeder neuen Perspektive neu berechnen. Wir müssen ständig Dutzende Muskeln gleichzeitig bewegen und steuern. Wir müssen das Buch mit dem richtigen Druck der Finger fassen (und loslassen, wenn wir die Seite eines anderen Buchs dabei mitnehmen), uns mit einem neuen Gewicht aufrichten und so weiter und so fort. Wir tun das in Sekundenschnelle, ohne auch nur einen Gedanken daran zu verschwenden, wie kompliziert das alles doch ist... Wir können das tun, weil wir ein Nervensystem haben, das alle unsere Bewegungen und die Veränderungen um uns herum kennt und berechnet und neue Befehle gibt. Nur einen Teil von alledem nehmen wir überhaupt wahr.

Was ist das Nervensystem?

Nerven und Hirn zusammen sind das Nervensystem. Es besteht aus zwei Teilen: dem Zentralnervensystem (mit Hirn und Rückenmark) und dem sogenannten „peripheren Nervensystem“. Das sind jene Nervenbahnen, die von Hirn und Rückenmark aus in alle Teile des Körpers führen. Das Nervensystem ist ein äußerst kompliziertes Netz von Leitungsbahnen, in dem ständig Meldungen und Befehle hin und her laufen. Meldungen gehen im Hirn ein und veranlassen es, Befehle an Muskeln und Drüsen auszugeben. Das alles funktioniert in einer solchen Fülle und Schnelligkeit, daß wir bloß ganz wenig davon wirklich wahrnehmen. Wir erfahren nicht, wie wir etwas tun, sondern nur was wir tun.

Wie viele Nervenzellen hat der Mensch?

Etwa zehn Milliarden Nervenzellen bilden das Netzwerk des menschlichen Nervensystems. Vier Fünftel von ihnen liegen im Hirn. Nervenzellen sehen meistens wie kleine Bäumchen aus. Sie sind miteinander in einem unfaßbar komplizierten Gewirr verflochten. Allerdings berühren sie einander nicht. Zwischen den Nervenzellen liegt immer ein winziger Spalt, der von elektrischen und chemischen Impulsen überwunden wird. Der Nervenimpuls kann so von einer einzigen Nervenzelle auf 200.000 Nachbarzellen überspringen!

Was sind Nervenimpulse?

Botschaften im Nervensystem werden durch winzige elektrische Ströme oder durch chemische Veränderungen ausgetauscht. Wir nehmen die Tätigkeit der Nerven nicht direkt wahr. Wir spüren keinen dieser Nervenimpulse. Aber wir sehen Farben, spüren Wärme, schmecken einen sauren Geschmack. Wir fühlen uns wohl oder fühlen uns elend. Wir springen die Treppe hinunter und wenn wir hinfallen, dann tut es uns weh. Um die Welt so erfahren zu können, wie wir sie als Mensch erfahren, hat unser Nervensystem die elektrischen und chemischen Impulse in Bilder, Gerüche, Gefühle und Empfindungen übersetzt.

Woraus besteht das Hirn?

Das Hirn ist der zentrale Teil des Nervensystems. Es ist beim Erwachsenen etwas über ein Kilogramm schwer und sieht aus wie eine riesige graue Nuß. Das Hirn schwimmt im Kopf in einer Flüssigkeit. Man unterscheidet Großhirn und Kleinhirn. Das Großhirn ist für das Denken zuständig. Das Kleinhirn hingegen regelt die körperlichen Aktivitäten, die ohne unser Zutun ablaufen.

Eine Art Verlängerung des Hirns bildet das Rükkenmark, das im Rückgrat liegt. Vom Rückenmark aus, und zwar durch Öffnungen zwischen den Wirbeln, verzweigen sich Nervenstränge über den ganzen Körper.

Wie viele Sinne hat der Mensch?

Früher unterschied man fünf Sinne – daher die Redewendung „der hat seine fünf Sinne beisammen". Damit meinte man den Gesichtssinn (Sehsinn), den Gehörsinn, den Tastsinn, den Geruchssinn und den Geschmackssinn. Heute nennt man den Tastsinn „Drucksinn". Das ist auch logisch, denn eigentlich nehmen wir ja nicht das Tasten wahr, sondern den Druck, der auf unserer tastenden Hand liegt.

Darüber hinaus gibt es aber noch folgende vier Sinne: den Schmerzsinn, den Kälte- und Wärmesinn, den Gleichgewichtssinn, der uns sagt, ob wir stehen oder liegen und wo oben und unten ist, sowie den Muskelsinn. Der Muskelsinn zeigt an, ob wir einen Muskel angespannt oder entspannt haben.

Welcher Sinn ist der wichtigste?

Die meisten von uns würden wohl sagen, der Gesichtssinn sei der wichtigste. Aber die Sache ist nicht so einfach. Was Menschen zu Menschen macht, ist die Sprache und damit der Umgang mit anderen Menschen. Und der Sinn, der uns am meisten Kontakt zu den Mitmenschen schafft, ist der Gehörsinn.

Früher, als es noch keine Förderung und keine Hilfsmittel für Gehörlose gab, wuchsen taube Kinder ohne die Möglichkeit auf, sich mit anderen Menschen zu unterhalten. Sie blieben stumm, weil sie nicht sprechen lernen konnten. Und ohne Sprache konnten sie ihre geistigen Fähigkeiten kaum entwikkeln. Man hielt Gehörlose früher für geistig behindert, also „doof"; und die Wörter „taub" und „doof" stammen tatsächlich aus derselben Wurzel.

Heute können Gehörlose zumindest hier bei uns sprechen lernen, ohne selbst zu hören. Und sie können mit Hilfe der Schrift und einer eigenen Zeichensprache am menschlichen Leben besser teilnehmen. Das sind große Fortschritte.

Wie kommen Töne in unser Hirn?

Unser Gehörorgan ist ein äußerst empfindliches Instrument und liegt daher sehr geschützt im Schädel. Es reagiert auf Veränderungen des Luftdrucks; diese Veränderungen nennt man „Schall". Schall breitet sich wellenförmig aus. Die Schallwellen werden von der Ohrmuschel aufgefangen. Sie treffen auf das Trommelfell im Ohr und bringen dieses gespannte Häutchen zum Schwingen. Ein System von winzigen Knochen (die Gehörknöchelchen, nämlich Hammer, Amboß und Steigbügel) nimmt die Schwingungen auf und leitet sie tiefer in den Kopf weiter. Im Innenohr haben wir ein System von Röhren, die mit Flüssigkeit gefüllt sind. Ein Teil dieses Labyrinths heißt „Schnecke“. Die Schallwellen lassen nun diese Flüssigkeit in der Schnecke erzittern, und die Gehörnerven leiten die Art und die Stärke des Zitterns an das Gehirn weiter.

Und wunderbarerweise hören wir das alles schließlich als Musik, als Geräusch, als Wort!

Woher wissen wir bei geschlossenen Augen, wo oben und unten ist?

Das Ohr birgt auch den Gleichgewichtssinn in sich. Dieser Sinn registriert in jedem Moment unsere körperliche Lage und hilft uns, das Gleichgewicht zu halten. Wie furchtbar es ist, wenn der Gleichgewichtssinn gestört ist, weiß jeder, der zu lange geschaukelt hat (zum Beispiel mit dem Schiff auf stürmischer See) oder mit dem Karussell gefahren ist! Die Welt beginnt zu schwanken und sich zu drehen, und wir können beim besten Willen nichts dagegen unternehmen – außer uns still hinlegen und warten, bis sich alles wieder eingependelt hat.

Dieser Gleichgewichtssinn sagt uns, aus welcher Richtung die Schwerkraft (die Erdanziehungskraft) wirkt. Normalerweise zieht uns die Schwerkraft senkrecht nach unten – so wie Dinge eben nach unten fallen. Auf einem schaukelnden Schiff oder auf dem Karussell kommt das alles durcheinander. Die sonst so stabile Richtung nach unten ändert sich dauernd. Eine Zeitlang können wir das gut ertragen, denn der Gesichtssinn hilft uns bei der Berechnung, wo wir uns gerade befinden. Doch die Empfindlicheren unter uns sind schon bald „seekrank".

Der Gleichgewichtssinn sitzt im oberen Teil des Labyrinths im Innenohr, und zwar in den drei sogenannten „Bogengängen", die ebenfalls mit Flüssigkeit gefüllt sind.

Kann das Auge etwas sehen?

Das Auge sieht genausowenig wie eine Kamera. Es ist in Wirklichkeit das Hirn, das sieht - mit Hilfe des Auges. Beide müssen als „Hirnauge" zusammenwirken. Die Sinnesorgane sind ohne das Hirn blind, taub und gefühllos.

Bei dieser Zusammenarbeit spielt das menschliche Auge folgende Rolle: Das Licht strahlt durch die Pupille in den Augapfel. Die Pupille ist eine Öffnung, die sich ausdehnen und zusammenziehen kann je nach der Stärke des Lichts. Bei Helligkeit wird sie klein, bei Dunkelheit groß - um im Finstern eine möglichst große Lichtmenge einsammeln zu können.

In der Linse werden die Lichtstrahlen gebündelt, und die gebündelten Strahlen treffen an der Rückseite des Augapfels auf die lichtempfindlichen Zellen der Netzhaut. Diese Zellen heißen „Rezeptoren". Sie bestehen aus Stäbchen und Zapfen. Wenn Licht auftrifft, senden sie über den Sehnerv elektrische

Impulse an das Hirn. Das Hirn wiederum „übersetzt“ diese Nervenimpulse in Bilder. Letztlich entsteht also diese ganze bunte Welt durch die Art, wie unser Hirn funktioniert.

Weshalb können wir bei Schnupfen nichts riechen?

Wenn wir einen Schnupfen haben, dann legt sich eine Schleimschicht über die Geruchszellen im oberen Teil der Nasenhöhle. Die Geruchszellen sind dann isoliert. Bei freier Nase hingegen streicht die Luft mit den Duftstoffen direkt an der Schleimhaut in der Nasenhöhle vorbei. Die Riechschleimhaut ist mit überaus feinen Härchen besetzt. Die Moleküle der gasförmigen Duftstoffe reizen die Nervenenden, die wiederum diese Reizung an das Hirn weitergeben. Und wie beim Hören und Sehen nehmen wir schließlich keine Nervenimpulse, sondern eben Gerüche wahr.

Wie viele Riechzellen hat der Mensch?

Wir Menschen haben ungefähr anderthalb Millionen Riechzellen. Mit ihnen können wir Gerüche selbst noch dann wahrnehmen, wenn sie äußerst verdünnt sind. Ein Teil Duftstoff muß auf dreißig Milliarden Teile Luft kommen, damit wir noch etwas riechen können.

Wieviel besser können Schäferhunde riechen als Menschen?

So fein die menschliche Nase ist, verglichen mit Schäferhunden, sind wir praktisch „geruchsblind". Der Schäferhund hat nämlich nicht anderthalb Millionen, sondern 225 Millionen Riechzellen. Man könnte also sagen, daß die Nase von Schäferhunden 150mal so fein ist wie eine Menschennase.

Wo schmecken wir Süßes und wo Bitteres?

Unsere Mundhöhle ist übersät mit kleinen Wärzchen. Besonders dicht liegen sie auf der Zunge, wo man sie auch sehen kann. In den Tälern zwischen diesen winzigen Hügeln liegen die sogenannten „Geschmacksknospen". Das sind Sinneszellen, deren Nervenenden so frei liegen, daß sie der Speichel erreichen kann. Wir schmecken immer nur unseren eigenen Speichel - der den Geschmack von dem angenommen hat, was wir gerade im Mund haben. Bestimmte Arten von Geschmacksknospen sind für bestimmte Geschmacksarten zuständig. Die Zungenspitze ist eher für Süßes zuständig, bitteren Geschmack spüren wir auf dem hinteren Teil der Zunge. Saures und Salziges nehmen wir durch die Geschmacksknospen auf beiden Seiten der Zunge wahr.

Wer hat den feineren Geschmackssinn - Mensch oder Kuh?

Da wir uns nicht versuchsweise in eine Kuh verwandeln können, sind wir nicht in der Lage zu sagen, ob sie oder ob wir den feineren Geschmack haben, ob die Kuh oder ob wir feinere Geschmacksunterschiede empfinden. Wenn man aber die Zahl der Geschmacksknospen betrachtet, so möchte man eine Kuh als echten Feinschmecker bezeichnen: Sie hat 35.000 Geschmacksknospen - wir Menschen haben nur 5.000! Fast überhaupt keinen Geschmackssinn hat übrigens der Wal. Er braucht ihn auch nicht, denn alles, was ihm im Wasser entgegenschwimmt, ist auch genießbar.

Wie viele schmerzempfindliche Punkte haben wir?

Auf unserer Haut liegen ungefähr drei Millionen Schmerzpunkte. Das sind Nervenenden, die eine bestimmte Art von Reiz aufnehmen und die Meldung als Nervenimpulse an das Hirn weiterleiten. Schmerzpunkte liegen nicht nur an der Hautoberfläche unseres Körpers. Es gibt sie auch auf den Häuten, die unsere inneren Organe umschließen und die unsere Körperhöhlungen auskleiden - Magen, Gedärme, Mundhöhle und so weiter. Im Inneren der Organe haben wir keine Schmerzpunkte. Bei Leberoperationen zum Beispiel würde der Patient in der Leber selbst keine Schmerzen spüren. Aber natürlich liegt er ohnehin in Narkose; und bei Bewußtlosigkeit verspüren wir keine Schmerzen. Doch auch durch die Reizung bestimmter Nervenbahnen können Teile des Körpers schmerzunempfindlich gemacht werden: Bei der chinesischen Akupunktur werden Nadeln an bestimmten Körperstellen in die Haut gestochen; die Patienten verspüren dann an anderen Körperregionen überhaupt keinen Schmerz. So können Chirurgen operieren, ohne daß der Patient durch Narkose betäubt werden muß.

Wie kann die Haut zwischen Schmerz, Berührung und Wärme unterscheiden?

Verschiedene Arten von Nervenenden reagieren auf verschiedene Arten von Reizen und melden diesen Reiz weiter. Berührung, leichte Berührung, Druck, Wärme, Kälte, verschiedene Schmerzarten - all das wird von den zuständigen Zellen registriert und als Impuls weitergeleitet. Für jede Art von Reiz sind bestimmte Punkte zuständig.

Wieviel Schlaf braucht der Mensch?

Manche Menschen brauchen täglich zehn Stunden Schlaf, um sich wohl zu fühlen, andere kommen mit viel weniger Schlaf aus. Von Napoleon wird berichtet, er habe niemals länger als vier Stunden geschlafen. Durchschnittlich schlafen Erwachsene acht Stunden täglich, Neugeborene fünfzehn Stunden. Je älter Menschen werden, desto weniger schlafen sie.

Warum müssen wir essen?

Unser Körper verbraucht ständig Energie. Selbst im Schlaf ist er in Bewegung; wir atmen, das Herz schlägt, unzählige chemische Prozesse laufen im Körper ab, Zellen erneuern sich und so weiter. Die Energie dafür muß dem Körper immer wieder zugeführt werden: Wir tun das, indem wir Nahrung aufnehmen und verdauen.

In der Nahrung sind die Stoffe enthalten, die wir brauchen, um diese unendlich komplizierte Maschinerie in Gang zu halten: Kohlehydrate, Eiweiß, Fette, Wasser, Salze, Ballaststoffe, Spurenelemente, Vitamine. Das Verdauungssystem holt sich die brauchbaren Stoffe aus dem Nahrungsbrei; den unbrauchbaren Rest scheiden wir gemeinsam mit anderen Abfallstoffen aus.

Wie kommen die Nährstoffe ins Blut?

Die Nährstoffe, die wir mit der Nahrung aufnehmen, müssen in jene Teile des Körpers befördert werden, wo sie gebraucht werden. Diese Aufgabe übernimmt das Blut. Bei der Verdauung werden die in der Nahrung enthaltenen Stoffe also aufgelöst (damit das Blut sie befördern kann) und chemisch verändert. Jetzt können die Stoffe von den Zellen aufgenommen werden.

Wie lang ist der Verdauungstrakt?

Die Verdauung beginnt im Mund: durch Zerkleinern und Einspeicheln der Nahrung. Mit dem Mund beginnt also auch der Verdauungstrakt. Er führt weiter durch Speiseröhre, Magen, Dünndarm und Dickdarm und ist insgesamt ungefähr neun Meter lang. Außerdem tragen noch Leber und Bauchspeicheldrüse zur Verdauung bei.

Welche Stoffe müssen unbedingt in unserer Nahrung sein?

Kohlehydrate, Eiweiß, Fette und dann noch Mineralstoffe, Spurenelemente und Vitamine sollten die Grundbestandteile unserer Nahrung sein.

Woraus bestehen Kohlehydrate?

Kohlehydrate sind aus den Elementen Wasserstoff, Sauerstoff und Kohlenstoff aufgebaut. Die wichtigste Quelle dafür ist Getreide, entweder gebacken als Brot, gekocht als Reis oder Brei oder roh als Getreideflocken im Müsli.

Wo kommt Eiweiß vor?

Eiweiß (Protein) kommt in tierischen und pflanzlichen Nahrungsmitteln vor. Die wichtigste Eiweißquelle sind grüne Pflanzen, Samen und Bohnen. Wenn Tiere Pflanzen essen, verwandeln sie das pflanzliche Eiweiß in tierisches Eiweiß, das in Fleisch, Milch und eben auch Eiern (daher der

Name) steckt. Um Eiweiß aufzunehmen, können wir Menschen uns den Umweg über tierische Lebensmittel sparen und bei pflanzlichen Speisen bleiben.

Was ist ein Vegetarier?

„Vegetarier“ nennt man Menschen, die kein Fleisch und oft auch keine tierischen Produkte wie Milch und Eier essen . Viele Vegetarier tun dies aus gesundheitlichen Gründen, weil Ernährung aus pflanzlichen Lebensmitteln gesünder ist als eine Ernährung, die auf Fleisch beruht. Andere Vegetarier wollen den Tieren überflüssige Schmerzen und Quälereien ersparen. Sie sehen nicht ein, warum man Tiere ausbeuten und schlachten soll, wenn man auch mit pflanzlichen Nahrungsmitteln gut zurechtkommen kann.

Wozu braucht man Vitamine?

Vitamine sind selbst keine Energielieferanten. Aber sie müssen vorhanden sein, damit der ganze Prozeß der Umwandlung von Nahrung in Nährstoffe (Stoffwechsel) und von Nährstoffen in Energie funktionieren kann. Unser Körper braucht Vitamine (ebenso wie Mineralstoffe oder Salze und Spurenelemente) nur in verhältnismäßig kleinen Mengen. Fehlen sie jedoch, dann kann man leicht krank werden.

Mit welchen Organen scheiden wir Giftstoffe aus?

Beim Stoffwechsel (bei der Veränderung der Nahrungsmittel durch die Verdauung) entstehen auch giftige Abfallstoffe, die unbedingt aus dem Körper entfernt werden müssen. An dieser „Abfallbeseitigung“ sind vier Organe beteiligt: Lunge, Haut, Leber und Niere. Die Lunge befördert mit der Feuchtigkeit der ausgeatmeten Luft täglich ungefähr einen halben Liter Flüssigkeit aus dem Körper. Die Haut gibt Schweiß ab, der an ihrer Oberfläche verdunstet oder von der Kleidung aufgesaugt wird. Je mehr man schwitzt, desto weniger muß man aufs Klo gehen. Die Leber gibt Flüssigkeit (die Gallenflüssigkeit) ab, die gemeinsam mit dem festen Kot vom Darm abtransportiert wird. Schließlich reinigen die Nieren das Blut und filtern vor allem Harnstoff aus. Der Harnstoff entsteht bei der Verwertung von Eiweiß. Harnstoff und Wasser bilden den Urin, der in der Blase gesammelt wird. Wenn die Blase voll wird und ungefähr ein Drittel Liter Urin enthält, müssen wir aufs Klo und Wasser lassen.

Wieviel Blut pumpt das Herz durch den Körper?

Im Körper eines Erwachsenen sind ständig ungefähr fünf Liter Blut im Umlauf. Das Blut wird vom Herzen durch das weitverzweigte System der Blutgefäße gepumpt. Das Herz braucht ungefähr eine Minute (zirka 70 Herzschläge), um alles Blut einmal durchzupumpen. Im Laufe eines Tages befördert das Herz also die unglaubliche Menge von 7.000 Litern Blut! Das Herz paßt sich in seinem Pumprhythmus den Erfordernissen an. Wenn nötig - wenn wir uns körperlich anstrengen -, schlägt es auch schneller. Dann brauchen die Muskeln mehr Sauerstoff, und das Herz muß diesen Sauerstoff im Blut schneller heranschaffen.

Welche Aufgaben hat das Blut?

Blut versorgt alle lebendigen (durchbluteten) Körperteile mit den lebenswichtigen Stoffen. Es befördert den in den Lungen aufgenommenen Sauerstoff und die im Verdauungstrakt erzeugten Nährstoffe dorthin, wo sie gebraucht werden. Blut transportiert auch Hormone an ihren Bestimmungsort. Außerdem sorgt der Blutkreislauf dafür, daß Abfallstoffe ausgeschieden werden können: Er schafft Kohlendioxyd zur Lunge, wo dieses Gas abgegeben und ausgeatmet und wo frischer Sauerstoff aufgenommen wird; und er befördert die Abfallstoffe der Zellen zu den Ausscheidungsorganen. Schließlich sorgt das warme Blut auch dafür, daß unser Körper ziemlich gleichmäßig warm bleibt. Wenn wir kalte Füße haben, dann deshalb, weil sie nicht genügend durchblutet werden.

Was sind Blutkörperchen?

Blutkörperchen sind Blutzellen mit ganz besonderen Aufgaben und Fähigkeiten.

Die roten Blutkörperchen entstehen im Knochenmark ständig neu. Pro Kubikmillimeter Blut (das ist ein winziger Würfel mit einer Länge, Breite und Höhe von einem Millimeter) haben wir fünf Millionen rote Blutkörperchen. Sie haben die Aufgabe, Sauerstoff zu den verschiedenen Körperzellen zu befördern.

Die weißen Blutkörperchen (6.000 bis 8.000 pro Kubikmillimeter) bekämpfen Krankheitserreger, die in den Körper eingedrungen sind. Wenn die weißen Blutkörperchen selbst krank werden, dann hat der Körper keine Abwehrkräfte mehr und stirbt oft an Krankheiten (zum Beispiel Grippe), die bei einem normalen Abwehrsystem harmlos wären. Wenn jemand AIDS hat, dann sind seine weißen Blutkörperchen von einem Virus befallen. Der Körper kann sich gegen Krankheiten nicht mehr wehren.

Weshalb hören Wunden von selbst auf zu bluten?

Ohne die Blutplättchen würde Blut aus Wunden ohne Unterlaß weiterfließen, und wir wären in Gefahr, an harmlosen Verletzungen zu sterben. Die Blutplättchen, von denen wir pro Blutstropfen einige Millionen haben, verkleben miteinander, sobald sie mit der Luft in Berührung kommen. Gemeinsam mit bestimmten Eiweißbestandteilen des Blutes bilden sie einen Pfropfen und verschließen das verletzte Blutgefäß. Das ist wichtig, weil so die Wunde nicht nur zu bluten aufhört, sondern weil sie auch gegen Krankheitserreger von außen geschützt ist.

Pflanzen

Was ist der Unterschied zwischen Pflanzen und Tieren?

Nicht immer ist der Unterschied zwischen Pflanze und Tier so klar wie im Fall einer Katze und Blume. Grundsätzlich kann man zwei Arten von Lebewesen unterscheiden: die autotrophen und die heterotrophen Lebewesen. Autotroph (sich selbst ernährend) sind fast alle Pflanzen, und das heißt: Pflanzen nehmen Energie dadurch auf, daß sie körperfremde Stoffe in körpereigene Stoffe umwandeln - ein unglaublich komplizierter und kaum wirklich erforschter Prozeß. Eine Pflanze braucht vor allem das Gas Kohlendioxyd (das in der Luft vorhanden ist), Wasser (aus dem Boden) und Sonnenlicht als Kraftquelle; dann kann sie wachsen und gedeihen. - Heterotroph (sich von Fremdem ernährend) hingegen sind Tiere; sie ernähren sich von fremden Organismen.

Kurz gesagt: Tiere fressen; Pflanzen fressen normalerweise nicht - von so sonderbaren Gestalten wie den fleischfressenden Pflanzen einmal abgesehen.

Gibt es tatsächlich fleischfressende Pflanzen?

Fleischfressende Pflanzen gibt es wirklich. Allerdings fangen sie nur kleine Insekten. Typisch für die fleischfressenden Pflanzen ist die Nepenthes, deren Blüten vor allem für Bienen äußerst anziehend wirken. Wenn sich so eine Biene auf dem Blütenkelch niederläßt, rutscht sie auf einer öligen Flüssigkeit aus und gleitet in den „Rachen“ der Blume, die dann die

Öffnung ihrer tödlichen Falle sofort verschließt.

Anders geht der Sonnentau vor, der auch in unseren Breiten vorkommt. Die Blätter des Sonnentaus sind mit kleinen Fangarmen besetzt, die sich um das Opfer schließen, sobald es sich auf das Blatt setzt. Anschließend verdaut der Sonnentau das Insekt durch eine säurehaltige Flüssigkeit.

Halten auch Pflanzen einen Winterschlaf?

Es gibt Einjahrespflanzen und Mehrjahrespflanzen; Mehrjahrespflanzen (zum Beispiel alle Bäume) müssen also überwintern. In unseren Klimazonen mit dem Wechsel der Jahreszeiten verlangsamen diese Pflanzen ihr Wachstum und treten in eine Ruhephase (einen Winterschlaf), aus der sie im Frühling wieder „erwachen".

Was sind Einjahrespflanzen?

Manche Pflanzen durchlaufen ihr ganzes Pflanzenleben im Verlauf einer einzigen Saison: Als Samen in der Erde keimen sie, treiben Wurzeln; Stiel und Blätter wachsen, Blüten entwickeln sich ebenso wie Samen und Früchte, und dann stirbt die Pflanze ab.

Der Löwenzahn ist ein Beispiel für so eine einjährige Pflanze. Seine Samen ruhen den Winter über im Boden. Aus den Samen entwickeln sich dann der Stiel, die typisch gezahnten Blätter und die gelbe Blütenrosette. Im Frühling steht der Löwenzahn schon bald in voller Blüte. Die Blüten verwandeln sich nach kurzer Zeit in Kapseln, die den Samen tragen. Das sind die bekannten Fallschirme der „Pusteblume". Die Pflanze selbst stirbt. Die Samen jedoch sind längst vom Wind verweht worden und oft weit entfernt von der Mutterblume gelandet. Falls sie auf Erde gefallen sind, werden sie bald keimen und zu einer neuen Pflanze werden.

Wozu braucht eine Pflanze Samen?

Würden Pflanzen keine Samen hervorbringen, könnten sie sich nicht vermehren und würden aussterben. Ein Samen ist ein winziger Organismus, eine Pflanze im kleinen, die zugleich im Keim den „Bauplan" der Art enthält. Man könnte sagen, das einzige Bestreben von Pflanzen besteht darin, Samen zu erzeugen, die zu Pflanzen werden, die wieder Samen erzeugen, die wieder zu Pflanzen werden, und so weiter: damit ihre Art weiterbesteht.

Nützen Pflanzensamen auch uns Menschen?

Samen sind die wichtigsten Nahrungsmittel überhaupt; ohne sie könnte die Menschheit wohl nicht überleben. Reis und Weizen zum Beispiel sind die Samen der Reis- und Weizenpflanzen; Bohnen und Erbsen sind Gemüsesamen. Aus den Samen der Sonnenblume und der Sojabohne wird Öl gewonnen. Außerdem stammen viele Gewürze vom Anis bis zum Senf aus den Samen von Pflanzen.

Wie groß sind Pflanzensamen?

Die kleinsten Samen, die Samen bestimmter tropischer Orchideen, sind kaum so groß wie ein Staubkorn. Die größten Samen sind jene der Kokospalme: die Kokosnüsse.

Wie haltbar sind Samen?

Der Samen der Weide muß sofort auf die Erde fallen, um keimen zu können; andernfalls stirbt er. Unglaublich zäh hingegen ist der Samen der fernöstlichen Lotosblume. 2.000 Jahre alte Lotossamen, die man in einer japanischen Torfgrube gefunden hatte, konnten tatsächlich wieder zum Keimen gebracht werden.

Weshalb sollten Samen möglichst weit vom Stamm fallen?

Die Natur sorgt mit den verschiedensten Mitteln dafür, daß sich die Samen von Pflanzen möglichst weithin ausbreiten: damit sich die Jungpflanzen nicht gegenseitig behindern und sich selbst im engen Umkreis Konkurrenz machen. Deshalb sind Samen gegen „Transportschäden" meist recht gut geschützt. Und viele Samen tragen selbst dazu bei, möglichst schnell möglichst weit weg zu kommen.

Können Samen fliegen?

Samen können sich natürlich nicht selbst voranbringen, sondern sind immer auf äußere Hilfe angewiesen - zum Beispiel auf den Wind, den sie mitunter in sehr pfiffiger Weise ausnützen. Die Samen des Löwenzahns etwa hängen an kleinen Fallschirmen, mit denen sie kilometerweit durch die Luft treiben können. Baumsamen wie beim Ahorn, bei der Linde und Pinie hingegen haben regelrechte Flügel. Diese Flügel bremsen den Fall des Samens und nutzen den Wind für möglichst weite Reisen aus. Andere Samen, die dann allerdings recht fein sein müssen, werden langsam und gleichmäßig in den Wind gestreut. Die Samen des Mohns etwa sitzen in einer Art Fäßchen, das sich mit der Zeit immer stärker neigt; die langsame Neigung macht es sehr wahrscheinlich, daß der Wind irgendwann zumindest einige der unzähligen Samenkörner erwischt und fortträgt.

Können Samen schwimmen?

Manche Samen, wie die der Erle oder der Kokospalme, brauchen das Wasser, um sich auszubreiten. Besonders geschickt scheint sich die Teichrose anzustellen, deren Samen in lufthaltigen Beeren stecken. Die Beeren lösen sich von der Pflanze und treiben ab. Irgendwann geht den Beeren die Luft aus, und sie versinken im Wasser. Schließlich werden die Samen frei und brauchen dann noch einmal mindestens ein Jahr, um zu keimen.

Können Pflanzen ihre Samen verschießen?

Es gibt auch Pflanzen, die ihre Samen verschießen; und zwar steckt folgender Trick dahinter: Manche Früchte, wie zum Beispiel die Erbsenfrucht, spannen sich durch das Austrocknen immer mehr an. Irgendwann wird diese innere Spannung zu stark; die Frucht reißt plötzlich und schleudert ihre Erbsen durch die Gegend.

Können Tiere den Pflanzen bei der Aussaat helfen?

Im Gegensatz zu uns Menschen, die wir Pflanzen gezielt aussäen, helfen manche Tiere den Pflanzen, ohne es zu wollen. Die Frucht der Klette etwa ist über und über mit winzigen Widerhaken bedeckt und bleibt damit am Fell der Tiere hängen, die an der Klettenpflanze vorbeistreifen. Diese „Taxis“, meistens Schafe, verbreiten damit den Samen.

Kleine Samen werden oft von Ameisen verschleppt. Andere Samen sitzen in Früchten, die von Tieren verspeist werden. Die oft unverdaulichen Samen werden anderswo wieder ausgeschieden. Die Samen des Wegerichs beginnen bei Feuchtigkeit zu kleben und können sich so an das Gefieder von Vögeln heften. Bei Trockenheit fallen sie dann wieder ab.

Bei der Verbreitung von Nußsamen hingegen spielt die Vergeßlichkeit von Eichhörnchen eine große Rolle. Eichhörnchen sammeln Nüsse für den Winter und verstecken sie oft in unterirdischen Vorratskammern. Doch mit ihrem Gedächtnis ist es nicht allzuweit her, und aus vergessenen Nüssen können dann junge Nußbäume treiben.

Können Pflanzen schwitzen?

„Schwitzen“ ist die Abgabe von Körperflüssigkeit an die Luft, und in diesem Sinne schwitzen Pflanzen tatsächlich, manche mehr, manche - wie Kakteen - kaum. Jedenfalls nehmen Pflanzen durch ihre Wurzeln Wasser auf und damit auch die im Wasser aufgelösten Nährstoffe. Dieses Wasser steigt in der Pflanze hoch. Da es nur teilweise gespeichert werden kann, wird überflüssiges Wasser wieder ausgeschwitzt, und zwar durch die winzigen Atemhöhlen der Blätter.

Warum trocknen Pflanzen bei Wassermangel nicht gleich aus?

Pflanzen können über eine Art von Ventil regulieren, wieviel Wasser sie abgeben. Dieses Ventil besteht aus einem Deckel, der auf den Atemhöhlen der Blattunterseite sitzt und der auf- und zugeklappt werden kann. Ansonsten ist das Blatt ziemlich wasserdicht verpackt. Ein dünnes Häutchen auf der Oberseite läßt zwar Sonnenlicht durch, verhindert aber gleichzeitig unfreiwillige Verdunstung. Unter dieser oberen Epidermis (Oberhaut) sitzen in mehreren Schichten lebendige Zellen, die für die Photosynthese verantwortlich sind. Darunter wiederum liegt das Schwammgewebe, das von luftgefüllten Stütz-

und Leitzellen durchwoben ist. Auf der unteren Seite wird das Blatt von der unteren Epidermis eingehüllt; die kleinen Spaltöffnungen auf dieser unteren Blatthaut lassen die Pflanzen atmen und schwitzen.

Wie funktioniert die Photosynthese?

Photosynthese ist jener chemisch-physikalische Vorgang, bei dem die Pflanze mit Hilfe einer chemischen Substanz namens „Chlorophyll" und mit Hilfe der Energie des Sonnenlichts ihre Nahrung erzeugt, und zwar aus nichts als Wasser und dem Gas Kohlendioxyd. Chlorophyll ist der grüne Farbstoff der Pflanzen und wird auch „Blattgrün" genannt.

Ernähren sich alle Pflanzen selbständig?

Es gibt Pflanzen, sogenannte „Schmarotzer", die sich von fremden Pflanzen mitverköstigen lassen. Die Mistel ist so ein Schmarotzer. Diese buschige Pflanze (die in England ein Symbol für Weihnachten ist wie bei uns der Weihnachtsbaum) setzt sich in Baumkronen fest und zapft Nährstoffe ab. Einen Teil ihrer Nahrung produziert sie allerdings auch selbst; sonst bräuchte sie keine Blätter.

Wie sind Blätter entstanden?

Alles Leben, auch das pflanzliche, hat seinen Ursprung im Meer. Als sich nun die Pflanzen allmählich an ein Leben auf dem Land anpaßten, verbreiterten sich ihre Zweige an den Enden und platteten sich ab. Blätter entstanden also aus Zweigen, die in einer neuen Umgebung neue Aufgaben erfüllen mußten.

Weshalb verlieren Laubbäume im Herbst ihre Blätter?

Je kälter der Boden wird, aus dem Baumwurzeln ihr Wasser ziehen, desto weniger Wasser nehmen die Bäume auf. Auf der anderen Seite jedoch hören die Blätter nicht völlig auf, Wasser an die Luft abzugeben, und werden daher immer trockener. Der Baum rettet jedoch die wertvollen Nährstoffe, die sich in den Blättern befinden, und zieht sie durch die Stengel in die tieferen und geschützteren Teile von Rinde und Stamm ab. Jetzt sind die Blätter nutzlos und werden immer trockener. Dabei bildet sich beim Stengelansatz am Zweig eine Narbe, die den Baum nach außen abschließt. So bleibt keine offene Wunde zurück, wenn die Blätter schließlich endgültig abfallen.

Der Verlust von Blättern ist für unsere heimischen Laubbäume noch aus einem ganz anderen Grund vorteilhaft: Auf Blättern könnten sich im Winter hohe Schneelasten ansammeln, und unter diesem Gewicht würden selbst starke Äste abbrechen. Nadelbäume hingegen sind so aufgebaut, daß Schnee recht gut abrutschen kann; Schnee, der auf den Ästen und Zweigen liegenbleibt, zieht an ihnen, aber bricht sie nicht weg.

Was ist der Unterschied zwischen Stiel und Stamm?

Stiele und Stämme sind jene Teile der Pflanze, die meist senkrecht hochwachsen, Zweige und Blätter tragen und das Wasser aus den Wurzeln zu den Blättern transportieren. „Stamm“ nennen wir normalerweise den aus Holz bestehenden Stiel eines Baums.

Außergewöhnliche Eigenschaften hat der Stamm eines Kaktus’, der nicht nur als Wasserspeicher dient, sondern auch das Chlorophyll liefert. Damit übernimmt der Stamm viele Aufgaben, für die bei anderen Pflanzen die Blätter zuständig sind. Deshalb sind beim Kaktus die Blätter auch zu Stacheln verkümmert, die nun den Stamm beschützen.

Daneben gibt es noch einige andere „Stielarten“: Ein Halm ist innen hohl und trägt Gräser und alle Getreidesorten. Stengel hingegen sind innen gefüllt, wie zum Beispiel die Stengel von Blumen.

Können Stiele auch klettern?

Es gibt Pflanzen, die sich bei ihrer Suche nach Licht nicht auf sich selbst, sondern auf andere Pflanzen verlassen. Kletterstiele haben zum Beispiel Efeu und Lianen, die sich an anderen Pflanzen hochranken, um ihren Anteil am Sonnenlicht zu erhaschen.

Kulturpflanzen wie Weinreben und Kürbisse bilden spezielle Zweige (Rankenzweige) aus, um sich an Stützen hochhalten zu können. Und die Stiele von Erdbeeren kriechen am Boden dahin auf der Suche nach sonnigen Plätzchen.

Was sind unterirdische Stiele?

Viele Pflanzen haben Stiele, die sich in der Erde verkriechen und völlig ohne Licht auskommen. Diese unterirdischen Stiele sehen wie Wurzeln aus, und manche davon sind eßbar. Man unterscheidet dabei Wurzelstock, Knolle und Zwiebel.

Der Wurzelstock ist ein stark verlängerter Stiel, der nicht sehr tief in die Erde zurückwächst, sondern sich knapp unter der Erdoberfläche ausbreitet. Maiglöckchen und Iris haben diese Art von Stiel. Einen Zweig, der nicht nach oben, sondern zurück in die Erde wächst und sich dort verdickt, nennt man „Knolle“. Die bekannteste Knolle ist die Kartoffel, die eigentlich den Nährstoffreservebehälter für die Kartoffelpflanze bildet. Die Zwiebel (zum Beispiel unsere Speisezwiebel, aber auch die Tulpenzwiebel) ist ein von fleischigen Blättern umhüllter, sehr kurzer Stiel.

Braucht jede Pflanze Erde zum Gedeihen?

Nicht alle Pflanzen brauchen Erde. Es ist ja hauptsächlich das Wasser mit den darin gelösten Mineralstoffen, auf das es ankommt. Die Seerose zum Beispiel holt sich alles, was sie braucht, direkt aus dem Wasser, in dem sie treibt. Ihre Wurzeln setzen sich am Grund nicht fest.

Was sind eigentlich Früchte?

Früchte sind pflanzliche Organe, die nach der Befruchtung aus den Fruchtknoten einer Blüte entstehen. Für die Pflanze können Früchte drei verschiedene Aufgaben erfüllen: Sie schützen den Samen, sie nähren ihn während der Reifezeit, und sie sorgen auf die verschiedensten Weisen dafür, daß der ausgereifte Samen weit verbreitet wird.

Wodurch unterscheiden sich Früchte?

Die Früchte der verschiedenen Pflanzen lösen ihre Aufgaben auf verschiedene Weise. Man kann zunächst einmal Öffnungsfrüchte von Schließfrüchten unterscheiden. Öffnungsfrüchte (wie Erbsen und Bohnen) geben den reifen Samen frei, Schließfrüchte (wie Kirschen) hingegen haben eine - manchmal eßbare - Fruchthülle. Die Fruchthülle der Kirsche zum Beispiel besteht aus Haut, Fruchtfleisch (Mark) und der Kernhülle; das ist jene Haut, die den Kern, also den Samen, umhüllt.

Was sind falsche Früchte?

Für Apfelesser ist der Apfel eine „normale“ Frucht; wissenschaftlich gesehen handelt es sich bei ihm jedoch um eine sogenannte „Scheinfrucht“. Denn die wirkliche Apfelfrucht - nämlich die Vergrößerung des Fruchtknotens - besteht nur aus dem Kerngehäuse. Das, was wir als Apfel verspeisen, ist im Grunde die Fruchthülle, die sich zur fleischigen „Scheinfrucht“ entwickelt hat.

Warum haben manche Früchte harte Schalen?

Bei Schalenfrüchten können die Samen in widerstandsfähigen Umhüllungen ausreifen. Typische Vertreter der Schalenfrüchte sind Nüsse - ausgenommen Erdnüsse, die zwar auch Schalen haben, jedoch zu den Hülsenfrüchten gehören. Die Erdnuß ist somit eher eine Bohne als eine Nuß! Schalenfrüchte haben außen eine weiche Umhüllung, darunter eine harte, holzige Zwischenhülle und im Innern die Keime, die bei vielen Schalenfrüchten eßbar sind. Eßbare Nüsse sind für eine gesunde Ernährung sehr wichtig, denn sie haben einen hohen Anteil an Vitaminen, Eiweiß und Mineralsalzen.

Was sind Naturwiesen?

Naturwiesen sind mit Gras und Blumen bedeckte Bodenflächen, die nicht gedüngt und nicht oder nur sehr selten gemäht werden. Naturwiesen werden von zahlreichen Tier- und Pflanzengemeinschaften bevölkert, die sich gegenseitig im Gleichgewicht halten. In Europa gibt es Naturwiesen nur noch sehr vereinzelt, zum Beispiel im Hochgebirge. Normale Wiesen sind stets künstlich, das heißt, sie werden regelmäßig gemäht und gedüngt. Das Gras wird meistens zu Heu getrocknet und als Viehfutter verwendet.

Warum wachsen auf gemähten Wiesen andere Pflanzen?

Beim Mähen bleibt nur das Gras stehen, das dicht am Boden wächst. Dieses Gras kann weiterwachsen. Kräuter und Blumen hingegen, die über das Gras hinausstreben würden, werden dabei vernichtet. Mit der Zeit verwandelt sich eine reiche, blühende, vielfältige Wiese in eine mehr oder weniger einheitliche Graslandschaft, die dann das erstrebte Viehfutter liefert. Eine extrem unnatürliche Form der Wiese ist der kurzgeschorene gepflegte Rasen.

Werden Wiesen von den Böden gebraucht?

Wiesen schützen die Böden nicht nur davor, von der Sonne verbrannt und vom Regen ausgewaschen zu werden, sie ernähren die Böden auch und halten sie fruchtbar. Die Wurzeln der Wiesenpflanzen erneuern sich nämlich jedes Jahr. Abgestorbene Wurzeln werden durch Mikroorganismen (mikroskopisch kleine Tiere) in Humus verwandelt, das heißt in besonders fruchtbare Erde. Auf gesunden Wiesen gibt es zahlreiche Regenwürmer, die sich ebenfalls von abgestorbenen Pflanzenteilen ernähren. Mit ihren Gängen belüften Regenwürmer den Boden und lockern die teilweise sehr feste Erde auf. Andere Wiesenbewohner sind hingegen auf den ersten Blick Schädlinge. Heuschrecken fressen Gräser, und die Larven des Maikäfers zum Beispiel ernähren sich von Wurzeln. Doch tragen auch sie zum natürlichen Gleichgewicht bei und sind insofern nützlich.

Sind Pilze Pflanzen?

In der Natur gibt es immer wieder Ausnahmen. So sind zum Beispiel Pilze Pflanzen, obwohl sie ihre Nahrung nicht aus Licht, Luft und Wasser erzeugen - wie sie das als ordentliche Pflanzen eigentlich tun sollten. Anders als normale Pflanzen haben Pilze nämlich kein Chlorophyll und müssen sich deshalb auf Kosten anderer ernähren. Und das machen sie auf verschiedene Weise: Entweder holen sie aus anderen lebenden Organismen die nötigen Nährstoffe heraus; dann handelt es sich um Schmarotzerpilze. Oder sie ernähren sich von den Überresten toter Organismen wie den Fäulnisbewohnern. Oder sie leben in Gemeinschaft mit anderen Pflanzen zum gegenseitigen Vorteil.

Haben Pilze auch Wurzeln?

Grundsätzlich bestehen Pilze aus dem Fruchtkörper (das ist der sichtbare Teil) und dem - meist verborgenen - Myzel. Das Myzel, eine Art von Wurzel, ist ein Geflecht von Zellfäden, das den Boden oder andere Organismen (oder deren Reste) durchzieht. Mit diesen Fäden nimmt der Pilz Nahrung auf.

Wie können Pilze und Pflanzen zusammenarbeiten?

Lebensgemeinschaften zwischen verschiedenen Tier- und Pflanzenarten, die für alle Beteiligten vorteilhaft sind, nennt man „Symbiosen“. Es gibt Pilzarten, die auf das Zusammenleben mit Bäumen spezialisiert sind. Dabei dringen die Zellfäden des Pilzes in Baumwurzeln ein und helfen ihnen beim Aufsaugen des Wassers. Der Baum revanchiert sich dadurch, daß er dem Pilz einen Teil der von ihm nach Pflanzenart erzeugten Nahrung überläßt.

Warum gäbe es ohne Pilze kein Brot?

Es gibt viele Tausende von Pilzarten, die so winzig sind, daß man sie mit bloßem Auge nicht erkennen kann - es sei denn, sie treten in hellen Scharen auf. Der Schimmel beispielsweise, der sich auf der Oberfläche von Früchten bilden kann, besteht aus Pilzen: freilich aus einer ungenießbaren Sorte von Schimmelpilzen.

Andere Pilzarten sind aus unserem Leben gar nicht wegzudenken. Denn auch Hefe und Sauerteig sind nichts anderes als Kolonien von mikroskopisch kleinen Pilzen, und mit ihrer Hilfe backen Menschen seit alters her ihr Brot. Und zum Bierbrauen braucht man Bierhefe, die für die Gärung des Getränks verantwortlich ist. In aller Welt benutzt und kultiviert man Pilzkolonien zur Zubereitung von Nahrungsmitteln: Bei uns veredelt man manche Käsearten mit bestimmten Schimmelpilzen, in Südostasien werden Fladen aus gekochten Sojabohnen durch Pilze in ein hochwertiges Nahrungsmittel namens „Tempeh" verwandelt, und aus China und Japan stammt ein Teepilz, der aus gesüßtem Tee das aromatische, säuerliche Getränk Kombucha macht. Auch das Heilmittel Penizillin wird aus den Kulturen bestimmter Schimmelpilze gewonnen.

Wie nützlich sind Wald- und Wiesenpilze?

Manche Pilze sind sehr giftig wie etwa der grüne und der weiße Knollenblätterpilz, der Pantherpilz oder der Rißpilz. Andere sind schlicht unbekömmlich. Und wieder andere Pilzsorten, wie die Steinpilze, die Schirmpilze, manche Morcheln oder der Wiesenchampignon zählen zu den Leckerbissen. Doch abgesehen vom menschlichen Speiseplan, sind alle Pilze für die Natur von größtem Nutzen. Denn um sich zu ernähren, arbeiten Pilze den organischen „Müll" des Waldes auf und produzieren dabei Mineralien, die in den Boden übergehen und anderen Pflanzen wiederum als Nährstoffe dienen.

Gab es Äpfel schon vor den Menschen?

Sämtliche Kulturpflanzen - auch Äpfel - beruhen auf Wildformen, die völlig anders aussehen und schmecken können. Das heißt, erst Menschen haben durch Züchtung, Kreuzung und Veredelung (Veränderung der Erbeigenschaften) die Äpfel zu dem gemacht, was heute auf unseren Apfelbäumen hängt. Diese Verwandlung von ursprünglichen Arten in moderne Kulturpflanzen betrifft nicht nur Nahrungsmittel wie Obst, Gemüse und Getreide, sondern auch Pflanzen, die wie Hanf oder Baumwolle Rohstoffe für Bekleidung und andere Zwecke liefern.

Tiere

Was sind Wirbeltiere?

Jene Tiere, die ein festes Skelett haben, nennt man „Wirbeltiere". Das Wort bezieht sich auf die Wirbelsäule, die knöcherne Achse unseres Skeletts. Wirbeltiere werden von innen zusammengehalten, im Gegensatz zu den Insekten, die ihr Skelett außen haben und sozusagen in einer festen Rüstung stekken. Wirbeltiere können daher größer werden als Insekten, deren Gewicht durch die Art ihres Außenskeletts sehr begrenzt ist. Wirbellos sind auch Weichtiere, Würmer und Stachelhäuter.

Wie viele Wirbeltierarten gibt es?

Biologisch gehören wir Menschen zu den Wirbeltieren, genauer gesagt zu den Säugetieren. Von den Säugetieren gibt es insgesamt 4.000 verschiedene Arten. Ebenso viele Arten unterscheidet man bei den Amphibien (zum Beispiel Frösche). Bei den Reptilien gibt es 5.200, bei Vögeln 8.600 und bei Fischen 23.000 verschiedene Arten.

Und wie viele Tierarten gibt es überhaupt?

Eine genaue Zahl ist nicht bekannt, doch schätzt man die verschiedenen Tierarten auf etwa eine Million. 96 Prozent aller Tierarten sind wirbellose Tiere, die meisten davon Insekten. Andersherum gesagt: Nur jede zehnte Tierart, die es auf der Erde gibt, gehört *nicht* zu den Insekten.

Sind die Tiefen des Meeres von Tieren bewohnt?

In früheren Zeiten glaubte man, daß in den finsteren, kalten Tiefen der Ozeane schreckliche Monster hausen. Ganz unrecht hatte man nicht: Tiefseefische sehen tatsächlich zum Fürchten aus. Manche scheinen nur aus Magen und zähnestarrendem Maul zu bestehen, andere haben dazu noch leuchtende Tentakel (Fangarme). Von der Existenz dieser Fische weiß man erst, seitdem Menschen gelernt haben, die Tiefen der Meere mit U-Booten oder Tauchglocken zu erforschen. Die Tiefseemonster können nämlich gar nicht auftauchen, selbst wenn sie wollten. Ihr Organismus ist so sehr an den Druck der Tiefsee angepaßt, daß sie an der Oberfläche buchstäblich zerplatzen würden.

Gibt es Tiere mit Rückstoß?

Meerestiere haben eine Reihe von Methoden entwickelt, sich unter Wasser fortzubewegen. Fische und Wale schlagen mit den Schwanzflossen; viele kleine Wirbellose lassen sich mit der Strömung treiben; Pinguine auf Tauchfahrt verhalten sich so, als schlügen sie mit ihren Stummelflügeln in der Luft.

Die seltsamste Methode, unter Wasser voranzukommen, haben aber wohl die Tintenfische und bestimmte Muscheln entwickelt: den Rückstoß. Tintenfische saugen Wasser ein und stoßen das Wasser so scharf aus, daß sie sich dabei fortbewegen, ähnlich wie ein Luftballon, dem die Luft ausgeht – allerdings gezielter. Die im Mittelmeer verbreitete Jakobsmuschel hingegen kann sich dermaßen kräftig zusammenklappen, daß der Rückstoß sie bisweilen einige zehn Meter vorantreibt.

Können Meerestiere hören?

Zwar werden Schallwellen im Wasser um einiges besser übertragen als in der Luft, aber hören können Fische dennoch nichts. Ihnen fehlen die Ohren. Dafür haben sie allerdings ein spezielles und hochentwickeltes Sinnesorgan, das sie in die Lage versetzt, Schwingungen im Wasser wahrzunehmen.

Wale hingegen, die ja keine Fische, sondern Säugetiere sind, hören ganz ausgezeichnet. Ihr Unterkiefer dient ihnen dabei als Resonanzkasten; er verstärkt die Töne, die dann zu den Ohren und ins Gehirn weitergeleitet werden. Zu Zeiten, als noch keine Motorschiffe die Meere durchkreuzten, konnten Wale den Gesang ihrer Artgenossen über tausend Kilometer hinweg hören; Wale produzieren nämlich melodische Unterwassergesänge.

Wie oft müssen Wale Luft holen?

Wale, Delphine und andere Meeressäuger sind an ihre nasse Umgebung bestens angepaßt; aber ganz ohne Luft kommen sie als Nichtfische doch nicht aus. Sie müssen regelmäßig auftauchen. Manche Wale bringen es allerdings auf eine Stunde Tauchzeit und tauchen dabei bis zu zwei Kilometer tief. Seehunde können bis zu vierzig Minuten ohne Luft bleiben.

Was fressen so riesige Tiere wie die Wale?

Wale ernähren sich in erster Linie von winzigen Lebewesen, zumeist einzelligen Algen und kleinen Krebsen wie dem Krill, die ohne eigene Bewegung im Meer treiben. Diese Biomasse wird „Plankton“ genannt und bildet eine der Grundlagen für das Leben im Meer. Ein Blauwal, mit einer Länge von dreißig Metern übrigens das größte Tier der Welt, kann pro Mahlzeit elf Tonnen Plankton verschlukken. Damit verspeist er jedesmal fast ein Zehntel seines Eigengewichts.

Wovon hängt es ab, wieviel ein Tier frißt?

Je mehr Energie ein Tier verbraucht - zum Beispiel durch Bewegung oder durch das Aufrechterhalten seiner Körpertemperatur -, desto mehr Nahrung muß es sich von außen beschaffen. Wieviel das ist, hängt von der Lebensweise, der Größe, der Beschaffenheit und den Umgebungstemperaturen des Tieres ab.

Welche Tiere fressen am meisten?

Wenn man die reine Nahrungsmenge betrachtet, so fressen große Tiere natürlich am meisten. Ein Blauwal braucht täglich einige Tonnen Plankton. Und auch ein Elefant kann es auf bis zu 300 Kilogramm Grünfutter täglich bringen. In freier Wildbahn verbringt ein Elefant täglich achtzehn bis zwanzig Stunden damit, sich Grünzeug zu beschaffen. (Zum Schlafen bleibt da nicht mehr sehr viel Zeit.) Wenn man allerdings die Größe und das Gewicht eines Tieres in Betracht zieht, so fressen kleinere Tiere verhältnismäßig mehr als große. Das wohl gefräßigste Säugetier ist die Zwergspitzmaus, ein winziger, nur drei Gramm schwerer Insektenvertilger. Diese Maus muß täglich das Dreifache ihres eigenen Gewichts verzehren, um nicht zu verhungern. (Zum Vergleich: Ein gefräßiger erwachsener Mensch müßte täglich vier Zentnersäcke Kartoffeln verspeisen, um auf das gleiche Verhältnis von Eigengewicht und Nahrungsmenge zu kommen!) Die Zwergspitzmaus ist daher praktisch ohne Unterlaß auf Nahrungssuche und frißt teilweise sogar im Schlaf. Schon nach ein paar Stunden ohne Nahrung wäre sie vom Hungertod bedroht. Noch gieriger sind jedoch manche Insekten. Die Stechmücke von der Gattung Culex saugt sich täglich bis zu fünfzehnmal mit fremdem Blut voll - und jedesmal verdoppelt sie dabei ihr eigenes Gewicht.

Können Vögel rückwärts fliegen?

Das Kunststück, rückwärts zu fliegen, bringt nur der Kolibri zustande, der allerdings auch sonst ein ganz außergewöhnlicher Vogel ist. Kolibris zählen zu den kleinsten Vögeln; die allerleichtesten unter ihnen bringen gerade zwei Gramm auf die Waage - um ein Kilogramm Kolibris zusammenzubringen, müßten sich 500 Exemplare auf die Waagschale setzen! Bei der Nahrungsaufnahme stehen sie wie winzige Hubschrauber in der Luft und saugen mit ihren langen Schnäbeln Nektar aus den Blüten. Dabei schlagen sie bis zu achtzigmal in der Sekunde mit den Flügeln. Bei Streckenflügen können sie Geschwindigkeiten von hundert Stundenkilometern erreichen. Entsprechend hoch ist auch ihr Energieverbrauch. Kolibris holen pro Sekunde fünfmal Luft und verbrauchen zwanzigmal soviel Sauerstoff wie ein vielfach größerer Sperling.

Welche Tiere verschlingen die größten Brocken?

Schlangen können ihre Kiefer aushängen und sind daher in der Lage, ganze Beutetiere zu verschlucken, die dicker sind als sie selbst. Die afrikanische Eierschlange etwa kann ihr Maul ums Zwei- bis Dreifache aufreißen. Die Beute wird weder zerrissen noch zerkaut, sondern verschlungen und im Ganzen verdaut. Dazu brauchen Schlangen oft sehr lange. Obwohl unglaubliche Schlinger, sind Schlangen eigentlich sehr genügsam. Die Nahrung, die sie pro Jahr brauchen, wiegt oft nicht mehr als die Schlange selbst. Von einer giftigen Habuschlange wird sogar berichtet, daß sie drei Jahre und drei Monate lang gefastet hat. Wenn Schlangen aber Beutetiere fressen, dann tüchtig. Rekordhalter ist wohl jene sechs Meter lange Netzpython, in deren Magen man einen ausgewachsenen Leoparden gefunden hat.

Aber auch andere Tiere haben große Klappen. Der leuchtendbunte Schmuckhornfrosch zum Beispiel verschlingt Beutetiere, die so groß sein können wie er selbst: andere Frösche etwa oder Mäuse und Eidechsen. Auch manche Tiefseefische sind, im wahrsten Sinne des Wortes, ausgesprochene Freßsäcke. Der schwarze Schlinger zum Beispiel kann Fische verschlingen, die größer sind als er selbst. Das Opfer wird zwecks Verdauung in einem dehnbaren Magensack verstaut. Dieser gefüllte Magen sieht dann aus wie ein riesiger am Bauch befestigter Rucksack.

Gibt es tatsächlich menschenfressende Tiere?

Stechmücken, Flöhe und Kopfläuse könnte man als „menschenanfressende“ Tiere bezeichnen; sie zapfen ihren Opfern Blut ab, ohne ihnen dabei den Garaus zu machen - es sei denn, diese Blutsauger übertragen dabei Krankheiten.

Tierarten, die auf das Fressen von Menschen spezialisiert sind, gibt es nicht. Allerdings treten unter Raubkatzen (wie unter Tigern, Löwen und Leoparden) immer wieder Einzelgänger auf, die irgendwann ihre natürliche Scheu vor Menschen verloren haben und seitdem auf Menschenjagd gehen. Für den weißen Hai, für das Leistenkrokodil und für die gefürchteten Piranhas hingegen sind Menschen Beutetiere wie andere auch.

Welche Tiere sammeln für magere Zeiten?

In der Tierwelt ist das Sammeln von Vorräten gar nicht so selten. Eichhörnchen zum Beispiel sorgen vor, indem sie eine Reihe von Vorratslagern mit Nüssen und Samen anlegen. Oft vergessen sie dann, wo diese Speisekammern liegen; und so kommt es vor, daß die vergrabenen Nüsse austreiben und sich zu Bäumen entwickeln.

Besonders grausam wirkt auf uns die Art und Weise, wie der Neuntöter seine Beute aufbewahrt. Dieser Vogel spießt getötete Mäuse, Insekten und kleine Frösche auf Dornen von Sträuchern und kann somit seine Jungen füttern, ohne zwischendurch auf Jagd gehen zu müssen. Auch der Maulwurf legt sich unterirdische Fleischkammern an. Er beißt Regenwürmern den Kopf ab und schafft die gelähmten Würmer in eigene Höhlen. In mageren Zeiten macht sich der Maulwurf dann über seine Vorräte her. Man hat schon Vorratskammern gefunden, in denen tausend verstümmelte Würmer lagerten.

Legen sich Hunde Vorräte an?

Wenn sich Hunde ihre Knochen vergraben, um sie später wieder auszubuddeln und zu fressen, so wollen sie sich dabei nichts für magere Zeiten aufsparen. Das „Einlagern“ von Knochen dient eher dazu, die Knochen besser verdaulich zu machen. Hier bilden sich nämlich gewisse Fäulnisbakterien, die dem Hundemagen später bei der Verdauung helfen. Auf Menschen wirkt so ein angefaulter Knochen „verdorben"; als eigentliche Pflanzenfresser würden wir uns damit sogar eine Fleischvergiftung zuziehen. Echten Fleischfressern wie eben Hunden tut verdorbenes, fauliges Fleisch hingegen ab und zu richtig gut.

Welches sind die tüchtigsten Fallensteller?

Es ist sonderbar, daß praktisch alle räuberischen Tiere, die ihre Beute mit Fallen fangen, Insekten sind – und nicht die intelligenteren Säugetiere. Das weist darauf hin, daß auch so komplizierte Tätigkeiten wie der Bau von ausgetüftelten Netzen nichts, aber auch gar nichts mit „Überlegung" zu tun hat. Jedenfalls haben sich bei vielen Raubinsekten im Laufe von Hunderten Millionen Jahren staunenswerte Fähigkeiten herausgebildet, die als festes Programm vererbt werden. Fast zwei Meter im Durchmesser können die Netze einer tropischen Spinne groß sein; einzelne umlaufende Fäden werden sechs Meter lang. Binnen einer Stunde kann diese Spinne aus der Gattung Nephila einen hundert Meter langen Faden produzieren. Die Einwohner von Papua und Madagaskar verwenden diese Art von Seide dann zum Bau von Fischernetzen oder zum Weben von Tüchern. Einfacher macht es sich eine Spinnenart aus der Gattung Miagrammopes, deren „Netz" aus einem einzigen ein Meter langen, klebrigen Faden besteht.

Welche Fallen gibt es im Wasser und auf der Erde?

Überall, wo es in der Natur Beutetiere gibt, lauern auch Räuber. Die Tapezierspinne etwa kleidet kleine Erdhöhlen mit einem schlauchförmigen Netz aus, das ein wenig aus dem Boden ragt. Darin fangen sich kriechende Insekten. Die Falldeckelspinne tarnt ihr Höhlennetz sogar mit einem Deckel, den sie wie eine Falltür heben und hinter ihrem Opfer wieder zuklappen kann. Eine Falle allereinfachster Art baut ein Insekt namens „Ameisenlöwe“ (das ist die Larve eines fliegenden Insekts, nämlich der Ameisenjungfer). Der Ameisenlöwe gräbt kleine Trichter in sandigen Boden und lauert am tiefsten Punkt auf Ameisen, die in den Trichter rutschen.

Die Wasserspinne schließlich macht von ihrem Unterwasserversteck aus Jagd auf kleine Tiere. Dazu baut sie sich unter Wasser ein glockenförmiges Netz, das sie an Pflanzenhalmen verankert. Dann pendelt sie zwischen Wasseroberfläche und „Taucherglocke“ hin und her und befördert winzige Luftbläschen, die beim Runtertauchen zwischen ihren Körperhaaren kleben bleiben, in das Netz. Wenn die Taucherglocke voll Luft ist, kann die Wasserspinne lange Zeit unter Wasser bleiben und von ihrem Unterschlupf aus auf Jagd gehen. Und dann gibt es noch ein Tier, das keine Fallen *baut,* sondern eine Falle *ist.* Die fleischfressende Raupe Eupithecia taurophragma sieht genauso aus wie ein kleiner Zweig. Sobald sich ein Tier draufsetzt, packt das „Zweiglein“ zu.

Gibt es Tiere, die ihre Beute schießen?

Schützenfisch und Schützenkrebs bedienen sich tatsächlich ihrer „Schußwaffen“, um Beutetiere wehrlos zu machen. Die Munition ist in beiden Fällen – Wasser. Vom Schützenkrebs kann man sogar sagen, daß er kleine Tiere unter Wasser regelrecht „abknallt“: Seine Scheren sind so ausgebildet, daß sie beim Zusammenklappen unter lautem Knallen einen scharfen Wasserstrahl abfeuern. Bis auf eine Entfernung von zwei Metern kann der Schützenkrebs seine Opfer damit lähmen.

Der Schützenfisch hingegen lauert knapp unter der Wasseroberfläche und schießt aus seinem Maul einen dünnen gezielten Wasserstrahl aus dem Wasser hinaus auf Beutetiere, die über ihm auf Pflanzen (zum Beispiel im Schilf) sitzen. Seine Opfer fallen ins Wasser und sind dann eine leichte Beute. Der Schützenfisch kann Insekten bis zu einer Höhe von drei Metern über der Wasseroberfläche abschießen.

Sind Fledermäuse blind?

Die meisten Fledermäuse sind Nachttiere, die Insekten im Flug fangen. Sie sind nicht blind, aber bei dieser Jagd würden ihnen die besten Augen nichts nützen. Fledermäuse haben statt dessen ein hochentwickeltes Echolotsystem, das ihnen zeigt, wo ihre Beute fliegt und wo sich Hindernisse befinden. Dieses Echolot funktioniert folgendermaßen: Die Fledermaus stößt im Flug in kürzesten Abständen Schreie aus; in den Pausen zwischen den

Schreien kann sie wahrnehmen, ob diese Töne von Beutetieren oder Hindernissen als Echo zurückgeworfen werden. Auf diese Weise kann sie sich unglaublich sicher in der Finsternis der Nacht und der Höhlen orientieren. Menschen können diese Schreie der Fledermaus übrigens nicht hören. Sie liegen im Ultraschallbereich, das heißt, ihre Tonhöhe ist so hoch, daß sie für uns unhörbar sind.

Kommen Vampire um Mitternacht?

Vampire kommen nicht unbedingt um Mitternacht, aber finster muß es sein. Vampire sind südamerikanische Fledermäuse, die sich in der Nacht ihre Opfer - Säugetiere, also auch Menschen - suchen. Hat ein Vampir sein Opfer gefunden, so läuft er flink und leise wie eine große Spinne über dessen Körper. Findet er eine nackte Hautstelle, schlagen seine rasiermesserscharfen Schneidezähne blitzschnell eine Wunde, die dann stundenlang blutet. Der Speichel des Vampirs enthält nämlich eine Substanz, die Blut flüssig hält und ein Gerinnen verhindert. Mit Zunge und Unterlippe bildet der Vampir eine Röhre, mit der er dem schlafenden Opfer das Blut abzapft - und zwar solange, bis er zum Platzen voll ist und kaum mehr auffliegen kann. Ein Vampir braucht jährlich mindestens 25 Liter Säugetierblut. Nur Hunde scheinen vor ihm sicher zu sein. Mit ihrem scharfen Gehör nehmen sie die Ultraschallpeilungen wahr, mit denen sich Fledermäuse im Finstern orientieren. Vampire sind so gefährlich, weil sie schwere Krankheiten, darunter Tollwut, übertragen können.

Sind Fledermausvampire Vorbilder für Dracula?

Die Sage von blutsaugenden fledermausartigen Gestalten gab es in Europa bereits zu einer Zeit, als Amerika noch nicht entdeckt war und man von den dortigen „echten“ Vampiren noch nichts wissen konnte.

Benutzen Tiere auch Werkzeuge?

Früher hat man geglaubt, daß ein Unterschied zwischen Menschen und Tieren darin besteht, daß Menschen Werkzeuge benutzen, Tiere jedoch nicht. Heute weiß man, daß dies so nicht stimmt. Zumindest Menschenaffen sind gut in der Lage, Gegenstände als Werkzeug zu benutzen. In einem berühmten Experiment bauten sich Schimpansen aus Kisten eine Art Leiter, um an Bananen zu kommen, die man hoch über ihnen aufgehängt hatte. Aber auch in freier Natur behelfen sich viele Tiere mit „Werkzeugen“.

Affen machen sich kleine Zweige zurecht, mit denen sie Termiten aus deren Bauten herausholen. Diese Zweige müssen eine ganz bestimmte Größe und Form haben und auf richtige Weise eingesetzt werden; zufälliges Herumstochern im Termitenbau bliebe erfolglos. Auch der Spechtfink besorgt sich Dornen, mit denen er Insekten aus der Rinde von Bäumen hervorpickt.

An viele „Lebensmittel“ können Tiere überhaupt nur dann herankommen, wenn sie sie aufknacken. Seeottern schlagen mit Steinen Muscheln vom Fels und klopfen sie dann ebenfalls mit Steinen auf. Viele Vögel zertrümmern Schneckenhäuser, Eier und Muscheln auf Steinen oder aber lassen sie aus großer Höhe auf die Erde fallen. Geier transportieren Knochen in die Luft, um sie auf Felsen zerschellen zu lassen und so an das Mark heranzukommen. Angeblich machen sie das auch mit Schildkröten; der griechische Tragödiendichter Aischylos soll von einer Schildkröte erschlagen worden sein, die ein Geier aus großer Höhe fallen ließ. Eine echte Tragödie - falls es stimmt!

Der Palmendieb (eine Krebsart) hingegen hat alle nötigen Werkzeuge bei sich. Er klettert auf Palmen und zwickt mit seinen kräftigen Scheren Kokosnüsse ab. Nach dem Aufschlagen lassen sich die Schalen dann leichter öffnen.

Können Tiere etwas Neues erfinden?

Die erstaunlichen Fähigkeiten und Verhaltensweisen der Tiere haben sich im Laufe von Millionen Jahren entwickelt und sich von Generation zu Generation durch Vererbung übertragen. Vieles, was vor allem höhere Tiere können, haben sie allerdings von ihren Eltern und Artgenossen gelernt. Kleine Bären etwa, die ohne Mutter aufwachsen, sind in freier Natur hilflos und lernen von selbst nie, wie man zum Beispiel einen Fisch fängt. Da muß doch unter den Ahnen dieser Tiere einmal ein Bär gewesen sein, der diesen besonderen Trick herausgefunden hat!

Forscher einer japanischen zoologischen Station waren vor wenigen Jahren Zeuge, wie ein Tier - eine

Makakenäffin namens Imo - mit einem bestimmten Trick ein Problem gelöst hat. Es ging um das Reinigen von Kartoffeln und Reis, die im Sand gelegen hatten. Zuvor hatten die Affen den Sand entweder mitgegessen, was unangenehm war, oder aber die Sandkörner auf mühselige Weise entfernt. Imo erfand etwas völlig Neues. Sie tauchte die Kartoffeln ins Wasser und wusch sie einfach ab. Und als das so gut funktionierte, löste sie auch noch das Problem, wie man Sand und Getreide trennt. Imo warf Getreide und Sand gemeinsam ins Wasser - der Sand ging unter, das Getreide schwamm obenauf, und sie konnte es leicht abschöpfen. Dieser Trick verbreitete sich bald in der ganzen Makakenkolonie. Nur die alten Affen wollten von diesen „modernen Methoden“ nichts wissen, blieben zeit ihres Lebens bei der altbewährten Methode und aßen weiter Kartoffeln und Reis mit Sand.

Gibt es Vögel, die sich warme Brutkästen bauen?

Normalerweise brüten Vögel ihre Eier mit Körperwärme aus. Das Freycinet-Großfußhuhn aus Australien geht die Sache jedoch mit wesentlich höherem Aufwand an. Der etwa rebhuhngroße Vogel nutzt nämlich die Wärme aus, die sich entwickelt, wenn organisches Material (Laub, Zweige, Gras und so weiter) verrottet. Diese Wärme entsteht durch die Tätigkeit von Bakterien, die das Material zersetzen und in fruchtbare Komposterde zurückverwandeln.

Großfußhühner legen derartige Komposthaufen

an. Sie bauen ein bis zu fünf Meter hohes und zwölf Meter breites Gebirge aus Erde und Pflanzen über die gelegten Eier. Dann müssen sie allerdings Obacht geben, daß dieses sonderbare Nest nicht wärmer wird als 33 Grad Celsius: Das ist genau die nötige Brutwärme. Ständig steckt das Huhn nun den Schnabel in den Haufen, um die Temperatur zu messen. Wird es zu heiß, muß das Nest aufgelockert werden, damit frische Luft ins Innere dringt. Wenn dann die Küken ausgeschlüpft sind, müssen sie alleine zurechtkommen; für die Eltern ist die Sache beendet. Oftmals brauchen die Küken mehrere Tage, bis sie sich an die Oberfläche hochgegraben haben. Dabei kann es durchaus vorkommen, daß einige von ihnen unterwegs ersticken oder entkräftet eingehen.

Auch das australische Thermometerhuhn läßt seine Eier von Kompostwärme ausbrüten. Zwar sind ihre Brutnester wesentlich kleiner, doch breitet dieser Vogel noch eine Isolierschicht aus Sand darüber. Mit der Aufgabe, das Nest auf Temperatur zu halten, ist das Thermometerhuhn fast das ganze Jahr über beschäftigt.

Wie alt können Vogelnester sein?

Der Weißkopfseeadler baut sein Nest aus Zweigen auf Felsvorsprüngen in Steilwänden; und für jede frische Brut, also jedes Jahr, kommt eine Lage von Zweigen dazu. So ein Adlernest, an dem mehrere Generationen arbeiten, kann hundert Jahre alt werden. Alte Nester können zwei Meter breit, sechs Meter hoch und zwei Tonnen schwer sein.

Gibt es auch Mehrfamiliennester?

Bis zu hundert Vogelpaare finden Unterkunft in den Gemeinschaftsnestern, wie sie der Siedelweber baut. Diese Riesennester, die oft fünf Meter im Durchmesser erreichen, hängen an starken Baumästen. Jede Vogelfamilie hat einen eigenen Ausgang, der nach unten führt. Somit sind die Nester vor Feinden aus der Luft ebenso geschützt wie vor Niederschlägen.

Kann man Vogelnester essen?

Die „Schwalbennestersuppe“, eine Spezialität der chinesischen Küche, wird tatsächlich aus Schwalbennestern zubereitet. Gebaut werden diese Nester von der Braunrumpfsalangane. Das Baumaterial ist der zunächst klebrige, dann aber an der Luft trocknende und formbare Speichel dieser Vögel. Eigentlich müßte diese Suppe also „Speichelsuppe“ heißen ...

Welcher Vogel ist der faulste Nestbauer?

Die Feenseeschwalbe baut überhaupt kein Nest, sondern legt ihr Ei einfach in eine Astgabel – im Vertrauen darauf, daß weder das Ei noch das geschlüpfte Junge runterfällt. Offenbar funktioniert auch diese Methode; sonst wäre die Feenseeschwalbe schon längst ausgestorben.

Können Biber wirklich Bäume fällen?

Bäume mit einem Durchmesser unter zwanzig Zentimeter sind für einen Biber kein Problem. Er fällt sie, indem er den Stamm in Kopfhöhe rundherum so lange benagt, bis der Baum fällt. Für einen armdikken Baum braucht er dazu ungefähr fünf Minuten. Biber benötigen Baumstämme zum Bau der Dämme, mit denen sie Flüsse absperren und aufstauen. Dadurch entstehen künstliche Seen, die den Lebensraum für Biberkolonien bilden.

Gibt es „Säugetierstädte"?

Um die Jahrhundertwende ist im US-Bundesstaat Texas eine Stadt entdeckt worden, die damals rund 400 Millionen Einwohner hatte und mit 65.000 Quadratkilometern doppelt so groß wie Holland war. Die Bewohner waren allerdings Präriehunde. Diese wie Murmeltiere aussehenden, höchstens einen halben Meter großen Nagetiere graben sich weitverzweigte unterirdische Wohnhöhlen, wobei jede Familie eine Wohnung mit eigenem Ausgang hat. Zwischen den Wohnungen gibt es keine unterirdische Verbindung. Jedoch zeigen festgetretene Pfade zwischen den einzelnen „Haustüren", daß die Präriehunde ihre Nachbarn oft besuchen.

Als „Hunde" wurden diese Tiere übrigens wegen ihrer bellenden Stimme bezeichnet. Heute ist ihre Zahl stark zurückgegangen – Folge eines erbarmungslosen Krieges, den die weißen Siedler im nordamerikanischen Westen gegen diese Tiere führten und führen. Präriehunde fressen nämlich Weidegras, und in ihre Höhlen brechen immer wieder Kühe oder Pferde ein und verletzen dabei nicht unerheblich sich die Beine.

Gibt es Tiere, die genausogut rückwärts laufen können?

Die Flachlandtaschenratte hat ein spezielles System entwickelt, um in engen Gängen schnell zurücklaufen zu können, ohne umzudrehen. Der Schwanz dieses Nagetiers hat nämlich tastempfindliche Haare, ähnlich wie der Schnurrbart der Hauskatze. Deshalb kann sich die Taschenratte vorwärts und rückwärts gleich gut orientieren und gleich gut vorwärts wie rückwärts laufen. Augen nützen ihr in den unterirdischen Gängen, in denen sie wohnt, ohnehin nichts. Ihren Namen hat die im amerikanischen Mittelwesten lebende Taschenratte von ihren Backentaschen, mit denen sie Vorräte befördert.

Welche Säugetiere buddeln sich bei Gefahr ein Loch?

Das Erdferkel ist unter den Säugetieren wahrscheinlich der schnellste Gräber. Dieses seltsame Tier ist natürlich kein richtiges Ferkel, sondern gehört zu einer speziellen Säugetierfamilie; alle anderen „Familienmitglieder“ - also andere Erdferkelarten - sind jedoch ausgestorben. Unser heutiges Erdferkel frißt vor allem Ameisen, aber auch Termiten, deren Bauten es mit seinen eisenharten, hufartigen Krallen aufkratzt. Es kann so schnell graben, daß es sich bei

Gefahr lieber ein Loch in der Erde buddelt, als davonzulaufen. Anderen Tieren wie Warzenschweinen, Dachsen und Schlangen erspart das Erdferkel damit eine Menge Arbeit. Es bleibt nämlich nie lange an einem Ort, sondern zieht ständig um. Die verlassenen Wohnhöhlen können dann andere Tiere besiedeln.

Welche Tiere errichten die höchsten Bauwerke?

Zwölf Meter hoch können die Burgen der afrikanischen Kriegertermiten werden, die aus Lehm und Exkrementen bestehen. Diese Mischung trocknet wie Beton zu einer steinharten Masse, die im Inneren von Gängen, Kammern und Frischluftkanälen durchwoben ist. Termitenburgen, in denen bis zu zehn Millionen Tiere leben können, reichen übrigens auch tief in die Erde. Denn Termiten brauchen wie alle Tiere Wasser und graben daher senkrechte Schächte in den Boden, um an wasserführende Schichten zu kommen. Diese Brunnen reichen oft vierzig Meter tief in die Erde. Und all das wird von zentimeterlangen blinden Arbeitern vollbracht!

Wie viele Kinder hat eine Termitenkönigin?

In jeder Termitenburg leben Königin und König, Soldaten und Arbeiter, die jeweils für verschiedene Aufgaben zuständig und dafür auch ausgerüstet sind. Die einzige Aufgabe der Königin besteht darin, Eier zu legen. Mit ihrem angeschwollenen Hinterleib wird sie vierzehn Zentimeter lang und drei Zentimeter dick und ist daher völlig unbeweglich. Ihr Leben lang, und das können zwanzig Jahre sein, sitzt sie gemeinsam mit ihrem Gemahl, dem König, in ihrer Kammer und läßt sich von Arbeitern ununterbrochen füttern. Andere Arbeiter tragen hinten die Eier weg, von denen sie täglich 30.000 Stück legt. Wenn man das auf die mögliche Lebenszeit einer Termitenkönigin umrechnet, kommt man auf ungefähr 200 Millionen Kinder!

Wie viele Königinnen haben die Ameisen?

Bei unserer heimischen Waldameise wird das Geschäft des Eierlegens in größeren Ameisenhaufen oft auf einige hundert Königinnen verteilt. Solche Haufen bestehen aus Zweigen und Tannennadeln und ruhen zumeist auf einem verrotteten Baumstumpf. Der Bau mit Wohnquartieren reicht bis unter die Frostgrenze in den Boden, wohin sich die Ameisen im Winter zurückziehen.

Wie können Ameisen Blätter zusammennähen?

Die tropischen Weberameisen sind darauf spezialisiert, ihren Bau aus Blättern des Kaffeestrauchs im wahrsten Sinne des Wortes zusammenzunähen. Als Art Nähmaschine dienen ihnen dabei Larven der eigenen Art. Diese Larven sondern nämlich klebrige

Fäden ab, und das nutzen Weberameisen aus. Einige von ihnen halten zwei Blätter zusammen; die Näherin packt eine Larve und führt sie an der Nähstelle hin und her. Die Fäden halten dann die beiden Blätter ausreichend fest zusammen.

Welche Nester sind aus Pappe?

Papier oder Pappe ist laut Lexikon ein „aus Pflanzenfasern durch Verfilzung und Verleimung hergestellter Werkstoff". Genau solch einen Werkstoff erzeugen Hornissen und bauen daraus ihre Nester. Sie zerkauen nämlich altes Holz („Verfilzung") und vermengen den Brei mit ihrem Speichel („Verleimung"). Aus der daraus entstehenden starken Pappe errichten sie ihre runden, aus mehreren Stockwerken bestehenden Nester, die oft anderthalb Meter im Durchmesser groß sein können. Die Stockwerke im Inneren der Hohlkugel setzen sich aus sechseckigen Waben zusammen.

Welche Tiere wachsen in Lehmtöpfchen auf?

Die Lehmwespe lebt allein. Um ihre Jungen aufziehen zu können, baut sie winzige Tontöpfchen aus Lehm (Lehmerde, mit Wasser vermischt), in die sie erbeutete und mit ihrem Stich gelähmte Raupen legt. Im Inneren dieses Töpfchens, über den Raupen, hängt sie ein Wespenei an einem Faden auf. Sobald die junge Wespe geschlüpft ist, kann sie sich - als Larve - von diesem Raupenvorrat ernähren.

Was sind eigentlich Larven?

Bei manchen Insekten- und Amphibienarten schlüpfen aus den Eiern nicht die fertigen Tiere, sondern seltsame Zwischenformen; mit dem Aussehen und Verhalten der Erwachsenen haben sie scheinbar überhaupt nichts zu tun. Diese Jugendformen nennt man „Larven“. Raupen zum Beispiel sind Larven; aus ihnen entwickeln sich später Schmetterlinge. Die Larven von Fröschen heißen „Kaulquappen“.

Gibt es Planschbecken für junge Wassertiere?

Ein brasilianischer Frosch namens Schmied (er heißt so, weil seine Stimme wie ein Hammerschlag klingt) beschützt seine Jungen auf ganz besondere Weise. Er baut in seichten Gewässern kleine, runde Schlammwälle, die etwa dreißig Zentimeter breit werden. In diesen Planschbecken sind die Kaulquappen des Schmieds vor hungrigen Fischen sicher.

Haben Tiere auch richtige Spielplätze?

Das einzige Tier, von dem man weiß, daß es sich Spielplätze anlegt, ist der Otter. Er baut sich an Uferböschungen schlammige und im Winter sogar eisige Rutschbahnen. Eltern und Kinder rutschen mit derselben Begeisterung ins Wasser. Ottern zählen zu den verspieltesten Tieren. Seeottermütter wurden dabei beobachtet, wie sie, auf dem Rücken liegend, ihre Jungen in die Luft warfen und wieder auffingen.

Weshalb spielen Tiere überhaupt?

Je höher die geistigen Fähigkeiten bestimmter Tierarten sind, desto mehr wird bei ihnen gespielt. „Dümmere“ Tiere wie Insekten oder Reptilien bekommen alles, was sie fürs Überleben wissen müssen, schon von Geburt aus mit; die Jungen von „klügeren“ Tieren haben dagegen eine Menge zu lernen. Sie lernen, wie man jagt, kämpft, sich versteckt und so weiter, indem sie ihre Eltern nachahmen und selbst ausprobieren, wie man das alles macht. Und zwar nicht gleich im Ernst, wo es gefährlich sein könnte, sondern zuerst übungsweise und zum Spaß. „Spiele“ und Spielgefährten sind daher für viele Tierkinder ungeheuer wichtig.

Wozu nehmen manche Tiere Schlammbäder?

Bäder in schlammigen Tümpeln haben heilende Wirkung auf oberflächliche Wunden oder Entzündungen (zum Beispiel nach Insektenstichen); sie machen dem Ungeziefer das Leben schwer, das sich an Körperstellen einnistet, die für das Tier unerreichbar sind; und sie schützen die Haut vor dem Austrocknen. Deshalb nehmen viele Tiere regelmäßige Schlammbäder; man sagt, sie suhlen sich. Dazu gehören Wasserbüffel, Nashörner, Wild- und Hausschweine, Büffel, Flußpferde und Elefanten. Auch Menschen nehmen solche Bäder vor allem im Schlamm von Vulkanerde. Diese Kuren lindern rheumatische Schmerzen.

Welche Tiere pflegen sich gegenseitig?

Affen, vor allem Menschenaffen, verbringen täglich viel Zeit damit, sich gegenseitig nach Läusen abzusuchen. Dabei befreien sich die Tiere nicht nur von Ungeziefer. Das „Lausen“ ist auch eine Form der Zärtlichkeit, mit der Tiere (zum Beispiel Schimpansen) ihre Zuneigung zu Freunden zeigen. Aber auch viele Vögel kratzen sich gegenseitig an Stellen, die sie selbst nicht erreichen können.

Welche Vögel würde ein Krokodil nie fressen?

Es gibt auch Tierarten, die ausgesprochene Spezialisten in Sachen Körperpflege sind und sich so ihre Nahrung verdienen. Dabei kommt es zu erstaunlichen Formen der Zusammenarbeit. Der Krokodilwächter, eine afrikanische Vogelart, spaziert zum Beispiel unbekümmert im geöffneten Rachen von Krokodilen umher, um Schmarotzer zu entfernen und zu verspeisen, die sich zwischen den Krokodilszähnen festgesetzt haben. Krokodile haben im Laufe einiger Millionen Jahre dauernden Zusammenarbeit gelernt, daß es vorteilhafter ist, die Vögel gewähren zu lassen als sie aufzufressen. Und die Vögel wissen, daß es für sie kaum einen sichereren Ort gibt als einen Krokodilsrachen. Unter Wasser betreiben die Krabbe Stenopus hispidus und die Meerschwalbe (ein Fisch mit schwalbenartiger Zeichnung) ähnliche Geschäfte und reinigen das Maul und die Kiemen großer Fische.

Wie viele Stunden täglich schlafen Faultiere?

Leider weiß man nicht, wie viele Stunden ein Faultier am Tag schläft. Der im südamerikanischen Regenwald beheimatete Unau bewegt sich so langsam, daß man nicht erkennen kann, ob er gerade schläft oder nicht. Das Faultier hat in den Kronen der Bäume, in denen es lebt und hängt, keine natürlichen Feinde und muß nicht davonlaufen. Damit zählt es zu den wenigen größeren Pflanzenfressern, die nicht die meiste Zeit wach und auf der Hut sein müssen.

Warum schlafen Raubkatzen länger als Pflanzenfresser?

Tiere, die keine natürlichen Feinde haben, können sich lange Schlafpausen erlauben. Raubkatzen zum Beispiel verbringen die meiste Zeit damit, zu schlafen oder zumindest zu dösen. Sie müssen keine Angst vor Feinden haben. Aber auch der kraftstrotzende Gorilla (13 Stunden) und der stachelbewehrte Igel (18 Stunden täglich) sind ausgesprochene Langschläfer.

Die Beutetiere von Raubtieren hingegen schlafen meist nur kurz und unruhig. Besonders wachsam ist die Giraffe, die es pro Tag nur auf drei oder vier Nickerchen von jeweils fünf Minuten bringt.

Können Tiere auch im Wasser schlafen?

Obwohl Fische keine Augenlider haben (daher das starre „Glotzen“ von Fischen) und die Augen nicht schließen können, schlafen sie dennoch. Der flache Drückerfisch legt sich am Meeresgrund zum Schlafen sogar auf die Seite. Meeressäugetiere schlafen zwar auch im Wasser, müssen dabei aber Luft holen können. Seelöwen zum Beispiel lassen sich auf der Wasseroberfläche treiben und stecken dabei den Kopf (und sonderbarerweise immer auch eine Flosse) aus dem Wasser. Andere Meeressäugetiere lassen sich auf den Grund absinken und tauchen jede Viertelstunde zum Luftholen auf, ohne dabei aufzuwachen.

Gibt es Tiere, die den ganzen Winter durchschlafen?

Viele Säugetiere, aber auch manche Schnecken, Amphibien und Reptilien überdauern die Härten des Winters, indem sie sich zu geschützten Plätzen zurückziehen und in einen sehr langen Schlaf verfallen. Ihre Atmung wird dabei flach, die Körpertemperatur sinkt, und der Blutkreislauf verlangsamt sich. Doch nach jeweils zwei bis drei Wochen wachen fast alle Winterschläfer auf, um sich kurz aufzuwärmen und dann wieder weiterzuschlafen. Nur bei der Mausohrfledermaus dauert der Winterschlaf beinahe den ganzen Winter. Sie kann drei Monate lang ohne jede Bewegung schlafen. Und die Rote Fledermaus übersteht auch Minustemperaturen bis fünf

Grad in ihrer Umgebung. Dabei kann sie ruhig ein wenig einfrieren.

Winterschläfer sind zum Beispiel Murmeltiere, Braunbären, Dachse, Stinktiere (Skunks), Siebenschläfer, Gartenschläfer, Fledermäuse, Hainschnekken, Schildkröten, Erdkröten, Igel und Beutelratten.

Wovon leben Tiere im Winterschlaf?

Der Herbst ist große Erntezeit, vor allem für die Winterschläfer. Sie fressen sich möglichst dicke Speckwänste an, von denen sie den Winter über zehren. Murmeltiere zum Beispiel verlieren während ihres sieben- bis achtmonatigen Winterschlafs ein Viertel ihres Gewichts.

Gibt es auch einen Sommerschlaf?

Während in unseren Breiten der Winter die lebensfeindliche Jahreszeit ist, ziehen sich einige Tiere, die in heißen, trockenen Weltgegenden leben, zu einem Sommerschlaf zurück. So überdauert der Leopardenlungenfisch sogar das sommerliche Austrocknen der afrikanischen Sümpfe, in denen er lebt; dabei kommt ihm allerdings die Fähigkeit zugute, sowohl durch die Lunge Luft zu holen als auch durch die Kiemen Wasser zu atmen. Droht sein Sumpf auszutrocknen, gräbt er sich eine Höhle in den Schlamm, stellt auf „Lunge“ um und schläft ein. Wenn es endlich wieder regnet und sich der Sumpf mit Wasser füllt, wacht er auf und benimmt sich wie ein „normaler“ Fisch. Auf diese Weise ist der Lungenfisch in der Lage, sogar mehrere wasserlose Jahre zu verschlafen.

Warum gehen Tiere auf Wanderschaft?

Zahlreiche Tierarten legen auf ihren jährlichen Wanderungen unglaubliche Strecken zurück: schwimmend, fliegend und zu Fuß. Ein (jahreszeitlich) milderes Klima, mehr Futter oder günstige Plätze für die Aufzucht der Jungen sind die Gründe dafür, daß sie diese Anstrengungen immer wieder auf sich nehmen.

Rekordhalter dabei ist wohl die Paradiesseeschwalbe, die es offensichtlich stets gerne kalt und sonnig zugleich hat. Diese Schwalbe pendelt zwischen Nordpol und Südpol. Im Sommer brütet sie in Gebieten nahe des Nordpols; im arktischen Sommer geht die Sonne nämlich praktisch nie unter. Wenn der arktische Sommer - man kann auch sagen: der arktische Tag - endet und der sonnenlose arktische Winter heranrückt, fliegen die Paradiesseeschwalben mit ihren Jungen rund um die Erde zum Südpol. Dort herrscht nämlich das nächste halbe Jahr antarktischer Sommer. Danach machen sich die Schwalben wiederum auf ihren Weg zurück in die sommerlichen arktischen Nistgebiete und legen dabei jeweils 40.000 Kilometer zurück.

Ein Wandervogel anderer Art ist hingegen die kalifornische Berghaubenwachtel. Diese prächtig bunten Vögel leben den Sommer über im Hochgebirge;

im Herbst machen sie sich dann auf die Wanderschaft ins Tal. Obwohl sie fliegen können, gehen sie dabei sonderbarerweise zu Fuß und im Gänsemarsch. Nachdem sie im wärmeren Tal überwintert haben, marschieren die Haubenwachteln im Frühjahr wieder in die Berge.

Gibt es Vögel, die schwimmend wandern?

Der Pinguin ist ein Vogel, der zwar nicht fliegen und kaum gehen, dafür um so besser schwimmen kann. Der Magellan-Pinguin schwimmt jedes Jahr 4.000 Kilometer weit von seinen Brutgebieten vor der Küste Brasiliens in seine Heimat an der Südspitze von Südamerika.

Auch viele Meeressäuger (wie manche Wale und Robben) legen Jahr für Jahr auf den immer gleichen Strecken Tausende Kilometer zurück. Am weitesten kommt dabei der Grauwal herum, der in der Beringsee (im hohen Norden zwischen Alaska und Sibirien) beheimatet ist. Im Winter schwimmt er an die mexikanische Küste, wo er in warmen Gewässern seine Jungen zur Welt bringt. Mit einer Wanderstrecke von 9.000 Kilometern hält er den Weltrekord unter den Säugetieren.

Wohin verreisen unsere Schwalben?

Wie viele andere Zugvögel auch fliegen Rauchschwalben im Herbst in den warmen Süden Afrikas. Im Frühling kehren sie in unsere Gegenden zurück. Auch unser Storch überwintert in Afrika. Während

Störche und Schwalben über Land fliegen und daher immer wieder Rastpausen einlegen können, muß sich der Borstenbrachvogel auf seinem Weg über den Pazifischen Ozean fast 9.000 Kilometer - von Alaska bis in die Südsee - ununterbrochen in der Luft halten.

Fliegen auch Schmetterlinge in den Süden?

Auch Schmetterlinge fliegen in den Süden. Am weitesten kommt dabei der Distelfalter, der in Schottland und Island beheimatet ist und im Herbst nach Afrika fliegt. Dabei legt er oft 6.000 Kilometer zurück.

Welche Tiere unternehmen Rundreisen um die Welt?

Die Jungen einer Albatrosart (nördlicher Rußalbatros, ein besonders begabter Segelvogel) nutzen den immer gleichen Wind aus, der im Bereich eines erdumspannenden Gürtels im Süden der Erdkugel weht. Dort, auf vierzig Grad südlicher Breite (etwa an den Südspitzen von Afrika und Südamerika), herrschen jahrein, jahraus Ostwinde. Die jungen Albatrosse schwingen sich hoch und lassen sich im Wind treiben - immer nach Westen. Fast drei Monate dauert so eine Reise, dann haben die Vögel die Erde umrundet. Zwar nicht an der dicksten Stelle (das wäre am Äquator), doch immerhin auf einer Strecke von 30.000 Kilometern!

Gemächliche und unfreiwillige Rundreisen unternehmen Eisbären. Sie leben auf arktischen Eisfeldern, die langsam dahintreiben - und zwar auch immer in westlicher Richtung. Somit umrunden Eisbären alle fünf Jahre einmal den Nordpol, ohne sich viel von der Stelle rühren zu müssen.

Welche Tiere wandern in den Tod?

Bei manchen Tieren, zum Beispiel bei Eichhörnchen oder bei Lemmingen, kommt es immer wieder zu regelrechten Völkerwanderungen. Das geschieht, wenn sich die Tiere bei günstiger Witterung und reicher Nahrung zu stark vermehrt haben und es keinen Lebensraum für alle gibt. Man kann sagen, daß diese Tiere dann auswandern.

Bei Lemmingen, einer in Nordeuropa sehr häufigen Art von Nagetieren, wird dieser Zug in die Fremde oft für Hunderttausende Tiere tödlich. Bei ihren Massenwanderungen lassen sich Lemminge nämlich durch keine natürlichen Hindernisse aufhalten. Sie durchschwimmen auch breite Flüsse. Wenn sie bei ihren Zügen an Meeresküsten kommen, so machen sie selbst dort nicht halt, sondern stürzen sich ins Meer. Früher hat man angenommen, Lemminge würden „Massenselbstmord" begehen. In Wirklichkeit wollen sie einfach weiterwandern; das Meer ist für sie nichts anderes als ein breiter Fluß. Dieser Irrtum bedeutet fast für alle den sicheren Tod, denn nur wenige Lemminge erreichen mit viel Glück nahe Inseln. Für die Natur insgesamt sind diese tragischen Todeswanderungen der Lemminge allerdings von Vorteil. Lemminge vermehren sich nämlich äußerst rasch und würden schnell alles Genießbare aufgefressen haben; dann wäre das Land kahl, und viel mehr Lemminge gingen schließlich an Hunger zugrunde.

Wie viele Füße hat der Tausendfüßler?

Tausendfüßler haben nicht ganz so viele Füße, wie der Name sagt, und von Art zu Art auch unterschiedlich viele. Der Rekord liegt bei 355 Beinpaaren, also 710 Füßen. Tausendfüßler bieten ein Beispiel für die Phantasie, die selbst die niedrigen (wirbellosen) Tiere beim Erfinden von Fortbewegungsarten an den Tag legen. Sie kriechen, hangeln sich an Spinngeweben weiter, schwimmen, fliegen und schrecken vor keinem Hindernis zurück. Manche Wirbellose gehen sogar so weit, ganz normal auf ihren Füßen zu laufen ...

Welche Tierehen halten ein Leben lang?

Bei Tieren ist es eher die Ausnahme, daß Männchen und Weibchen ein Leben lang zusammenbleiben. Solche treuen Ehepaare gibt es zum Beispiel bei Pinguinen, Papageien, Dohlen, Graugänsen, Schwänen, unter den Fischen bei Buntbarschen und unter Säugetieren bei Bibern sowie den Affenarten Lar und Celebes-Koboldmaki.

Gibt es schwangere Väter?

Bei fast allen Tierarten bringen die Weibchen ihre Jungen zur Welt. Aber auch hier - wie überall in der Natur - gibt es Ausnahmen. Zwar stammen die Eier immer vom Weibchen (sonst wäre es ja kein Weibchen), doch in manchen Fällen übernehmen es die Männchen, die Eier bei sich zu tragen und die Jungen schlüpfen zu lassen.

Das Seepferdchenweibchen zum Beispiel legt ihre Eier in die Brusttasche des Männchens, das dann zehn Tage lang schwanger ist, bis es die Jungen zur Welt bringt. Der Darwin-Nasenfrosch schnappt sich die frischgelegten Eier mit dem Maul und bewahrt sie im Stimmsack auf, bis sie schlüpfen. Bei dieser Art von Geburt hüpfen dem Vater die jungen Frösche aus dem Maul. Ein ähnlicher Maulbrüter ist auch der Afrikanische Buntbarsch. Schwanger wider Willen wird hingegen das Männchen der handtellergroßen Amerikanischen Riesenwanze. Das Weibchen klebt dem Männchen die frischgelegten Eier auf den Rücken. So sehr sich der Vater auch wehrt und versucht, die Brut abzukriegen - er muß die Eier bis zum Schlüpfen der jungen Riesenwanzen auf seinem Rücken mitschleppen.

Welche Väter bringen die größten Opfer für ihre Jungen?

Vier Monate lang stehen bei den Kaiserpinguinen die Männchen in riesigen Gruppen fast unbeweglich in Eis und Schnee. Jedes Männchen hält ein Ei zwischen Bauch und Füßen und bebrütet es. Regelmäßig dürfen Pinguine, die am Rand standen, ins Innere der Gruppe wechseln, wo es nicht ganz so kalt ist. Das ist während der Brutzeit ihre ganze Bewegung. Die Weibchen, die das Ei gelegt haben, jagen und fressen währenddessen so viele Fische wie nur möglich. Kurz vor dem Schlüpfen der Jungen kehren die Mütter zu den Vätern zurück, um das Junge zu füttern. Dabei würgt die Mutter Nahrungsbrei aus dem vollen Magen hoch. Die abgemagerten Väter hingegen haben nun ihre Pflicht getan und watscheln mit letzter Kraft zum Meer, um sich endlich wieder eine tüchtige Mahlzeit zu besorgen.

Auch beim Emu, einer Straußenart, besorgen Väter das Brutgeschäft, ohne sich um Hunger oder Durst zu kümmern. Zwei Monate lang bebrütet das Emu-Männchen die Eier, ohne zu fressen oder zu trinken. Dabei magert es etliche Kilogramm ab. Trotzdem kümmert es sich nach dem Schlüpfen weiterhin aufopfernd um die Küken.

Verteidigen alle Tiere ihre Jungen?

Tiereltern, die sehr viele Junge bekommen, kümmern sich meistens nicht sonderlich um sie. Für den Fortbestand der Tierart reicht es aus, wenn zumindest einige von ihnen überleben. Tiere mit wenigen Nachkommen jedoch sorgen sich oft um jedes einzelne Baby. Und sie sind häufig auch bereit, sich in Todesgefahr zu begeben und zu sterben, um ihren Kindern zu helfen. Wollen Wilderer zum Beispiel ein Gorillababy fangen, rotten sie dabei ganze Gorillafamilien aus. Denn erwachsene Gorillas würden nie davonlaufen, wenn ein Junges in Gefahr ist. Der Flußregenpfeifer, ein heimischer Vogel, beschützt seine Küken, indem er Feinde weglockt. Er flattert lahm am Boden herum, und zwar immer ganz knapp außer Reichweite der Feinde. Hunde oder Katzen halten ihn für eine leichte Beute und folgen ihm. Hat er sie weit genug von seinen Küken weggelockt, wird aus dem armseligen Invaliden wieder ein kräftiger Vogel, der dann fröhlich auf und davon fliegt.

Wie schützen Tiere ihre Jungen?

Wenn junge oder auch verletzte Tiere vor Feinden nicht flüchten können, so schließen sich die Artgenossen oft zu Gruppen zusammen und beschützen ihre kleinen, schwachen oder kranken Gefährten.

Wenn sich zum Beispiel ein Hai an ein Delphinbaby heranmacht, werden aus Delphinen gefährliche Kampfmaschinen. Sie bleiben in der Gruppe, kreisen den Eindringling ein und rammen ihn so lange von allen Seiten, bis er tot ist. Elefanten und Büffel nehmen bei Gefahr ihre Jungen in die Mitte und bilden einen lebenden Wall gegen die Angreifer. Diese Taktik ist bei natürlichen Feinden sehr erfolgreich: Kein Wolf würde es wagen, sich einer zur Verteidigung entschlossenen Gruppe von Moschusochsen zu nähern. Menschliche Jäger haben es sich jedoch immer wieder zunutze gemacht, daß diese mächtigen Tiere weder angreifen noch fortlaufen. Mit Gewehren konnte man so ein Tier nach dem anderen niederschießen. Auch Vögel wie Kiebitze oder Dohlen lassen ihre Gefährten nicht im Stich. Sie umschwärmen Raubvögel so lange laut kreischend und in tollkühnen Flugmanövern, bis der Räuber die Nerven verliert und das Weite sucht. Dohlen greifen sogar Menschen an, wenn sie glauben, einer ihrer Gefährten sei bedroht. Schwenkt jemand in der Nähe eines Dohlenschwarms ein schwarzes Tuch, so sollte er darauf gefaßt sein, daß sich die Vögel in Gruppen auf ihn stürzen. Sie würden das flatternde schwarze Tuch für eine verletzte Dohle halten und alles daransetzen, den „Feind“ zu vertreiben.

Helfen Tiere ihren kranken Gefährten?

Viele gesellige Tiere wie etwa Kojoten und Afrikanische Windhunde erkennen, wann Gefährten verletzt oder krank sind, und teilen ihre Jagdbeute mit ihnen - was sie mit gesunden Artgenossen nie tun würden. Auch unter Löwinnen (nicht aber unter männlichen Löwen) gibt es diese Art von Kameradschaft. Und auch die berüchtigte Vampirfledermaus läßt Artgenossen nicht im Stich. Kann ein kranker Vampir nächtens nicht selbst auf Jagd nach Blut gehen, so helfen ihm seine Gefährten aus und spenden ihm von Maul zu Maul mitgebrachtes Blut. Von Walen und Delphinen weiß man, daß sie kranke Artgenossen stützen und mit dem Kopf über Wasser halten, um sie vor dem Ertrinken zu bewahren. Selbst manchen Menschen sollen Delphine schon das Leben gerettet haben, indem sie Schiffbrüchige über Wasser hielten oder zur Küste schleppten.

Können Tiere trauern?

Die meisten Tiere scheint der Tod ihrer Artgenossen nicht weiter zu bekümmern. Elefanten oder Menschenaffen jedoch spüren offenbar, was der Tod bedeutet. Jedenfalls zeigen sie manchmal ein Verhalten, das man nur als tiefe Trauer deuten kann. Die berühmte Schimpansenforscherin Jane Goodall erzählt die rührende Geschichte vom Schimpansen Flint, der den Tod seiner Mutter nicht überwinden konnte. Flint starb nach drei Wochen tiefsten Kummers; und zum Sterben suchte er jenen Platz auf, an dem auch seine Mutter gestorben war.

Wenn ein Elefant sterbenskrank ist, so wird er von seinen Gefährten betreut und gestützt; wenn er stürzt, so versuchen sie ihn wieder aufzurichten. Gibt er jedoch längere Zeit keine Lebenszeichen mehr von sich, stellen sich die Mitglieder der Herde wie bei einer Totenwache mehrere Tage lang um ihn auf; schließlich bedecken sie den Kadaver mit Erde und Laub und ziehen weiter.

Wie intelligent sind Menschenaffen?

Bei Intelligenztests scheinen Gorillas der Intelligenz von siebenjährigen Kindern recht nahezukommen. Doch solche „Intelligenzmessungen" können schon bei Menschen sehr irreführend sein, bei Tieren sind sie sogar ziemlich nichtssagend: Gemessen werden nämlich Fähigkeiten, die manchen Menschen (jenen, die Intelligenztests ausarbeiten) sehr wichtig erscheinen, die aber für verschiedene Tiere völlig nutzlos sein können. Vielleicht sind Gibbonaffen beim Austüfteln von Wegstrecken durch Baumkronen zehnmal intelligenter als Menschen? Und Walrosse hundertmal klüger beim Unterscheiden von Muscheln und Steinen, die am Meeresgrund liegen? Wie soll man die intelligenten Zeichen von Tieren deuten, die im Grunde eine völlig andere Denkweise und Sprache haben als wir?

Erkennen sich Tiere im Spiegel?

Bei Schimpansen und Gorillas haben Forscher folgenden Versuch gemacht: Man hat schlafenden Tieren einen weißen Fleck auf die Stirn gemalt. Später ließ man die Affen in einen Spiegel blicken. Schimpansen und Gorillas, auch untrainierte Tiere, griffen sich verwundert an den Kopf. Daraus läßt sich schließen: Die Tiere wußten, daß sie selbst es waren (und nicht andere Affen), die sie da im Spiegel sahen. Sie haben also im Gegensatz zu anderen Tieren ein Bewußtsein von sich selbst: Sie wissen, daß es sie gibt. – Hunde hingegen wissen mit ihrem Spiegelbild überhaupt nichts anzufangen, aber auch nicht mit den Bildern anderer Hunde. Sie müssen ihre Artgenossen schon beschnüffeln können.

Viele Forscher halten Delphine und Wale für jene Tiere, deren geistige Fähigkeiten der menschlichen Intelligenz am nächsten kommen. Allerdings ist es weitaus schwieriger, mit Delphinen zu „sprechen" als mit den uns verwandtschaftlich viel näherstehenden Menschenaffen.

Gibt es eine Sprache, die Menschen und Tiere verstehen?

Die enge Verwandtschaft zwischen Menschen und Menschenaffen hat viele Forscher gereizt herauszufinden, ob Schimpansen, Gorillas und Orang-Utans menschliche Sprachen erlernen können. Dazu hat man Babyschimpansen wie Menschenbabys in ausschließlich menschlicher Umgebung und ohne Kontakt mit Artgenossen aufgezogen. Allerdings stellte sich bald heraus, daß der Sprechapparat (Kehlkopf) von Schimpansen einfach keine Wörter bilden kann. Viel erfolgreicher waren dann Versuche, Menschenaffen die Taubstummensprache beizubringen. Dabei werden Wörter mit Handbewegungen (und nicht mit Lauten) ausgedrückt. Die berühmte Schimpansin Washoe brachte es nach fünf Jahren Unterricht auf 130 Wörter, die sie zu ganzen Sätzen kombinieren konnte. Washoe war in der Lage, bestimmte Wünsche zu äußern, mitzuteilen, ob sie traurig war oder froh, und sie konnte sogar Besucher beschimpfen! Sich selbst hält Washoe übrigens für einen Menschen.

Noch weiter fortgeschritten ist die Verständigung zwischen dem Gorillaweibchen Koko und ihrer menschlichen Lehrerin. Koko kennt tausend Wörter aus der Taubstummensprache, von denen sie die Hälfte regelmäßig verwendet. Koko hat zum Beispiel zwei verschiedene Wörter für „Katze“: eins für jede beliebige Katze und eins für ihr eigenes Kätzchen, das sie sehr liebhat. Kokos Kätzchen heißt übersetzt „weiche, gute Katze“. Auch weiß Koko, daß sie kein

Mensch, sondern ein Gorilla ist, genauer gesagt „gutes Tier Gorilla“. Da wundert man sich auch nicht mehr, wenn man erfährt, daß Koko selbst regelrecht lügen kann.

Verstehen Papageien, was sie sagen?

Graupapageien sind die sprachbegabtesten Tiere überhaupt. Jedoch ist man allgemein der Meinung, daß sie nur einfach so daherplappern oder Kommandos ausführen. Neue Forschungen zeigen aber, daß man Papageien auch dazu bringen kann, Gegenstände richtig zu benennen. Wenn das so stimmt, dann kann ein Papagei also doch eine geistige Verbindung zwischen einem Ding und einem Wort herstellen; er weiß, was er sagt. Auf jeden Fall ist das Sprachgedächtnis von Papageien verblüffend genug. Sie können bis zu 300 Wörter in ihren Sprachschatz aufnehmen und auf Geheiß wiedergeben.

Energie

Was ist eigentlich Energie?

Energie ist die Fähigkeit, etwas zu verändern: die Temperatur von Körpern zum Beispiel oder ihre Lage oder ihre magnetischen Eigenschaften. Techniker sagen: Energie ist die Fähigkeit, Arbeit zu verrichten. Was Energie ist, verstehen wir besser, wenn wir uns überlegen, was Energie alles bewirkt. Möchten wir Wasser zum Kochen bringen, müssen wir ihm Energie (in Form von Wärme) zuführen. Wir bewirken eine Veränderung im Wasser. Seine Temperatur steigt, weil die zugeführte Wärmeenergie die Bewegung der kleinsten Wasserteilchen (der Moleküle) beschleunigt.

Ebenso benötigen wir Energie, wenn wir einen Gegenstand aufheben. Auch hier wird etwas verändert: die Lage des Gegenstandes. Energie überwindet die Schwerkraft und die Trägheit.

Früher hatten die Menschen als Energiequelle nur ihre eigenen körperlichen Kräfte – oder vielleicht die Kräfte der Haustiere. Tatsächlich kann man mit Körperkraft Hitze erzeugen, indem man zum Beispiel die Hände aneinander reibt. Die erste äußere Energiequelle, die sich Menschen zunutze machten, war die Energie von Feuer. Alles, was man anfangs mit Feuer machen konnte, war, Essen zu kochen und die Behausung zu heizen. Heute stehen uns Menschen Energiequellen zur Verfügung, die unsere eigenen Kräfte millionenfach übersteigen. Wir brauchen nicht mehr nur mit Feuer zu kochen, wir können mit Kränen tausend Tonnen heben, mit Raketen durchs Weltall fliegen und Millionenstädte bauen.

Woher kommt die Energie?

Alle Energie, die Menschen, Tiere und Pflanzen auf der Erde zum Leben brauchen, stammt ursprünglich aus der Sonne. Man kann sich die Sonne als ein ungeheures Kraftwerk vorstellen, das ständig Energie ausstrahlt. Dieses Kraftwerk wird von Atomreaktionen im Inneren der Sonne betrieben. Bei solchen „Kernfusionen" (Kernverschmelzungen) wird Masse (Materie) in Energie verwandelt. Dieses Kraftwerk ist nahezu unerschöpflich - aber auch nur nahezu: In ein paar Milliarden Jahren wird unserer Sonne der „Treibstoff" ausgegangen sein, und damit wird auch auf der Erde alles Leben erlöschen. Bis dahin jedoch wird die Sonne unfaßbare Energiemengen in den Weltraum verschleudern. Einen winzigen Bruchteil davon bekommt die Erde als Licht und Wärme ab. Dieser Bruchteil reicht aus, um Leben zu ermöglichen.

Was hat ein Holzfeuer mit Sonnenenergie zu tun?

Energie geht niemals verloren; sie kann aber ihre Form (oder ihre Verpackung) ändern, und sie kann gespeichert werden. Pflanzen brauchen Licht, um wachsen zu können; sie verwandeln Sonnenenergie und speichern sie. Als Nahrungsmittel sind sie dann eine Energiequelle für die Menschen und Tiere, die diese Pflanzen verzehren - und die darin steckende Energie wiederum verwandeln, zum Beispiel in Muskelkraft.

Aber auch wenn wir einen Holzstoß entzünden, so

wird beim Verbrennen Energie frei, die zunächst einmal von der Sonne stammt. So gesehen sind auch Kohle, Erdöl und Erdgas gespeicherte Sonnenenergie. All diese Brennstoffe bestehen aus den Überresten von Tieren und Pflanzen, die vor vielen Millionen Jahren gelebt haben und sich durch den Druck und die Hitze im Erdinneren in eben diese Brennstoffe verwandelt haben.

Weshalb müssen wir mit Energie sorgsam umgehen?

Die Natur hat viele Millionen Jahre gebraucht, um die Energie des Sonnenscheins in Form von Kohle, Erdöl und Erdgas im Inneren der Erde zu speichern. Wenn wir diese Vorräte plündern, so berauben wir unsere Nachkommen um unersetzliche Schätze. Und genau das tun wir wirklich: Die Menge an Erdöl und Kohle, die die Erde in einer Million Jahre erzeugt hat, verbrauchen wir Menschen in einem einzigen Jahr!

Zugleich bringen wir damit das empfindliche Energiegleichgewicht auf der Erde durcheinander. Denn normalerweise ist das Verhältnis der einstrahlenden Sonnenenergie zu jener Energie, die zurück in den Weltraum gestrahlt wird, ausgewogen; die Temperaturen auf der Erde sind so, daß Menschen, Tiere und Pflanzen gut damit zurechtkommen - kein Wunder, wir haben uns ja im Laufe der Erdgeschichte an genau diese Verhältnisse gewöhnt.

Wenn wir nun aber die Energievorräte plündern und verbrennen, so entstehen Gase, die verhindern, daß überschüssige Sonnenenergie in den Weltraum zurückstrahlt. Unser Planet wird immer wärmer. Man nennt das „Treibhauseffekt". (In einem Treibhaus wird mehr Sonnenwärme eingefangen als wieder abstrahlen kann.) Dieser Treibhauseffekt kann das Weltklima so durcheinanderbringen, daß sich Wüsten ausbreiten, gewaltige Stürme entstehen und das Eis der Pole schmilzt; der Meeresspiegel würde sich dann heben, und viele Küstengebiete würden überflutet.

Wie kann man Energie messen?

So wie man Entfernungen in Millimetern, Metern, Kilometern angibt, so mißt man Energiewerte in Joule (gesprochen: dschul), benannt nach dem englischen Physiker James Joule. Ein Joule ist eine winzige Energiemenge. Die Energie, die eine Kanne mit heißem Kaffee beim Abkühlen an die Umgebung abgibt, beträgt zum Beispiel 100.000 Joule. Bequemer ist es daher, mit Kilojoule/kJ (1.000 Joule) oder Megajoule/MJ (eine Million Joule) zu rechnen.

Ein Teelöffel Zucker hat beispielsweise einen Brennwert von 150 Kilojoule; ein Liter Milch von 2.800 Kilojoule; ein Kilogramm Erdöl von 44 Megajoule; die erste Atombombe hatte eine Energie von 84 Millionen Megajoule. Um die von der Sonne jährlich gelieferte Energie in Joule zu bestimmen, müßte man eine 10 mit 35 Nullen schreiben. Man kann sich diese Mühe sparen, indem man schreibt: 10^{35} J und sagt: 10 hoch 35 Joule. Die hochgestellte Zahl bezieht sich auf die Anzahl der Nullen.

Was sind Kalorien?

Früher hat man den Energiewert in der Maßeinheit Kalorie angegeben. Eine Kalorie ist die Energie, die nötig ist, um ein Gramm Wasser um ein Grad Celsius zu erwärmen.

Verschiedene Lebensmittel haben verschiedene Brennwerte (wenn wir sie verdauen, liefern sie uns Energie). Ein Erwachsener sollte täglich Nahrung mit einem Brennwert von etwa 3.000 Kalorien zu sich nehmen - es sei denn, er verrichtet schwere körperliche Arbeit und verbraucht dadurch mehr Energie; dann muß er mehr essen.

Heute gibt man Energiewerte von Brennstoffen und von Nahrungsmitteln mit Joule an. Eine Kalorie entspricht ungefähr 4.000 Joule oder 4 Kilojoule.

Wieviel Pferdestärken hat ein Mensch?

Wenn man angeben will, wieviel Energie in einer bestimmten Zeit umgesetzt werden kann, verwendet man die Maßeinheit Watt. Watt ist also das Maß für Leistung. Man braucht ja zum Beispiel, um vom ersten in den zweiten Stock eines Hauses zu gelangen, eine ganz bestimmte Menge Energie; aber je schneller man nach oben läuft, desto größer ist die Leistung.

Früher hat man Leistung in Pferdestärken oder PS angegeben. Ein PS beträgt umgerechnet 735 Watt, das sind ungefähr dreiviertel Kilowatt/kW. Bei normalen Tätigkeiten leistet ein Mensch etwa 100 Watt - soviel wie eine starke Glühbirne. Sein Herz schlägt dabei mit einer Leistung von 3 Watt – soviel wie eine kleine Taschenlampe bringt. Auf PS umgerechnet, hat ein durchnittlicher Mensch etwas mehr als ein Siebtel PS; ein durchtrainierter Sportler kann jedoch mehr als ein halbes PS leisten.

Trotz der – im Vergleich zu Maschinen – geringen körperlichen Leistung waren Menschen der Frühzeit imstande, gewaltige Bauwerke zu errichten. Die Cheops-Pyramide in Ägypten wurde ohne Maschinen aus sechs Millionen Tonnen Stein gebaut; möglich war so etwas nur in einer Sklavengesellschaft, in der Menschen wie Maschinen behandelt wurden.

Heute vervielfachen Maschinen die menschliche Arbeitskraft. Ein kleiner Traktor mit 50 Kilowatt (50 kW sind 50.000 Watt) bringt mehr Leistung als hundert Kraftsportler oder dreißig Ochsen. Ein Düsenflugzeug hat etwa 6 Megawatt/MW, das sind 6.000 Kilowatt.

Was ist potentielle Energie?

Ein Stein, den man aufhebt und in der Hand hält, „hat" zweifellos Energie; schließlich hat es Energie gekostet, ihn hochzuheben – und sein Gewicht zieht den Stein auch „energisch" nach unten. Wir sagen, der Stein besitzt „potentielle" Energie. *Potentiell* kommt aus dem Lateinischen und heißt soviel wie: möglich, zu etwas fähig.

Diese potentielle Energie ist sozusagen in diesem Stein gespeichert – solange er hochgehalten wird. Läßt man ihn fallen, verwandelt sich die potentielle Energie in sogenannte „kinetische" Energie, in

Bewegungsenergie. Das griechische Fremdwort *kinetisch* bezieht sich auf Sachen, die mit Bewegung zu tun haben. (Im „Kino“ - dieselbe Wortwurzel wie *kinetisch* - bewegen sich die Bilder.)

Wie kann man potentielle Energie nutzen?

Ein wichtiges Beispiel dafür, wie man potentielle Energie nutzen kann, ist der Staudamm eines Kraftwerks. Hinter der Staumauer wird Wasser aufgestaut und künstlich auf einer bestimmten Höhe gehalten. Ein Staudamm speichert Wasser, aber in Wirklichkeit geht es um die potentielle Energie des vom Damm zurückgehaltenen Wassers.

Läßt man nämlich das Wasser gezielt über Kanäle abfließen und eine Turbine antreiben, so verwandelt man die potentielle Energie in Bewegungsenergie. Je schneller sich das Wasser bewegt und durch die Turbinen schießt, desto mehr Energie wird frei.

Potentielle Energie besitzt auch eine zusammengedrückte Feder oder die gespannte Sehne eines Bogens. Läßt man Feder oder Sehne los, verwandelt sich potentielle Energie in kinetische Energie. Die Feder hüpft weg, die Sehne setzt einen Pfeil in Bewegung.

Wie kann aus Kohle Licht werden?

Einem Menschen des Mittelalters müßte es wie pure Zauberei erscheinen, wenn sich jemand anschicken wollte, aus Kohle Licht zu erzeugen - oder mit Erdöl einen Wagen zu bewegen. Doch der Zauber besteht bloß darin, gespeicherte Energie zu nutzen und eine Energieform in eine andere zu verwandeln.

Kohle wird verbrannt; dabei wird die in der Kohle gespeicherte Sonnenenergie in Hitze verwandelt. Die Hitze läßt Wasser verdampfen; die Bewegungsenergie des sich mit ungeheurer Kraft ausdehnenden Dampfes überträgt sich auf die Schaufelräder von Turbinen, die damit in Bewegung gesetzt werden. Diese Bewegungsenergie wird im Stromgenerator in elektrische Energie umgewandelt; die elektrische Energie fließt durch den Draht der Glühbirne, der Draht wird heiß (Wärmeenergie) und beginnt zu glühen; ein Teil der Hitze des Drahtes wird als Lichtenergie abgestrahlt.

Beim Autofahren wird die im Erdöl gespeicherte potentielle Energie durch den Motor direkt in Bewegungsenergie umgesetzt; dabei wird jedoch der größte Teil der Energie als Wärmeenergie unnütz verpufft. Der Kühler eines Automotors dient im Grunde zu nichts anderem, als die erzeugte Hitze möglichst schnell an die Umgebung abzugeben.

Was ist ein Perpetuum mobile?

Seit sich Menschen mit dem Geheimnis der Energie beschäftigen, versuchen sie, Energie mit möglichst wenig Aufwand zu gewinnen. Am schönsten wäre es natürlich, Energie aus nichts zu erzeugen - eine Maschine zu bauen, die Energie aus sich selbst heraus produziert. So eine Maschine nennt man „Perpetuum mobile“. Das ist lateinisch und meint: etwas, was sich fortwährend bewegt - ohne daß es mit Energie gefüttert werden müßte. Ein derartiges Perpetuum mobile würde natürlich alle Energieprobleme der Menschheit lösen. Leider funktioniert es nicht, wie auch die pfiffigsten Erfinder immer wieder feststellen mußten.

Ein bekanntes Beispiel für so eine Maschine ist die Getreidemühle, die der Engländer Robert Fludd vor 400 Jahren konstruiert hat. Seine Wassermühle sollte von immer derselben Wassermenge angetrieben werden. Das Wasser, stellte sich der Erfinder vor, sollte das Mühlrad antreiben, das Mühlrad sollte den Mühlstein drehen, aber zugleich sollte der Mühlstein das Wasser wieder hochpumpen, damit es das Mühlrad neuerlich antreibt. Schön ausgedacht - doch es ging einfach nicht.

Warum kann ein Perpetuum mobile nicht funktionieren?

Energie kann man im Grunde nicht „erzeugen“. Man kann lediglich potentielle (gespeicherte) Energie befreien, indem man zum Beispiel einen hochgehobenen Stein fallen oder das Wasser eines Staudammes abfließen läßt. Und man kann eine Energieform in eine andere verwandeln: Bewegungsenergie in elektrische Energie (im Stromgenerator) oder elektrische Energie in Wärme- und Lichtenergie (in der Glühbirne) oder Sonnenenergie in elektrische Energie (in Solarzellen) oder chemische Energie in Wärme (beim Verbrennen von Kohle) und so weiter.

Die Summe der Energie insgesamt jedoch bleibt immer gleich. Das erste Energiegesetz sagt: Energie geht niemals wirklich verloren. Auch wenn beim Autofahren ein Teil der im Benzin gespeicherten Energie nicht in Bewegungsenergie übertragen, sondern als Wärme abgegeben wird, so erhitzt ein fahrendes Auto doch das Kühlwasser, und diese Hitze erwärmt die Umgebung. Auch hier wird Energie verwandelt - ungewollt allerdings, denn natürlich wäre es besser, mehr Energie in Bewegung als in nutzlose Hitze umzusetzen. Energie geht nie verloren, aber sie entsteht auch nicht aus nichts. Es gibt keine Maschine, aus der mehr herauskommt, als in irgendeiner Form hineingesteckt wird. Deshalb werden Erfinder, die ein Perpetuum mobile konstruieren wollen, heute nicht mehr ernstgenommen.

Wohin verschwindet die Energie des Hochspringers?

Wenn die Summe der Energie immer gleich bleibt und nie verlorengeht, dann müßten wir eigentlich in einem Schlaraffenland der Energie leben, und es wäre Unsinn, Energie zu sparen. Leider stimmt das so nicht. Es gibt nämlich ein zweites Energiegesetz. Und das lautet: Die Umwandlung von einer Energieform in eine andere Form läuft immer nur in einer Richtung, man kann diese Richtung nicht umdrehen. Und bei jeder Umwandlung entsteht Wärme.

Stellen wir uns einen Hochspringer vor. Er hat tüchtig gegessen und ist gut in Form. Die Nahrungsenergie verwandelt er jetzt in Bewegungsenergie. Er läuft an, springt hoch - so hoch, bis seine Bewegungsenergie erschöpft ist. Am höchsten Punkt seines Sprungs, gerade oberhalb der Latte, hat er potentielle Energie gespeichert. Jetzt fällt er auf der anderen Seite herunter - aus der potentiellen Energie ist wieder Bewegungsenergie geworden. Schließlich liegt er auf der Matte und freut sich, daß er den Sprung geschafft hat, ohne die Latte abzuwerfen. Aber was ist aus seiner Bewegungsenergie geworden? Ist die jetzt verschwunden?

Sie ist nicht verschwunden, sondern hat sich wieder verwandelt, und zwar in Wärmeenergie. Würde man die Temperatur der Matte messen, so könnte man das sehen. Die Energie ist als Wärme vorhanden und würde eigentlich ausreichen, um den Hochspringer wieder hochzuschleudern. Aber das geht nicht. Für uns ist diese Energiemenge verloren. Wir können den Prozeß des Energieaustausches nicht umkehren - so wenig wie wir den Lauf der Zeit umkehren können.

Wohin fließt Energie?

Der natürliche Fluß von Energie läuft wie ein Wasserfluß immer nur vorwärts und immer nur abwärts. Auf diesem Weg verrichtet Energie Arbeit - sie bewirkt Veränderungen. Doch so, wie man mit Wasserkraft Energie erzeugen kann, die einen Teil des Wassers wieder hochpumpt, so kann man auch einen Teil der abgeflossenen Energie wieder zurückholen - aber leider nur einen Teil. Denn bei jeder Umwandlung von Energie entsteht als „Abfall“ Wärme. Je weniger „Abfall“ entsteht, desto besser wird die Energiequelle genutzt.

Was ist der Wirkungsgrad?

Je weniger unerwünschte Wärmeenergie eine Maschine erzeugt, desto wirtschaftlicher arbeitet sie. Ein Fahrrad zum Beispiel setzt 95 Prozent der Körperkraft in Bewegungsenergie um; nur 5 Prozent der Energie gehen als Wärme verloren - und zwar durch die Reibung der Kugellager in den Achsen, durch die Reibung des Kettenantriebs und zwischen Reifen und Straße. Dieses Verhältnis zwischen Energieeinsatz und Energieausbeute nennt man „Wirkungsgrad“. Wenn ein Fahrrad also einen Wirkungsgrad von 95 Prozent hat, so hat ein Auto einen Wirkungsgrad von 20 bis 25 Prozent: Nur ein Viertel oder ein Fünftel der eingesetzten Energie wird für die Fortbewegung genutzt, der Rest geht als Abwärme verloren.

Welches Fahrzeug braucht am wenigsten Energie?

Wenn man die Wirtschaftlichkeit eines Fahrzeuges berechnet, so muß man immer auch bedenken, wie viele Fahrgäste es transportiert. Denn die aufgewendete Energie kommt ja allen Mitreisenden zugute.

Die Energie, die für eine gewisse Strecke aufgewendet werden muß, wird also durch die Anzahl der beförderten Fahrgäste geteilt. Heraus kommt bei dieser Rechnung die sogenannte „Transportleistung“. Bei einem Fahrrad beträgt die Transportleistung auf einen Kilometer 50 Kilojoule. Gleich dahinter kommt - mit 100 Kilojoule - die Eisenbahn. Ein Zug benötigt zwar sehr viel Energie, kann aber auch eine große Zahl von Fahrgästen befördern. Die Eisenbahn ist damit das wirtschaftlichste Verkehrsmittel für längere Strecken; Zugreisende verbrauchen pro Person nur doppelt soviel Energie wie ein Fahrradfahrer. Ein Autobus hat eine Transportleistung von 150 Kilojoule pro Kilometer, ein Auto hingegen schon 750 Kilojoule. Flugreisende in einem großen Flugzeug verbrauchen 900 Kilojoule. Am meisten Energie verbraucht ein Motorradfahrer: 1.000 Kilojoule - zehnmal soviel wie ein Radfahrer.

Bei all diesen Rechnungen muß man natürlich bedenken, daß ein Radfahrer als Brennstoff kein Benzin verwendet, sondern die Lebensmittel, die er gegessen hat und deren Energie er - teilweise - in Bewegungsenergie verwandelt.

Energie aus Wasser

Was ist der Kreislauf des Wassers?

Wasser ist eine der Lebensgrundlagen unserer Erde. Die Erdoberfläche besteht zu mehr als zwei Dritteln aus Wasser. Auch alles Lebendige selbst ist zu einem guten Teil Wasser – der menschliche Körper zum Beispiel zu 65 Prozent. Gewaltige Wassermengen sind an den Polkappen zu Eis gefroren. Ein großer Teil des Wassers ist unaufhörlich in Bewegung: Es verdunstet über offenen Gewässern, sammelt sich in Wolken, regnet oder schneit ab und fließt in Bächen, Flüssen und Strömen wieder direkt dem Meer zu. Oder es versickert in der Erde, sammelt sich unterirdisch und tritt in Quellen erneut an die Oberfläche, wo es in Flüsse mündet. Nur etwa ein Zwanzigstel des Regenwassers wird von Lebewesen direkt aufgenommen und verwertet.

Was hält diesen Wasserkreislauf im Gang?

Die ursprüngliche Quelle für die gesamte Energie auf unserer Erde (ausgenommen die Atomkraft) ist die Energie der Sonne. Die Strahlung der Sonne läßt (als Wärme) Wasser verdunsten und als Wolken aufsteigen. Und die Sonnenwärme ist auch verantwortlich dafür, daß Winde wehen und die Wolken über Tausende von Kilometern transportieren. Die Schwerkraft läßt das Wasser (bei Regen und Schnee) wieder zurückströmen auf die Erde.

Warum schmeckt Regen nicht salzig?

Wenn Meerwasser verdunstet, so bleiben die Mineralstoffe des Meerwassers (vor allem Salz) zurück. Aus dem Meer steigt also Süßwasser auf. Auf seinem Weg über das Land zurück ins Meer wäscht das Wasser immer wieder neue Salze aus Erde und Gestein; diese Mineralstoffe bleiben im Meer gefangen. Deshalb werden Meere im Laufe von Jahrmillionen auch immer salziger.

Warum ist Süßwasser so kostbar?

Nur ein ganz geringer Teil des Wassers, das es auf der Erde gibt, ist Süßwasser. 97 Prozent sind Meerwasser und salzig. Es kann nicht getrunken werden und ist auch für die Bewässerung von Feldern unbrauchbar. Das Meerwasser ließe sich zwar auf verschiedene Weise entsalzen, doch sind all diese Verfahren aufwendig und kostspielig. Selbst von den übrigen 3 Prozent Süßwasser läßt sich nur ein Bruchteil als Trinkwasser oder zur Bewässerung oder für die Industrie verwenden. Drei Viertel des Süßwassers auf der Erde befinden sich gefroren in den polaren Eiskappen und Gletschern. Bleibt also nicht einmal 1 Prozent des Wassers auf der Erde für den Bedarf von Menschen, Tieren und Pflanzen. Auf einfache Weise kann Süßwasser nur aus dem Grundwasser (wo sich das versickernde Wasser sammelt) und aus Flüssen und Seen gewonnen werden. Dieser kostbare Schatz wird allerdings durch giftige Abwässer aus Industrie und Landwirtschaft immer mehr bedroht. In den meisten Gegenden Zentraleuropas kann man das Brunnenwasser gar nicht mehr trinken, ohne krank zu werden. Das Trinkwasser für Städte wird daher oft über Hunderte von Kilometern aus weniger verseuchten Gebieten herangeschafft.

Wie kann man Meerwasser entsalzen?

Die einfachste Methode, Meerwasser zu entsalzen, besteht darin, die Natur nachzuahmen. In der Natur wird Salzwasser entsalzt, indem es zum Verdunsten gebracht wird; das Salz bleibt im Meer, und der Regen ist salzfrei. Dasselbe kann man auch mit Maschinen machen: Meerwasser wird erhitzt; es verdampft; der Dampf wird abgekühlt und ist wieder Wasser - diesmal jedoch Süßwasser. Um größere Wassermengen zu entsalzen, braucht man allerdings riesige Mengen Energie. Im Nahen Osten, wo sehr viel Trinkwasser aus Meerwasser gewonnen wird, setzt man dazu Erdöl ein, das man dort praktisch umsonst hat. Für andere Länder wäre das viel zu teuer.

Seit kurzer Zeit versucht man auch, Sonnenenergie direkt zur Entsalzung von Meerwasser zu benutzen. Das Prinzip dabei ist folgendes: Man überspannt einen Teich mit einem Glashaus. Im Inneren wird es sehr heiß. Das Wasser verdunstet, kann jedoch nicht in den Himmel steigen. Es kühlt am Glasdach ab, verwandelt sich in Wasser zurück und läuft am Glas entlang in Auffangrinnen.

Wie könnte man Süßwasser in wasserarme Gebiete schaffen?

In Australien, in denen weite Gebiete von Trockenheit geplagt werden, hat man eine Methode entwikkelt, vorüberziehende Wolken zu „melken". Dabei streuen Flugzeuge in den Wolken winzige Kristalle einer chemischen Substanz (Silberjod) aus. Durch den Kontakt mit diesen Kristallen vergrößern sich die Wassertröpfchen in den Wolken so, daß sie schwer genug sind, um als Regen zur Erde zu fallen. Diese Methode wird nur eingesetzt, wenn durch die

Trockenheit schwere Schäden drohen. Denn dieser „künstliche Regen“ kann sehr heftig werden und doppelte oder dreifache Wassermengen niedergehen lassen.

Die Insel Gran Canaria, eine der Kanarischen Inseln, hat für ihre zahlreichen Touristen viel zu wenig Wasser. Dort überlegt man sich, einen Wassersupertanker einzusetzen. Dieses Schiff, ein ehemaliger Erdölsupertanker, soll zwischen der regenreichen Insel Madeira und Gran Canaria hin und her fahren und dabei jedesmal einige Millionen Liter Trinkwasser herbeischaffen.

Es gibt auch Pläne, nach denen Eisberge dorthin geschleppt werden sollen, wo Süßwasser gebraucht wird. Eisberge sind gewaltig gefrorene Süßwassermassen, die sich in Gebieten um den Nord- und Südpol gebildet haben. Sie sind oft so riesig, daß während der langsamen Fahrt über die Meere ruhig die Hälfte abschmelzen könnte. Ein einziger Eisberg könnte dann noch immer eine Millionenstadt viele Monate lang mit Trinkwasser versorgen.

Wie kann man Wasserkraft nutzen?

An bestimmten Stellen des Wasserkreislaufes kann man eingreifen und Energie abzapfen. Diese Stellen sind dort, wo sich Wassermengen in Bächen und Flüssen ihren Lauf zurück zum Meer bahnen. Dabei nützt man das Gewicht der Wassermassen aus und leitet es auf Schaufeln, die sich unter dem strömenden oder fallenden Wasser drehen und dabei Arbeit verrichten.

Was ist der Unterschied zwischen alten und modernen Wasserkraftwerken?

Früher hat man die Kraft des fließenden Wassers direkt genutzt, zum Beispiel um Mühlsteine in Wassermühlen zu bewegen. Dabei wurde das Wasser von Flüssen und Bächen auf ein Wasserrad geleitet, das mit der Mühle direkt verbunden war. Das Wasser fiel dabei entweder von oben auf das Mühlrad und trieb es durch sein Gewicht an (man spricht dann von einem „oberschlächtigen Wasserrad"), oder das Rad stand mit seinem unteren Teil im fließenden Wasser und drehte sich durch die Strömung („unterschlächtiges Wasserrad"). In manchen mittelalterlichen Klöstern betrieb so ein Wasserrad nicht nur die Getreidemühle, sondern über ein System von Achsen und Zahnrädern auch große Küchenmaschinen zum Stampfen, Rühren und Kneten. Später lieferten Wasserräder Kraft für Industrieanlagen. Der Nachteil der direkten Wasserkraft besteht darin, daß die Energie am Ort ihrer Erzeugung verbraucht werden muß. Heute erzeugt man in Wasserkraftwerken elektrischen Strom. Der Strom kann als elektrische Energie dorthin geleitet werden, wo man ihn braucht.

Wie wird die Wasserkraft für Kraftwerke gezähmt?

Wasser hat ungeheure Kraft. Im Laufe der Geschichte hat es Täler ausgehoben, Berge durchschnitten und ganze Länder geformt. Um in großem

Ausmaß aus Wasser Energie gewinnen zu können, müssen diese Kräfte gezähmt werden. Meistens baut man dazu Staumauern, die das Flußwasser auf dem Weg vom Gebirge ins Meer aufstauen und einen künstlichen See schaffen. Mit dem Wasser sammelt sich hinter der Staumauer auch Energie an, die je nach Bedarf gespeichert oder genutzt werden kann.

Die Energie wird frei, wenn man das Wasser in steilen Kanälen durch die Mauer hinunterstürzen läßt. Im Kraftwerk betreibt dieses Wasser Turbinen, die die Drehung (mechanische Kraft) in elektrische Energie umwandeln. Vom Kraftwerk aus führen Kabel den Strom zu den Stromverbrauchern. Den so erzeugten Strom nennt man „hydroelektrisch" (das griechische Wort *hydro* bezeichnet Dinge, die mit Wasser im Zusammenhang stehen).

Wie kann man Staudämme in Flüsse bauen?

Staudämme oder Staumauern sind oft gewaltige Anlagen, die manchmal (vor allem in Alpentälern) so hoch wie Wolkenkratzer werden und die Flüsse zu kilometerlangen Seen aufstauen. Ein Hauptproblem besteht darin, daß der Fluß während der Bauzeit ja nicht verschwindet! Bei vielen Bauanlagen muß man ihn daher vor Baubeginn komplett umleiten. Man gräbt ein neues Bett für ihn, durch das er während der Bauzeit fließen kann. In engen Tälern, wo man nicht ausweichen kann, bohrt man sogar Tunnels, um die Wassermassen an der Baustelle vorbeizuschleusen. Wenn eine Umleitung nicht möglich ist, errichtet man den Staudamm vorsichtig Stück für Stück und schleust die Wassermassen durch immer neue Behelfskanäle.

Was ist der Unterschied zwischen einer Staumauer und einem Staudamm?

Staumauern sind steile, oft hochhausgroße und mehrere Dutzend Meter starke Mauern aus Beton und Stahlbeton. Sie werden dort errichtet, wo das gestaute Wasser hoch ansteigen soll, also vor allem in engen Gebirgstälern. Staudämme werden aus Steinen, Erde und Kies aufgeschüttet. Unten, wo die Dämme dem stärksten Wasserdruck ausgesetzt sind, müssen sie sehr breit sein. Um sie wasserundurchlässig zu machen, haben sie eine Kernschicht aus dichtem Material, zum Beispiel Lehm. Auch der Untergrund solcher Anlagen muß bis in große Tiefen gesichert und abgedichtet werden, um zu gewährleisten, daß sich das Wasser keinen unterirdischen Weg bahnen und den Damm oder die Mauer unterspülen kann.

Stauanlagen müssen ungeheure Kräfte bändigen und vollkommen sicher sein. Bei einem Bruch würden sich unvorstellbare Wassermassen ihren Weg freikämpfen und ganze Täler und Landstriche verwüsten.

Wie kann man Staudämme gegen Hochwasser sichern?

Stauanlagen sind so gebaut, daß sie bei Hochwasser umgeschaltet werden können. Das überschüssige Wasser stürzt dann durch sogenannte „Überlaufkanäle“ die Staumauer hinunter, ohne die Anlage selbst zu beschädigen. Die Gewalt der fallenden Wassermassen wird durch riesige Betonblöcke gebrochen. Ansonsten bestände die Gefahr, daß das aufgestaute Hochwasser das ganze Flußtal mit sich reißt.

Im übrigen können auch Kraftwerke die Auswirkungen von Hochwasser mildern. Man kann nämlich die Stauhöhe durch Schleusen regulieren. Wenn viele Kraftwerke an einem Fluß hintereinander liegen, so läßt sich ein Teil des Hochwassers in den Staubecken abfangen. Damit verhindert man, daß der Fluß allzusehr über die Ufer tritt und Städte und Dörfer überschwemmt.

Was ist eigentlich elektrischer Strom?

Elektrischer Strom ist Energie, die auf der Bewegung von winzigen Materieteilchen, den Elektronen, beruht. Strom ist ein natürliches Phänomen; Blitze sind zum Beispiel elektrische Entladungen. Auch in Menschen und Tieren fließen schwache Ströme, etwa beim schlagenden Herzen oder im Gehirn. – Strom, wie wir ihn normalerweise kennen, wird in Kraftwerken, und zwar in sogenannten „Generatoren“, erzeugt. (*Generator* kommt aus dem Lateinischen und heißt wörtlich: Erzeuger.)

Wie wird Strom erzeugt?

Es gibt verschiedene Wege, Strom (also die Bewegung von Elektronen) zu erzeugen. Die heute wichtigste Form der Stromerzeugung macht sich folgende physikalische Erscheinung zunutze: Wenn man Draht an einem Magneten vorbeiführt, so beginnt in diesem Draht Strom zu fließen. Bei einem einfachen Generator ist der Draht zu einer Spule aufgewickelt; man führt die Spule mit ihren vielen Wicklungen nun aber nicht an einem Magneten vorbei (was unpraktisch wäre), sondern dreht einen Magneten im Inneren der Spule (oder die Spule dreht sich um den Magneten; das Prinzip bleibt gleich). An den Enden des Drahtes kann man Strom abnehmen. Jetzt braucht man allerdings Kraft, will man die Sache in Bewegung setzen und halten. Man muß mechanische Kraft hineinstecken, um elektrische Kraft herauszubekommen. Beim Fahrraddynamo zum Beispiel wird der Dynamokopf durch den Reifen des Fahrrades angetrieben. Eine solche mechanische Energie liefert auch die Wasserkraft. Das Wasser stürzt aus dem Speicherbecken (dem Stausee) durch ein System von Kanälen zum Maschinenhaus, wo es mit gewaltigem Druck auf die Schaufeln der Turbine trifft und die Turbine antreibt.

Was sind Turbinen?

Turbinen sind gewaltige Kraftmaschinen zur Stromerzeugung, die fest im Fundament des Maschinenhauses verankert sind. Das Prinzip funktioniert wie beim altertümlichen Mühlrad: Strömendes Wasser setzt ein Rad in Bewegung. Eine Achse gibt diese Bewegung weiter und dreht nun allerdings keine Mühlsteine, sondern einen riesigen Generator. – Moderne Wasserkraftwerke sind ausgetüftelte, hochkomplizierte Anlagen, die so gebaut sind, daß sie die Wasserkraft bestmöglich nutzen.

Zunächst stürzt das Wasser durch häuserdicke Rohre in Richtung Turbine. Der Zufluß zu diesen Rohren wird durch Schiebetore reguliert. Außerdem sichern Rechen (Stahlgitter) den Zufluß vor größeren Gegenständen, die die Turbinen beschädigen könnten. Die Rohre selbst sind mit Stahl ausgekleidet, da Beton über kurz oder lang von den Wassermassen aufgerissen würde. Vor dem Maschinenhaus verengen sich die Rohre. Dadurch fließt das Wasser noch schneller und trifft jetzt mit gewaltigem Druck auf die Schaufeln der Turbine. Die Turbine dreht sich, und mit ihr dreht sich der Generator. Je schneller sich die Turbine dreht, desto schneller läuft der Generator, und desto mehr Strom wird erzeugt. – Auch der Fahrraddynamo gibt mehr Strom bei schnellerer Fahrt, und die Lampe leuchtet deshalb heller. Das Kraftwerk kann sich auf den jeweiligen Strombedarf gut einstellen, indem es mehr oder weniger Wasser über die Turbinen laufen läßt und indem es Turbinen dazu- oder abschaltet.

Seit wann gibt es Turbinen?

Die ersten Turbinen wurden 1827 in Frankreich gebaut. Sie hatten allerdings noch nichts mit Stromerzeugung zu tun. Diese Turbinen waren verbesserte

Wasserräder, die den damaligen Fabriken die nötige mechanische Energie lieferten. Das erste echte turbinengetriebene Wasserkraftwerk zur Stromerzeugung wurde 1891 in Frankfurt am Main errichtet.

Was ist ein Pumpspeicherwerk?

Normale Wasserkraftwerke verwenden die Kraft des Wassers, das vom Gebirge zum Meer hinabfließt und dabei die Turbinen antreibt. Einmal genutzt, fließt das Wasser weiter dem Meer zu.

Ein Pumpspeicherwerk jedoch arbeitet immer mit demselben Wasser. Dieses Wasser fließt zwischen zwei Speicherbecken - einem hochgelegenen und einem tiefer gelegenen - hin und her. Das Pumpspeicherwerk funktioniert im Grunde wie eine riesige wiederaufladbare Batterie - mit dem Unterschied, daß nicht Strom gespeichert wird, sondern das Wasser, das zur Stromerzeugung dient.

Ein solches Kraftwerk liefert sogenannten „Spitzenstrom". Das heißt, es wird dann zugeschaltet, wenn viel Strom verbraucht wird - etwa in der Mittagszeit, wenn zahlreiche Elektroherde in Betrieb sind. Bei diesen Verbrauchsspitzen strömt das Wasser über die Turbinen vom oberen in den unteren Speichersee.

Zu Zeiten jedoch, in denen wenig Strom verbraucht wird (zum Beispiel in den frühen Morgenstunden), pumpt das Kraftwerk das Wasser vom unteren Speichersee wieder hoch in den oberen. Dabei läuft alles genau umgekehrt: Die Turbinen arbeiten wie Pumpen und die Generatoren wie Elektromotoren, welche die Pumpen betreiben. Der Strom für diesen „Rückwärtsgang" kommt aus anderen Kraftwerken, die zu nachtschlafender Zeit mehr Strom erzeugen, als verbraucht wird.

Im Gegensatz zu den Öl- und Kohlekraftwerken, die rund um die Uhr laufen müssen, kann das Pumpspeicherwerk je nach Strombedarf ein- und ausgeschaltet werden; und es verwendet den überschüssigen Strom anderer Kraftwerke auf sinnvolle Weise.

Kann man auch mit Ebbe und Flut Strom erzeugen?

Zweimal täglich steigt und fällt bei Ozeanen der Wasserspiegel - in manchen Gebieten wenige Zentimeter, anderswo (wie an der französischen Atlantikküste) über zehn Meter. Dort hat man an der Mündung des Rance-Flusses das erste Gezeitenkraftwerk der Welt gebaut; die breite Flußmündung dient als natürliches Speicherbecken.

Die gesamte Bucht wurde mit einem riesigen, 700 Meter langen Staudamm abgesperrt, in den 24 Turbinen eingebaut wurden. Herrscht auf dem Meer Flut, so ist der Wasserspiegel draußen höher als auf der Seite der Bucht. Jetzt kann das Wasser durch die Röhren im Damm fließen und dabei die Turbinen antreiben. Nach und nach steigt durch diesen Zufluß auch das Wasser in der Bucht, bis schließlich der Punkt erreicht ist, wo drinnen und draußen das Wasser gleich hoch steht. Jetzt fließt kein Wasser mehr, und die Turbinen stehen, bis die Ebbe einsetzt.

Sobald der Wasserspiegel auf dem offenen Meer

wieder sinkt, läßt man das Wasser aus der Stauseebucht in die umgekehrte Richtung zurückfließen. (Die Turbinen sind so gebaut, daß sie in beiden Richtungen arbeiten können.)

Es gibt auf der Welt nur sehr wenige Gezeitenkraftwerke. Der Grund dafür liegt darin, daß es nur wenige Plätze an Küsten gibt, wo man solche Kraftwerke bauen kann, ohne die Natur allzusehr zu zerstören. Außerdem müssen die Unterschiede zwischen Flut und Ebbe recht groß sein, damit sich der Aufwand lohnt.

Der Gedanke, mit Hilfe von Ebbe und Flut Energie zu gewinnen, ist nicht neu. Schon vor über 900 Jahren wurden vor allem in England Gezeitenmühlen gebaut, die im kleinen Maßstab nach demselben Prinzip arbeiteten wie das Kraftwerk an der Rance.

Warum nutzt man nicht die Kraft der Meereswellen zur Energiegewinnung?

Mit Urgewalt branden Meereswellen Tag für Tag, Jahr um Jahr an viele Küsten. Gewaltige Kräfte sind hier am Werk. Doch bisher waren Menschen noch nicht in der Lage, die Kraft der Meereswellen zur Energieerzeugung zu nutzen.

Überlegungen und Modelle hingegen gibt es reichlich. Eine solche utopische Maschine ist „die nickende Ente“. Das ist eine lange Reihe von riesigen Klappen, die an einer zentralen Stange (Achse) montiert sind. Die Wellen sollen nun die Klappen („Enten“) auf und ab bewegen und diese Kraft auf die Achse übertragen. Die Achse wiederum setzt einen Generator in Bewegung, der Strom erzeugt und über Kabel ans Land liefert. Die ganze Maschine soll vor der Küste im Wasser schwimmen.

Eine andere Idee sieht vor, eine Reihe von hohlen Betonkästen im Meer treiben zu lassen, deren Oberseite durch Schläuche verschlossen ist. Diese Schläuche ragen knapp über das Wasser. Bei Wellen werden sie durch den Wasserdruck zusammengepreßt. Die Preßluft aus Hunderten dieser gewaltigen Kammern würde eine Windturbine antreiben.

In Japan wurde schon 1965 ein mit Wellen betriebener Windgenerator entwickelt. Hier steht eine Betonkiste im flachen Wasser, die zu den Wellen hin offen ist. An der Oberseite befindet sich eine Turbine, die durch Luftströme aus einem Windrad angetrieben wird. Wenn eine Welle kommt, hebt sich im Inneren der Kiste der Wasserspiegel; die Luft wird zusammengepreßt und pfeift durch das Windrad. Bei einem Wellental sinkt das Wasser in der Kiste wieder, und es wird Luft angesaugt, die wiederum die Turbine antreibt - diesmal umgekehrt.

Verschiedene Länder mit Meeresküsten interessieren sich seit neuestem für die Entwicklung der Wellenkraftwerke. Lange Zeit hatten Regierungen fast ausschließlich die Erforschung der Atomkraft unterstützt. Einer der Gründe lag vielleicht mit darin, daß sich Atomenergie auch für militärische Zwecke nutzen läßt. Doch seit der Atomkatastrophe von Tschernobyl hält man Atomkraftwerke nicht mehr für so sicher wie vorher.

Wie funktionieren Wärmekraftwerke?

In Wärmekraftwerken werden Brennstoffe wie zum Beispiel Kohle, Erdgas oder Erdöl verbrannt; die Hitze verwandelt Wasser in Wasserdampf, der wiederum Turbinen (und damit Stromgeneratoren) antreibt. Der Wasserdampf kühlt ab, verwandelt sich in Wasser zurück, wird wieder aufgeheizt und so weiter. In kleineren Wärmekraftwerken können auch andere Brennstoffe als die sogenannten „fossilen Brennstoffe" Kohle, Erdgas und Erdöl verheizt werden, zum Beispiel Stroh oder schnellwachsendes Holz. Diese Brennstoffe gelten als erneuerbar.

Was sind fossile Brennstoffe?

Brennstoffe, die in unendlich langen Zeiträumen vor vielleicht 200 oder 300 Millionen Jahren entstanden sind, nennt man „fossile Brennstoffe". Im Grunde handelt es sich dabei um die Überreste von Tieren und Pflanzen, die sich durch Druck und Hitze im Erdinneren und durch die lange Zeit in Kohle, Erdöl und Erdgas verwandelten. Fossil (wörtlich: verknöchert) ist dabei eigentlich nur die Kohle. Doch da Erdöl und Erdgas auf ähnliche Weise entstanden sind, zählt man sie einfach dazu. Diese fossilen Brennstoffe werden auch „nicht erneuerbare Energiequellen" genannt. Denn einmal verbrannt, sind sie verloren. (Und man muß wieder einige hundert Millionen Jahre warten.) Im Gegensatz dazu stehen die erneuerbaren Energiequellen wie Sonnenenergie, Wind- und Wasserkraft. Sie kann man nicht verbrauchen, solange die Sonne überhaupt scheint. Erneuerbare Energiequellen sind auch Pflanzen, die man verheizen oder aus denen man brennbares Öl gewinnen kann.

Energie aus Kohle

Woraus besteht Kohle?

Alle unsere Kohlearten sind das Ergebnis eines Millionen Jahre dauernden Vorgangs, bei dem sich die Überreste von riesigen, farnartigen Gewächsen zersetzt und unter hohem Druck in Kohle verwandelt haben. Kohle besteht aus den Elementen Kohlenstoff, Wasserstoff und Sauerstoff. Die Zusammensetzung bestimmt die Art und die Qualität der Kohle. Es gibt Braunkohle (als schlechteste Kohle mit dem geringsten Heizwert), Kännelkohle, Bitumenkohle und den hochwertigen Anthrazit.

Wie konnte aus Pflanzen Kohle werden?

Der erste Schritt bei der Entstehung von Kohle ist die Verwandlung von Pflanzen in Torf. Dies ist ein Prozeß, der heute noch in weiten Teilen der Welt überall dort abläuft, wo Pflanzen in sumpfigem Gebiet absterben. Aus den vermodernden Pflanzenresten wird im Laufe von Jahrhunderten eine feste Schicht. In manchen Ländern, zum Beispiel in Irland, ist schon Torf ein wichtiger Energielieferant. Dort werden mit Torf Häuser beheizt und Kraftwerke betrieben.

Der urzeitliche Torf allerdings wurde vielfach von Sand und Schlamm bedeckt und geriet damit unter sehr starken Druck. Schließlich bildete er eine feste Schicht.

Druck erzeugt Hitze. Ein Verbrennen ist freilich nur dort möglich, wo Luft (Sauerstoff) ist. Der Torf „verkohlte“ daher zu Braunkohle, welche die weichste und am schlechtesten brennende Kohle ist. Außerdem ist Braunkohle durch ihren hohen Anteil an Schwefel ein gefährlicher Luftverpester. Sie sollte deshalb, wenn überhaupt, nur in Kraftwerken mit guten Filteranlagen verbrannt werden.

Welche Kohle kommt am häufigsten vor?

Torf- und Braunkohleschichten sanken im Lauf der Jahrmillionen immer tiefer in die Erde ein; darüber wuchsen neue Wälder und bildeten, wenn sie wieder abstarben, neue Torfschichten. Unter diesem Gewicht veränderte sich die Braunkohle weiter und wurde zunehmend dichter. Eine fünfzig Meter hohe Torfschicht wurde schließlich zu einem etwa drei Meter hohen „Kohleflöz“. So nennt man die kohleführenden Schichten in der Erde.

Aus der Braunkohle wurde die Bitumenkohle, die häufigste Kohleart auf der Erde. Bitumenkohle kann sehr verschieden, von glasig bis rußig aussehen und tritt oft gemeinsam mit der Kännelkohle auf, die besonders leicht brennbar ist.

Was ist Anthrazitkohle?

Noch höherer Druck und noch höhere Temperaturen verwandeln Bitumenkohle schließlich in Anthrazit. Das ist die härteste aller Kohlearten und besteht fast nur aus reinem Kohlenstoff. Dem Anthrazit merkt man seine pflanzliche Herkunft kaum noch an. Anthrazit, Bitumen- und Kännelkohle werden wegen ihrer Beschaffenheit auch „Steinkohle" genannt.

Wofür wird Kohle gebraucht?

Kohle wird zumeist für die sogenannte „Verstromung" gebraucht - das ist die Umwandlung der gebundenen Energie in elektrischen Strom. Kohle wird aber auch in Öfen verheizt und in der chemischen Industrie verwendet.

Wärmekraftwerke, die mit Kohle betrieben werden, stehen meistens in der Nähe der Bergwerke. Dadurch erspart man sich den Transport der Kohle. Der elektrische Strom läßt sich viel leichter und billiger durch Leitungen schicken als Kohlewaggons über Eisenbahnlinien. Allerdings wird dabei viel Abwärme vergeudet.

Die meisten Kohlekraftwerke verbrennen feingemahlene Steinkohle. Dieser Kohlenstaub wird zusammen mit heißer Luft in Heizkessel geblasen, wo er in riesigen Flammen verbrennt. Diese Flammen können je nach Anlage vierzig Meter hoch schlagen! Es gibt Kraftwerke, die auf diese Weise pro Jahr mehr als zehn Millionen Tonnen Steinkohle verbrauchen.

Die Brennkessel sind mit Stahlrohren durchzogen, in denen Wasser in Dampf verwandelt wird - und zwar bis zu 150 Liter pro Sekunde. Der Wasserdampf wird weiter erhitzt, bis die Rohre schließlich weißglühend sind. Dieser unter höchstem Druck gehaltene überhitzte Dampf will sich weiter ausdehnen und trifft mit aller Gewalt auf die Schaufeln der Hochdruckturbine, die sich rasend schnell dreht. Der Dampf ist indessen leicht entspannt - der Druck hat etwas nachgelassen. Im Kessel wird er abermals aufgeheizt, aber nicht mehr ganz so hoch. Jetzt treibt er die Mitteldruckturbine an, die größere Schaufeln hat als die Hochdruckturbine. Denn die Wucht des Dampfes ist ja etwas geringer. Schließlich gibt der Dampf den Rest seiner Kraft beim Durchströmen der riesigen Niederdruckturbine ab. Im Kühlturm wird der Dampf dann so weit abgekühlt, daß er wieder zu Wasser wird. Die Abwärme verpufft in der Luft.

Kann man denn die Abwärme nicht besser nutzen?

Man kann kleine Kohlekraftwerke in der Nähe von Städten und Siedlungen bauen, und mit der überschüssigen Wärme (die sonst in der Luft verpuffen würde) kann man Fernheizungen betreiben. („Fernheizung“ nennt man Zentralheizungen, bei denen das heiße Wasser, das die Heizkörper erwärmt, nicht im Haus erzeugt wird, sondern über lange Leitungen aus Fernheizwerken kommt.) Solche Kraftwerke, die zugleich die Häuser der Umgebung heizen, nennt man „Blockheizkraftwerke“. Sie müssen erstklassige Filter haben, damit die Luft in der Umgebung nicht verpestet wird. Ihr Nachteil ist, daß die Kohle herangeschafft werden muß.

Wieviel elektrische Energie kann man aus Kohle herausholen?

Bei den früher üblichen Kohlekraftwerken ging bei der Verstromung (also bei der Verwandlung der Heizenergie der Kohle in elektrische Energie) die meiste Energie verloren. 70 Prozent der Energie verpufften wirkungslos in den Kühltürmen. Moderne Kohlekraftwerke arbeiten nach dem Wirbelschichtverfahren. Dabei liegen die Wasser- und Dampfrohre nicht frei in der Brennkammer, sondern, in Schichten eingepackt, in einem Bett aus heißem Kalkstein und verbrennender Kohle. Dadurch können sie etwa die Hälfte der im Wirbelschichtkessel erzeugten Energie aufnehmen. Zusätzlich treiben die Abgase der verbrennenden Kohle eine Gasturbine an. Auch diese erzeugt Strom. Insgesamt können auf diese Weise 50 Prozent der (in Form von Kohle) eingesetzten Energie am Schluß als elektrische Energie herausgeholt werden. Man sagt: Der Wirkungsgrad beträgt 50 Prozent.

Dieser Wirkungsgrad kann dann noch erhöht werden, wenn ein Wirbelschichtkraftwerk mit einem Fernheizwerk kombiniert wird: Dann erzeugt die Kohle nicht nur Strom, sondern auch Wärme.

Was ist das Geheimnis des Wirbelschichtkessels?

Bei einem Wirbelschichtkessel liegen die Dampf- und Wasserrohre in einer weißglühenden Masse, die aus Kalkstein und glühender Kohle besteht. Die Rohre haben daher direkten Kontakt zu der Glut. Diese Glutmasse wird außerdem von unten her ständig durch heiße Luft aufgewirbelt und verbrennt bei noch höheren Temperaturen. Das heißt, auch der Wasserdampf in den Rohrschlangen ist heißer und treibt die Turbinen dadurch mit noch größerer Kraft an. Die Turbinen drehen sich schneller, und es kann mit derselben Menge Kohle mehr Strom erzeugt werden.

Das Wirbelschichtverfahren hat einen weiteren Vorteil. Es läßt uns nicht nur die Energie der Kohle besser nutzen, sondern ist auch umweltfreundlicher. Bei der Verbrennung von Kohle entsteht nämlich das giftige Gas Schwefeldioxyd, das für das Waldsterben mitverantwortlich ist. Der Kalkstein im Kessel hat nun die erfreuliche Eigenschaft, mit dem Schwefeldioxyd eine feste chemische Verbindung einzugehen. Damit können nicht mehr so große Mengen dieses Gases in die Luft entweichen.

Kann man Kohle auch tanken?

Kohle und Erdöl sind von ihrer Herkunft und chemischen Zusammensetzung her miteinander verwandt. Und tatsächlich läßt sich aus Kohle auch Benzin erzeugen. Dieses Verfahren ist in Deutschland während des Zweiten Weltkriegs entwickelt worden. Damals brauchte das Militär dringend Treibstoff für seine Fahrzeuge; Erdöl, aus dem normalerweise Benzin gemacht wird, gab es im Land kaum, und Lieferungen aus dem Ausland waren in den Kriegszeiten nicht denkbar. In den vergangenen Jahrzehnten hat dann Südafrika die Verfahren zur Erzeugung von Benzin aus Kohle weiter verbessert. Auch Südafrika wollte sich mit einer eigenen Benzinproduktion aus heimischer Kohle unabhängig machen. Bei der Verflüssigung wird Kohle zerkleinert und bestimmten chemischen Prozessen unterzogen; an deren Ende stehen Treibstoffe, mit denen sich Motoren problemlos in Gang setzen lassen.

Was ist eigentlich Koks?

Koks ist weiter veredelte Kohle. Um Koks zu gewinnen, wird Kohle auf 1.200 Grad erhitzt, ohne daß Luft dazutreten kann (sonst würde die Kohle schlicht verbrennen). Bei diesem Prozeß gewinnt man eine Reihe von Stoffen wie Ammoniak, Schwefel, Teer und Benzol. Das wichtigste Produkt dieser sogenannten „Verkokung" ist jedoch Koks.

Bei der Erzeugung von Stahl im Hochofen spielt Koks eine entscheidende Rolle. Er verbrennt bei einer Hitze, die groß genug ist, um Eisenerz und

Kalkstein zu schmelzen; das sind die Stoffe, die man zur Herstellung von Stahl braucht. Zweitens verbindet er sich chemisch mit dem Sauerstoff im Eisenerz. Schließlich trägt er das Eisenerz, das in Lagen auf ihm und zwischen ihm geschichtet ist, läßt jedoch die heißen Gase entweichen.

Koks ist sauberer und umweltfreundlicher als jede andere Kohle. Er verbrennt mit rauchloser Flamme.

Wie wird Kohle gewonnen?

Wertvolle Kohle kann in unserer Zeit nur noch unter Tag abgebaut werden; Lagerstätten von Steinkohle, die in der Nähe der Erdoberfläche liegen, sind längst „im Tagebau“ ausgebeutet worden. Man muß also Stollen in die Erde treiben, um an die Kohlenflöze (Kohleschichten) heranzukommen, die sich oft über mehrere Quadratkilometer erstrecken und in vielen Schichten übereinandergelagert sind. Im Ruhrgebiet, dem größten deutschen Bergbaugebiet, reichen die Flöze bis in eine Tiefe von 1.500 Metern. Heute wird die schwere Arbeit in den Bergwerkstollen fast ausschließlich von Maschinen verrichtet. Diese Maschinen bauen die Kohle ab und transportieren sie an die Erdoberfläche.

Seit wann kennt man Kohle als Brennmaterial?

Soweit man weiß, waren es die Römer, die im ersten Jahrhundert unserer Zeit ihre Häuser mit Steinkohle heizten und damit ihre Herde befeuerten. Torf hingegen wird vermutlich seit vorgeschichtlicher Zeit verbrannt.

Wie so vieles verschwand mit der römischen Zivilisation auch das Wissen um den Brennwert von Kohle. Erst im 16. Jahrhundert wurde die Steinkohle, zunächst in England, zum üblichen Brennmaterial. Die ergiebigen Kohlenflöze lagen damals noch nicht so tief unter Tag. Dennoch war die Arbeit als Kumpel eine gefährliche, schlechtbezahlte Schinderei. Die Kohle mußte mit Pickeln herausgebrochen und in Wagen an die Oberfläche geschafft werden.

Um 1760 traten die ersten Maschinen unter Tag in Einsatz. Dabei wurden Meißel in das Kohleflöz gerammt. Diese einfachen Kohleabbaumaschinen wurden zunächst von Pferden, doch schon siebzig Jahre später mit Preßluft angetrieben. Der Einsatz von Preßluft machte es möglich, Dampfmaschinen über Tag einzusetzen, die ihre Kraft über Druckluft an die Maschine im Stollen weitergab. Dampfmaschinen unter Tag wären nicht möglich gewesen. Der Rauch hätte alles erstickt. Der erste Preßlufthammer im modernen Sinn (ein großer Meißel, der durch Druckluft betrieben wird) wurde im Jahre 1863 ebenfalls in England verwendet.

England war in der Technik des Kohleabbaus lange Zeit führend. Ein großer Teil des industriellen Vorsprungs, den England bis in die Mitte unseres Jahrhunderts hatte, beruhte darauf, daß dieses Land die Energiequelle Kohle sehr wirkungsvoll ausbeuten und einsetzen konnte.

Wie arbeitet eine Maschine im Bergwerk?

Wo es lange und gerade Stollen gibt, kann man eine Maschine einsetzen, die „Walzenschrämlader“ heißt. Dieses Ungetüm schneidet mit einer scharfgezackten Kreissäge ganze Streifen von Kohle aus der Seitenwand des Stollens. Die Maschine versprüht außerdem Wasser, damit sich der Kohlenstaub absetzt. Die Kohle fällt auf eine von Ketten gezogene Stahlrinne, eine Art Förderband, und wird wegbefördert.

Die Bergleute im Stollen sind durch Streben und Schilde, die den Stollen nach oben hin abstützen, vor einem Einsturz gesichert. Diese Stützen werden nachgerückt, sobald der Stollen weitergeführt wird.

In vielen Bergwerken geschieht der Kohleabbau bereits durch ferngesteuerte Abbaumaschinen. Ein Mann steuert von einem Kontrollpunkt aus den Einsatz der riesigen Maschinen. Sogar die hydraulischen Stützen, welche die Decke abstützen, werden automatisch ausgefahren.

Wie kommt frische Luft in den Stollen?

Wenn eine Lagerstätte erschlossen wird, so führen immer mindestens zwei senkrechte Schächte in die Tiefe. Bergleute, Maschinen und Ersatzteile gelangen in diesen Schächten nach unten und oben, und die abgebaute Kohle wird heraustransportiert. Außerdem wird mit mächtigen Ventilatoren ständig frische Luft in den einen Schacht geblasen und am anderen wieder abgesaugt. In der Grube weht daher ständig frischer Wind.

Wodurch sind Schacht und Kohleflöze verbunden?

In Bergwerken befindet sich unter Tag ein Netz von tunnelartigen Gängen, in der Sprache der Bergleute „Strecken" genannt. Diese Strecken führen zu den Flözen. In den Strecken wird keine Kohle abgebaut; sie dienen lediglich für Transporte von den Flözen und zu ihnen. Die Strecken sind oft Dutzende Kilometer lang. Sie sind mit Stahlbögen gegen Einsturz abgesichert. In ihnen fahren Züge und laufen Kohlebänder, die Kohle von den Flözen zum Schacht bringen, wo sie ans Tageslicht befördert wird.

Die Strecken werden heute mit Spezialmaschinen ins Gestein gebohrt oder geschnitten. Deshalb muß nicht mehr soviel gesprengt werden wie früher, was die Arbeit der Bergleute wesentlich sicherer macht.

Welche Sicherheitsvorschriften müssen Bergleute beachten?

Bergleute tragen unter Tag eine besondere Arbeitskleidung mit Helm und Lampe, die am Helm befestigt ist. Ihre Sicherheitsschuhe haben Stahlkappen. Bergleute dürfen unter Tag weder Feuerzeug noch Streichhölzer mitnehmen. Vor der Einfahrt in die Grube werden sie untersucht. Damit will man verhindern, daß jemand Grubengas entzündet, das immer wieder austreten könnte. Außerdem hinterläßt jeder Bergmann seine Karte, die er sich nach Dienst wieder abholt. Bei einem Grubenunglück könnte man sofort feststellen, wer von den Männern noch unter Tag ist und wer nicht.

Nach der Einfahrt in den Schacht mit dem Förderkorb, einem mehrstöckigen Aufzug, und nach einer Einsatzbesprechung begibt sich der Bergmann an seinen Arbeitsplatz, der oft mehrere Kilometer weit vom Schacht entfernt sein kann.

Was ist Tagebau?

Wenn sich Kohleflöze dicht unter der Erdoberfläche erstrecken, kann die Kohle von oben aus abgegraben werden. Das besorgen riesige Schaufelradbagger, die zuerst die Erde wegräumen und dann die Kohle auf Förderbänder oder Waggons verladen. Diese Bagger sind wahre Riesen: Die größten unter ihnen wiegen 13.000 Tonnen, sind 80 Meter hoch und 220 Meter lang! Sie bewegen sich auf Raupenketten fort und graben bis zu 100 Meter tief in die Erde. In Deutschland wird im Tagebau hauptsächlich die minderwertige Braunkohle gewonnen, die dichter an der Oberfläche liegt als die Steinkohle. Das Gebiet zwischen Köln und Aachen ist mit 2.500 Quadratkilometern das größte Braunkohlevorkommen Europas.

Welche Nachteile hat der Tagebau?

Kohleabbau im Tagebau kann vielen Menschen die Heimat zerstören und ganze Landstriche in unbewohnbare Wüsten verwandeln. Im rheinischen Braunkohlerevier hat man Zehntausende Menschen umgesiedelt, um für die Abräummaschinen Platz zu schaffen. Auch Friedhöfe wurden verlegt. Dörfer wurden dem Erdboden gleichgemacht und Naturlandschaften zerstört.

Allerdings versucht man heute, zerstörtes Gelände neu zu bepflanzen und die Landschaft neu zu gestalten. Das ist möglich, allerdings nicht leicht, denn es müssen Millionen Tonnen Humus aufgebracht werden, damit die Pflanzen wurzeln können.

Kann man denn Kohle aus dem Berg waschen?

Es scheint eine vielversprechende Methode des Kohleabbaus zu sein: Man schwemmt Kohle mit einem sehr scharfen Wasserstrahl aus dem Flöz. In verschiedenen Ländern wird schon so gearbeitet. Eine Maschine richtet im Stollen einen Hochdruckwasserstrahl auf die Kohle; die „herausgespritzte" Kohle wird im Wasserstrom weitergeschwemmt, und die ganze Wasser-Kohle-Mischung wird schließlich in Leitungen an die Erdoberfläche gepumpt. Diese Technik ist dort einfach anzuwenden, wo die Flöze geneigt sind. Sonst muß man Rohrleitungen bis zur Spritzmaschine verlegen, von wo der Kohleschlamm direkt weggesaugt wird. Bis zu zehn Tonnen Kohle kann eine solche Maschine pro Minute abbauen!

Was kommt statt der Kohle zurück in die Erde?

Man läßt den entstandenen Hohlraum einfach einstürzen. Dies hat zur Folge, daß die Gesteinsschichten, die sich darüber befinden, nachrutschen. Bei kleineren und tief in der Erde liegenden Stollen ist die Gefahr nicht so groß. Wenn aber, wie in unseren Bergbaugebieten, ganze Netze von unterirdischen Gängen einbrechen, dann kann auch an der Oberfläche Land in Bewegung geraten und einsacken. Diese Absenkungen können schwere Schäden an Gebäuden und Straßen anrichten. Unter Städten, Flüssen und Autobahnen verzichtet man heute deshalb auf neue Bergwerke.

Wie lange wird es noch Kohle geben?

Die Kohlevorräte auf der Erde sind wie alle Bodenschätze begrenzt. (Wir sollten also sparsam mit Kohle umgehen.) Aber es wird Kohle jedenfalls noch länger geben als Erdöl und Erdgas. Man schätzt, daß die Reserven unter der Erde noch 1.000 bis 3.000 Jahre reichen.

Was hat die Kohle mit dem Wetter zu tun?

Es gab Zeiten, da waren rauchende Schlote ein Zeichen für Wohlstand und Fortschritt. Heute wissen wir mehr über die Gefahren. Bei der Verbrennung von Kohle entstehen Säuren, Teerstoffe und Gase, die die Luft vergiften und die Gesundheit von Menschen, Tieren und Pflanzen gefährden. Schließlich entsteht bei der Verbrennung von Kohle das Gas Kohlendioxyd. Es sammelt sich in der Luft an und läßt zwar die Strahlung der Sonne auf die Erde durch, läßt jedoch die Wärme nicht mehr in den Weltraum entweichen. Viele Forscher sind überzeugt, daß dieser Treibhauseffekt zu einer Temperatursteigerung in den Weltmeeren führen könnte. Polare Eiskappen könnten abschmelzen, es könnte zu Überschwemmungen und furchtbaren Stürmen kommen. Es ist also nicht genug, sagen Umweltschützer, den Schwefel aus den Rauchgasen zu filtern. Wir müssen überhaupt weniger Energie verbrauchen, damit wir nicht soviel Kohle nötig haben.

Energie aus Erdöl

Woraus besteht Erdöl?

Wie die anderen fossilen Brennstoffe, die Menschen zur Erzeugung von Wärme und Strom verbrennen, ist auch Erdöl unvorstellbar alt. Die ältesten Vorkommen stammen aus einer Zeit vor 600 Millionen Jahren.

Damals waren die Ozeane wesentlich größer, und viele jetzt trockene Gebiete standen unter Wasser – darunter vor allem auch jene Länder, in denen heute Erdöl gefunden wird. In diesen Meeren herrschte reges Tier- und Pflanzenleben. Abgestorbene Tiere und Pflanzen sanken viele Millionen Jahre hindurch auf den Grund der Meere. Gemeinsam mit Schichten feiner Erde bildeten sie dort Ablagerungen, die im Laufe der Zeit immer höher anwuchsen. Wie bei der Entstehung von Kohle wurden diese Massen auch hier abgedeckt und unter Druck gesetzt, worauf sich das organische Material zu verwandeln begann. Unter Schichten von Schlamm und Sand wurden die toten Tiere und Pflanzen begraben und im Laufe ungeheuer langer Zeiträume zu winzigen Erdöltröpfchen zusammengedrückt. Der Druck war so stark, daß diese Tröpfchen überall da nach oben gequetscht wurden, wo der Untergrund dicht und die Decke durchlässig war. Diesen Druck, der in Erdölvorkommen herrscht, nennt man „Lagerstättendruck“.

Durch Sandstein und Kalkstein konnten sich die Erdöltröpfchen auf ihrem Weg zur Erdoberfläche durchquetschen. Oft aber stellten sich ihnen Gesteinsschichten in den Weg, die ein weiteres Vorankommen unmöglich machten. Unter diesem undurchlässigen Gestein saß das Öl in der Falle. Und alle Ausbuchtungen, Höhlen und Risse füllten sich langsam auf. Diese gigantischen, mit Öl aufgefüllten Höhlen versucht man mit Bohrungen „anzuzapfen“.

Wie sind Lagerstätten aufgebaut?

Die großen Erdöllagerstätten im Nahen Osten zum Beispiel liegen unter riesigen Kuppeln von undurchlässigem Gestein. Am höchsten Punkt sammelt sich das Erdöl wie Luft in einer Schale, die man umgestülpt ins Wasser drückt. Die Vorkommen in Europa sind komplizierter aufgebaut. Hier sind es sogenannte „Salzdome“, eine Art Blasen aus Salz, die die undurchlässige Gesteinsdecke nach oben drücken. Das Erdöl rückt in die dadurch entstandenen Höhlen nach.

Die Lagerstätten in der Nordsee hingegen kann man ausbeuten, weil sich hier Gesteinsschichten gegeneinander verschoben haben. Man nennt das „Verwerfungen“, wenn die Erdkruste bricht und die Gesteinsschichten durcheinandergeraten. Bei solchen Verwerfungen kann eine undichte Schicht (durch die Erdöl unter Druck hochsteigt) durch eine undurchlässige Schicht abgedichtet werden.

Kann man Erdöl tanken?

Erdöl kann man nicht tanken - aber Benzin. Benzin, diese klare, helle Flüssigkeit, die in Automotoren tröpfchenweise explodiert und den Motor damit antreibt, ist das Endprodukt komplizierter Prozesse, bei denen Erdöl gereinigt und verarbeitet wird. Genauer gesagt, Benzin ist *eines* der Endprodukte. Denn aus Erdöl gewinnt man nicht nur Benzin, sondern auch andere Treibstoffe wie Dieselöl und Kerosin. Es ist zudem der Rohstoff für Medikamente, Kunststoffe, Pflanzengifte, Kunstdünger, Kunstfasern, Autoreifen und so weiter und so fort. Ohne Erdöl gäbe es viele ganz alltägliche Dinge nicht, von denen wir meistens gar nicht wissen, daß sie aus Erdöl gemacht sind.

Wenn das Erdöl aus der Erde sprudelt, ist es eine heiße, stinkende, schwarze, schmutzige Flüssigkeit. In einer ersten Stufe wird es zu Rohöl verarbeitet; dieses Rohöl ist der Grundstoff für die weitere Verarbeitung. Auf Supertankern und durch Tausende Kilometer lange Rohrsysteme (Pipelines) wird es von den Ölfeldern zu den Raffinerien geleitet.

Warum beruht der Wohlstand der Industrieländer auf Erdöl?

Ungefähr die Hälfte aller Energie, die weltweit von Menschen verbraucht wird, stammt in irgendeiner Form aus dem Erdöl. Die Hauptverbraucher sind auf der einen Seite die Motoren von Fahrzeugen. Das weltweite Transportwesen (Auto, Lastwagen, Schiff, Flugzeug, Bahn) läuft fast ausschließlich mit Kraftstoffen, die aus Erdöl stammen. Auf der anderen Seite verheizt man Erdöl, um damit (wie auch aus Kohle) Strom zu gewinnen. Dieser Strom betreibt Industrieanlagen und ist zugleich die Grundlage für das alltägliche Leben in der „industrialisierten" Welt.

Ohne Erdöl gäbe es unser gewohntes Leben nicht. Man kann sagen, daß die Energie des Erdöls in der westlichen Welt in Wohlstand umgesetzt wird.

Woher kommt das Öl?

Der Nahe Osten - hier vor allem arabische Länder und der Iran - liefert fast die Hälfte des gesamten Weltbedarfs an Öl. Weitere große Vorkommen liegen in der UdSSR, in den USA, in afrikanischen Ländern wie Nigeria und in Südamerika. In vielen anderen Gebieten der Erde werden riesige Vorkommen vermutet. Allerdings ist die Ausbeutung der Lagerstätten dort technisch schwieriger und kostet mehr Geld.

Wie lange reicht das Erdöl?

Wie lange das Erdöl noch reichen wird, hängt davon ab, wieviel Öl vor allem die Industrieländer in Zukunft verbrauchen. Man glaubt, daß die bekannten Erdöllager bei gleichbleibendem Verbrauch noch bis zum Jahr 2025 Erdöl liefern können. Allerdings läßt sich schwer abschätzen, ob man mit neuen technischen Mitteln nicht auch Vorkommen ausbeuten kann, die heute noch unzugänglich sind. In der Antarktis, dem mit einer kilometerdicken Eisplatte überzogenen riesigen Kontinent am Südpol, werden besonders reiche Vorkommen vermutet. Bei Drosselung der Erdölförderung und bei Erschließung neuer Vorkommen könnte das Erdöl im Schoße unseres Planeten noch 150 bis tausend Jahre reichen. Für die Erde und auch für die Menschheit ist das eine sehr kurze Zeitspanne. 200 Millionen Jahre hat die Natur gebraucht, um solche Bodenschätze zu erzeugen – und wir verpulvern sie in einem Millionstel dieser Zeit! Wir benehmen uns, als gäbe es nach uns keine Menschen mehr.

Wie kommt es, daß es in der Antarktis Erdöl gibt?

Der antarktische Kontinent liegt am Südpol unter ewigem Eis; Erdöl besteht jedoch aus den Überresten von Pflanzen und Tieren. Wieso kann es dann in der Antarktis Erdöl geben?

Des Rätsels Lösung liegt darin, daß dieser Kontinent namens „Antarktis“ in frühen erdgeschichtlichen Zeiten - nämlich zu der Zeit, in der das Erdöl entstanden ist - in einer völlig anderen Klimazone lag. Darauf deuten auch die Funde von Säugetierfossilien hin; irgendwann sind dort sogar Palmen gewachsen. Die Ausbeutung der antarktischen Erdölvorräte ist nicht nur wegen der heutigen Kälte und der Dicke des Eises ungewiß. Die Erdölfirmen stoßen auf großen Widerstand bei Umweltschützern, die verhindern wollen, daß auch dieser letzte naturbelassene Erdteil zerstört wird.

Wann wurde Erdöl zum erstenmal gefunden?

Bereits vor 4.500 Jahren wurde Erdöl verwendet; es handelte sich dabei um Bitumen, eine Art von zähem Asphalt. Die Assyrer dichteten mit diesem „Erdpech“, das an bestimmten Orten ihres Landes ans Tageslicht quoll, die Fugen ihrer Boote ab.

Die erste Ölquelle, wie wir sie kennen, wurde im Jahr 1859 in den USA gefunden. Das Öl sprudelte aus einer Tiefe von nur 21 Metern. Die Bohrmethode von damals war ebenso einfach wie durchschlagskräftig. In einem hölzernen Bohrturm wurde ein schwerer Meißel aufgehängt, der immer wieder krachend in den Boden fuhr und das Gestein zertrümmerte.

35 Jahre später wurde die Bohrmethode entscheidend verbessert. Jetzt wurde ein rotierender Bohrer verwendet, den eine Dampfmaschine antrieb. Hier sitzt der Bohrkopf am Ende eines Stahlrohres. Während der Bohrung wird Wasser in das Bohrloch gepumpt, das den sogenannten „Abraum“ (Gestein, das bei der Bohrung anfällt) hochschwemmt.

Der erste Bohrturm, der im Meer stand, wurde um 1900 vor der Küste Kaliforniens errichtet.

Wie verläuft die Suche nach Erdöl?

Erdölfelder können unter Wüsten und Sümpfen, unter dem Meeresboden oder unter den Eismassen der Antarktis verborgen liegen - von außen kann man dem Erdboden nicht ansehen, was sich tief unten verbirgt. Deshalb ist die Suche nach neuen Vorkommen sehr kompliziert und kostspielig.

Natürlich wissen die Geologen, wo Öl vorkommen kann und wo nicht. Es muß in der Erde durchlässige Gesteinsarten wie Sandstein oder Kalkstein geben, in deren Rissen und Poren sich das Öl ansammeln konnte wie in einem Schwamm. Darüber wiederum muß eine Schicht liegen, die das Öl daran hindert, dem Druck von unten nachzugeben und weiter aufzusteigen. Diese Voraussetzungen müssen also gegeben sein.

In einem zweiten Schritt werten Fachleute Bilder von „verdächtigen“ Gebieten aus, die aus großer

Höhe gemacht wurden. Aus bestimmten Geländeformen kann auf die Lage der Gesteinsschichten geschlossen werden. Sieht auch hier die Sache erfolgversprechend aus, macht man Gesteinsproben, um festzustellen, ob das Material so beschaffen ist, daß es Öl enthalten könnte. Denn, auch wenn alles für Öl spricht, Garantie gibt es keine.

Jetzt kommt die Stunde der Techniker; sie haben eine Reihe von äußerst komplizierten und empfindlichen Geräten zur Erkundung des Erdinneren entwickelt.

Wie kann man in die Erde hineinhorchen?

Man kann noch vor den Bohrungen herausbekommen, was unter der Oberfläche liegt. Dabei arbeitet man mit Schall. Schallwellen werden ja von festen Gegenständen zurückgeworfen: Das ist das Echo. Wie und wie stark Schallwellen reflektiert werden, hängt von der Beschaffenheit des Untergrundes ab.

Eines dieser Geräte, mit denen man in die Erde buchstäblich „hineinhorchen“ kann, heißt „Geophon“. Das ist ein Spezialmikrophon, das zum Beispiel bei der Erkundung von mutmaßlichen Erdöllagerstätten unter dem Meeresboden verwendet wird. Das Geophon wird dabei ins Wasser gehängt. Über der Meeresoberfläche (um die Meerestiere zu schonen, die durch den Druck der Explosion zugrunde gingen) werden Sprengladungen gezündet. Die Schallwellen werden unterschiedlich zurückgeworfen. Ein Teil des Schalls dringt tief in das Gestein ein und wird erst von bestimmten Schichtungen im Inneren reflektiert. Alle diese Echos werden vom Geophon aufgezeichnet und an Seismographen weitergeleitet. Nun kann man berechnen, welche Schichten in welcher Lage unter der Oberfläche liegen.

Andere Geräte wie Magnetometer und Gravimeter lassen Schlüsse auf die magnetischen Eigenschaften und auf die Kompaktheit des Erdinneren im untersuchten Gebiet zu.

Schließlich weiß man ziemlich genau Bescheid, welche Gesteine wo sind. Ob dort, wo jetzt eigentlich Öl liegen sollte, tatsächlich auch Öl liegt, sieht man allerdings immer erst bei den Probebohrungen.

Wieso bohrt man auch im Meer nach Öl?

Die ersten Vorkommen, die man ausgebeutet hat, lagen oft dicht an der Oberfläche. Sie waren leicht zu finden und zu nutzen. Heute werden Untersuchungen und Bohrungen nach vollen Vorratslagern immer schwieriger und kostspieliger. Noch 1955 wurde Erdöl nur auf dem Festland oder dicht an Küsten gefördert. Heute kommt schon fast die Hälfte des Erdöls aus Lagerstätten unter hoher See. Es bedarf gewaltiger Anstrengungen, um diese Schätze zu heben. Doch die modernen Industrienationen sind vom Öl so abhängig, daß kein Aufwand zu hoch scheint.

Was ist eine Bohrinsel?

Bohrtürme, die im Meer stehen oder schwimmen, nennt man „Bohrinseln“. Sie dienen ausschließlich der Suche nach Ölquellen, also für Probebohrungen.

Wenn das Wasser nicht tiefer ist als ungefähr 90 Meter, stellt man die Bohrinsel auf gewaltige Pfeiler, die im Meeresgrund verankert sind. Wenn die Bohrung abgeschlossen ist, zieht die Insel ihre Beine wieder ein und läßt sich zu einem neuen Bohrplatz schleppen. Dieser Typ heißt „Hubinsel“.

„Halbtaucher“ sind Bohrinseln, die in Küstennähe bei einer Wassertiefe von höchstens 300 Metern eingesetzt werden. Diese Bohrinseln stehen auf Pfeilern, die auf einer Art von Unterseeschwimmkörpern ruhen. Meereswellen toben sich immer nur an der Oberfläche aus; unter dem Meeresspiegel bleibt es verhältnismäßig still. Die Plattform selbst lastet mit ihren Pfeilern also auch bei rauher See ziemlich sicher auf einer Reihe von miteinander verbundenen luftgefüllten Tanks. Diese Tauchkörper sind mit Ankern am Meeresgrund befestigt. Man kann sie durch Füllen („Fluten“) oder Leerpumpen heben oder senken. Halbtaucher werden von Bohrstelle zu Bohrstelle geschleppt; manche können sich auch selbst fortbewegen.

Auf Bohrinseln gibt es Landeplätze für Hubschrauber, Anlegestellen für Schiffe, Kräne zum Entladen der Güter, Unterkünfte, Küchen und so weiter. Das Herzstück jeder Bohrinsel ist aber natürlich der Bohrturm.

Auf offener See und in tieferen Gewässern setzt man regelrechte Bohrschiffe ein.

Wie hoch stehen die Chancen, bei einer Bohrung im Meer Öl zu finden?

Der letzte Schritt vor der Förderung von Erdöl ist die Probebohrung, die besonders bei Bohrungen im Meer sehr teuer und aufwendig ist. Mehrere hundert Bohrinseln sind in allen Meeren ständig im Einsatz und versuchen, fündig zu werden. Sie kosten pro Stück hundert Millionen Mark und mehr; viele Ölgesellschaften mieten sie auch und bezahlen dafür 100.000 Mark pro Tag. In der Nordsee muß man pro Bohrung mit Kosten von manchmal Dutzenden Millionen Mark rechnen – nur um herauszufinden, ob an einer bestimmten Stelle tatsächlich Öl liegt. Die Chancen dafür stehen eins zu zehn – durchschnittlich stößt man nur bei jeder zehnten Probebohrung tatsächlich auf Erdöl.

Wie viele Menschen arbeiten auf einer Bohrinsel?

Auf Bohrinseln arbeiten etwa siebzig Mann in Schichten drei Wochen durch, um dann für eine Woche Urlaub an Land gebracht zu werden. Die Mannschaft besteht aus dem Bohrteam und der Betriebsmannschaft, die für das Funktionieren der künstlichen Insel verantwortlich ist. Zum Bohrteam gehören auch Tiefseetaucher, die in Spezialanzügen oder von winzigen U-Booten aus in den Tiefen arbeiten. Sie warten und reparieren Bohrgestänge und Bohrkopf und sind dafür verantwortlich, daß Fehler an den Geräten rechtzeitig entdeckt werden. Ohne ihre Schutzanzüge würden die Männer an ihren Arbeitsplätzen erfrieren oder vom Wasser erdrückt werden.

Wie läuft eine Bohrung ab?

Bohrturm, Bohrgestänge und Meißel sind die wesentlichen Bestandteile einer Bohranlage. Der Bohrturm ragt wie ein Hochhaus über die Bohrinsel empor. Er ist etwa 35 Meter hoch, und in ihm hängt das Bohrgestänge, das sich manchmal kilometertief in den Meeresboden arbeitet. Oft dauert es ein Jahr vom Beginn des Unternehmens an, bis eine Bohrung endlich abgeteuft ist („abteufen" ist ein Wort aus der Bergmannssprache und heißt: einen Schacht graben). Entweder erfolgreich, weil man auf Öl trifft, oder aber auch ergebnislos.

Das vom hohlen Meißel in den Meeresboden gebohrte Loch wird Meter für Meter mit Stahlrohren ausgekleidet: Während sich der Meißel immer tiefer frißt, schrauben die Bohrmannschaften oben auf der Arbeitsbühne ständig ein sechs bis zwölf Meter langes Rohrstück auf das tiefersinkende Bohrgestänge. Obendrauf sitzt ein zwölf Meter langer „Mitnehmer". Das ist ein vier- oder sechseckiges Rohr, das die Kraft der Antriebsmaschine auf das ganze Bohrgestänge und damit auf den Meißel überträgt. Alle sechs oder zwölf Meter, je nach Länge des zuletzt eingesetzten Rohrstücks, muß das Bohrgestänge eine „Drehpause" einlegen. Es wird mit ungeheuer starken Kränen ein Stück aus dem Bohrloch herausgezogen; jetzt können die Arbeiter ein neues Rohr anschrauben und damit das Gestänge verlängern. Eine harte Arbeit, bei der es auf Zuverlässigkeit und Geschwindigkeit ankommt. Denn jede Unterbrechung kostet viel Geld.

Wie oft muß der Meißel ausgewechselt werden?

Nach ungefähr dreißig Stunden ist ein Meißel abgeschliffen und verbraucht. Er muß ausgewechselt werden. Diese Arbeit kostet besonders dann sehr viel Zeit, wenn das Bohrloch schon tief reicht. Die Arbeiter ziehen mit Hilfe der Kräne Stück für Stück das ganze Bohrgestänge heraus und zerlegen es wieder in einzelne Rohre, die vorübergehend im Bohrturm gestapelt werden. Jetzt kann der neue Meißel montiert werden. Danach wird das Bohrgestänge neu zusammengeschraubt und in das Bohrloch eingelassen. (Die Meißel sind dicker als die Rohre, deshalb hat das Gestänge rundherum etwas Platz und bleibt nicht stecken.) Das alles kann oft einen halben Tag dauern.

Es gibt für die verschiedenen Gesteinsarten verschiedene Typen von Meißeln. Die härtesten Meißel sind mit Diamanten bestückt. Dennoch schleifen sie sich schon nach wenigen hundert Metern ab und schrumpfen dabei von einem halben Meter auf zehn Zentimeter zusammen.

Wie verhindert man, daß der Bohrmeißel heißläuft?

Das Bohrgestänge mit Meißel dreht sich mit einer Geschwindigkeit von 250 Umdrehungen in der Minute. Das ist sehr schnell, wenn man die Länge und das Gewicht des Gestänges bedenkt, das auf dem rotierenden Meißel lastet. Ohne spezielle Kühlung würde der Meißel binnen kürzester Zeit vor Hitze glühen und verglühen. Deshalb wird von oben mit unerhört hohem Druck eine schlammige Spülflüssigkeit durch das Gestänge gepreßt, die durch den hohlen Kopf des Meißels mit 200 Litern pro Sekunde austritt. Die Spülflüssigkeit aus Wasser und Lehm kühlt und schmiert den Bohrkopf, und sie steigt im Bohrloch außerhalb des Gestänges hoch und reißt zerbohrtes Gestein mit an die Oberfläche. Dieses Gestein (das „Bohrklein“) wird von Geologen ständig sehr sorgfältig nach ersten Spuren von Öl untersucht.

Wie verhindert man, daß plötzlich Erdöl hochschießt?

Erdöllagerstätten stehen meistens unter gewaltigem Druck. Deshalb ist die Gefahr groß, daß beim Anbohren eines solchen Lagers eine Ölfontäne ins Meer schießt. Einen explosionsartigen Austritt von Erdöl nennen die Fachleute „Blow-out“. Er könnte die Bohrinsel zerstören, vor allem aber weite Meeresgebiete mit einer verheerenden Ölpest heimsuchen. Um das zu verhindern, wird dort, wo das Bohrgestänge in den Meeresboden eintritt, ein schwerer

Kasten eingelassen. Er besteht aus einem System von Schiebern und Ventilen, die sich bei einem drohenden Ausbruch von Öl sofort automatisch schließen und das Bohrloch „zustöpseln".

Außerdem wird das Bohrloch durch sogenannte „Futterrohre" ausgekleidet; der Schacht wird „ausgefüttert" wie ein Mantelärmel. Die Futterrohre umkleiden das Bohrgestänge so, daß dazwischen Raum bleibt. In diesem Zwischenraum schießt die Spülflüssigkeit hoch. Dort, wo zwischen Futterrohr und Gestein noch Platz ist, wird mit Beton ausgegossen. Damit ist das Bohrloch stabil, und die Gefahr von seitlichen Einbrüchen ist geringer.

Schließlich soll auch der Druck, mit dem der Spülschlamm durch Rohre und Meißel gedrückt wird, einen Blow-out verhindern. Beim Öffnen des Ölfeldes ist sofort gewaltiger Gegendruck vorhanden.

Werden alle Ölfelder erschlossen?

Zwischen der Entdeckung eines Ölfeldes und seiner Erschließung kann viel Zeit vergehen; und manchmal stellt sich am Ende der Untersuchungen heraus, daß an bestimmten Plätzen zwar Öl vorhanden ist, daß sich die Förderung jedoch aus Kostengründen noch nicht lohnt; solche Lagerstätten behält man in Reserve.

Jedenfalls müssen nach der Entdeckung eines Vorkommens weitere Bohrungen im Umkreis der ersten durchgeführt werden. Dadurch machen sich die Ölgesellschaften ein Bild von der Größe des Feldes. Dann messen hochempfindliche Geräte, die durch die Bohrlöcher ins Ölfeld getaucht werden, die Beschaffenheit des Öls. Denn höherwertiges Erdöl kann teurer verkauft werden; bei ihm lohnt sich eine Förderung viel eher. Das Erdöl, das vor der britischen Küste unter der Nordsee gewonnen wird, zählt beispielsweise zu den hochwertigen Erdölen.

Danach berechnen Computer all diese Informationen. Das Ergebnis gibt auch Auskunft über die natürlichen Verhältnisse: Welche Wassermassen oder Gasblasen sind im Ölfeld eingeschlossen, unter welchem Druck stehen sie, und wie kann man sie zur Ölförderung nutzen?

Jetzt erst wird entschieden, ob gefördert wird oder nicht.

Was ist eine Förderplattform?

Ölvorkommen unter dem Meeresgrund werden von Förderplattformen aus ausgebeutet, die - anders als Bohrinseln - tatsächlich künstliche Inseln sind. Denn sie stehen mit ihrem gigantischen Betonfuß fest auf dem Meeresgrund. Förderplattformen sind wahre Ungeheuer. Die größten unter ihnen sind, vom Fuß bis zur Spitze des Förderturms gemessen, 250 Meter hoch und wiegen eine halbe Million Tonnen. Wie bei Eisbergen ragt nur ein kleiner Teil der Konstruktion, nämlich das Deck, aus dem Wasser. Aber auch das Deck erreicht die Höhe eines mehrstöckigen Gebäudes. Auf ihr befinden sich der Bohrturm, ein Hubschrauberlandeplatz, die Anlegestellen für Versorgungsschiffe, Kräne und Maschinen, die Öl und Wasser trennen, Anlagen zum Abfackeln

(Verbrennen) von überschüssigem Erdgas, Unterkünfte und Aufenthaltsräume. Die Stockwerke des Decks bestehen aus Einzelteilen, die mit Schiffen herangebracht und auf dem Schaft der Plattform montiert wurden.

Eine solche Förderplattform kann mehr als eine Milliarde Mark kosten. Von ihr gehen viele – oft zwei Dutzend – Förderbohrungen gleichzeitig in die Tiefe. Eine große Plattform kann pro Tag eine halbe Million Tonnen Erdöl aus der Tiefe pumpen, das sind 20.000 Tankwagen voll! Auf ihr leben und arbeiten manchmal 200 Männer gleichzeitig.

Wie kommt das Erdöl an Land?

Das von der Plattform geförderte Öl steigt gar nicht zum Deck hoch, sondern wird vom Fuß der Förderplattform aus direkt weggepumpt: entweder durch eine Pipeline zur Küste oder aber, wie in der Nordsee, in eine Speicher- und Ladeboje. Das ist ein schwimmender Tank, der in einigen Kilometern Entfernung von der Förderplattform verankert ist. Hier legen kleinere Öltanker an, pumpen das Erdöl (jedesmal ungefähr 100.000 Tonnen) in ihre eigenen Tanks und bringen es in einen Ölhafen, wo es bis zum Weitertransport gelagert wird.

Was sind Supertanker?

Niemand kann mit Rohöl etwas anfangen. Es muß zuerst in eine Raffinerie, bevor es zu verschiedenen Produkten verarbeitet wird. Oft liegen zwischen den

Förderstätten und den Raffinerien Tausende Kilometer. Für den Transport braucht man Supertanker. Das sind die größten Schiffe, die jemals gebaut wurden. Sie können fast 500.000 Tonnen Rohöl laden und pendeln meistens zwischen dem Nahen Osten und den Verbraucherländern in Europa, Amerika und Japan. Supertanker sind mit einer Länge von 350 Metern so groß, daß manche Matrosen ihre Fahrräder mitnehmen - damit sie auf Deck nicht so weit laufen müssen. Auf Deck wäre Platz für fast hundert Tennisplätze!

Supertanker heißen in der Fachsprache „ULCC" („Ultra Large Crude Carrier" - übergroßer Rohölfrachter). Ihr Laderaum besteht aus vielen Zellen, die gegeneinander abgeschottet sind. Dadurch will man bei Unfällen größere Katastrophen verhindern. Bei langen Strecken über die Weltmeere ist es günstiger, die Ladung mit einem Supertanker zu transportieren, als sie auf mehrere kleine Tanker aufzuteilen. Allerdings sind auch die Risiken gigantisch: Supertanker sind wegen ihrer Größe recht unbeweglich. Sie brauchen bei Gefahr mehrere Kilometer, um zum Stillstand zu kommen. Und bei schnellen Änderungen der Fahrtrichtung würden sie glatt auseinanderbrechen.

Etwa die Hälfte aller mit Schiffen beförderten Güter besteht aus Erdöl. Öltanker gehören meistens Ölfirmen, die sich Frachter samt Besatzung auch oft von anderen Firmen ausleihen (chartern). Supertanker können nur in speziellen Häfen oder Hafenbekken anlegen. Häufig dauert es einen Tag lang, bis ein Tanker in einem Ölhafen wie Kargh im Iran betankt ist. Die Tankerladung wird dann auf die manchmal mehrmonatige Reise dorthin geschickt, wo der Eigentümer des Öls für seine Ladung den besten Preis erzielt. Supertanker haben eine Reisegeschwindigkeit von achtzehn Knoten, das sind etwa dreißig Stundenkilometer. Auf der Rückreise in die Erdölgebiete - zum Beispiel vom Rotterdamer Tiefwasserhafen aus nach Kargh - befördert der Supertanker Wasser statt Erdöl; allerdings nur als Ballast. Denn ohne entsprechendes Gewicht könnte er nicht in See stechen.

Wozu braucht man Pipelines?

Angesichts der ungeheuren Mengen an Öl, die von den Raffinerien der Industrieländer verarbeitet und dann weiterverteilt werden, käme man ohne Pipelines überhaupt nicht zu Rande. Pipelines sind meterdicke, oft Tausende Kilometer lange Rohrleitungen, durch die das Rohöl zu den Raffinerien gepumpt wird. Das Öl kommt dabei entweder direkt von den Erdöllagerstätten oder aber von den Ölhäfen, wohin es Supertanker geschafft haben. Pipelines befördern aber auch Ölprodukte wie Benzin, Dieselöl oder Kerosin (Flugbenzin) von den Raffinerien zu den Verbrauchern. Weil Pipelines unter der Erde liegen, fällt meistens gar nicht auf, wieviel Öl tagtäglich durch die Industrieländer gepumpt wird; die holländische Raffinerie von Rotterdam zum Beispiel verarbeitet und verschickt jährlich achtzig Millionen Tonnen Ölprodukte!

Wie werden Pipelines verlegt?

Zur Zeit gibt es Pipelines mit einer Gesamtstreckenlänge von weit über einer Million Kilometer. Viele von ihnen pumpen Öl durch unbewohnte und unbewohnbare Gebiete, durch Wüsten, Urwälder und Sümpfe, aber auch durch kalte Gebiete wie Alaska oder Sibirien, wo der Boden im Sommer nur oberflächlich auftaut. Dort müssen die etwa einen Meter dicken Stahlrohre der Pipelines auf Stelzen gelegt werden. Sonst würde das heiße Öl in den Rohren den gefrorenen Boden auftauen; die Rohre würden einsinken. In anderen entlegenen Gebieten legt man die Pipelines einfach auf die Erde. Doch meistens werden sie vergraben.

Eine Pipeline besteht aus zwölf Meter langen und über einen Meter dicken Stahlrohren, die bei der Verlegung zusammengeschweißt werden. Zuvor haben Erdbautrupps das Gelände vorbereitet und unter anderem auch Straßen für die Baufahrzeuge gebaut. Dann kamen Spezialbagger, die Gräben aushoben. Lastwagen liefern nun die Rohre an, die verlegt, zusammengeschweißt und mit einer Isolierschicht überzogen werden; nach der Verlegung wird die Pipeline zugeschüttet. - Die Isolierung ist ganz entscheidend. Denn das Öl in den Röhren steht ständig unter Druck. Die winzigsten Roststellen oder feinsten Risse würden Boden und Grundwasser im Laufe der Zeit rettungslos verseuchen: Ein einziger Liter Öl kann eine Million Liter Trinkwasser ungenießbar machen.

Hunderttausende Tonnen pro Tag können durch

eine wichtige Pipeline von Großlager zu Großlager gepumpt werden. Dazu dienen die Pumpstationen, die in regelmäßigen Abständen entlang der Leitung liegen. Von den Lagern aus wird Öl, Benzin und Diesel in kleineren Pipelines, in Tankwagen oder Tankzügen weiterbefördert.

Gibt es auch Unterwasserpipelines?

Wenn eine Öllagerstätte unter dem Meeresboden reich genug ist, zahlt es sich oft aus, am Grund des Meeres eine eigene Pipeline von der Förderplattform an die Küste zu bauen. Dabei werden Rohre verwendet, die in Betontanks eingegossen sind; das sichert sie vor Beschädigungen von außen und sorgt dafür, daß sie am Meeresgrund liegenbleiben. An Bord eines Rohrverlegerschiffes schweißt man die Rohre zusammen und isoliert sie; Kräne heben sie ins Meer.

Unterwasserpipelines werden mit speziellen U-Booten ständig überwacht.

Was ist „raffiniertes" Erdöl?

Gereinigtes und veredeltes (in seine verschiedenen Endprodukte verwandeltes) Erdöl nennt man „raffiniert". Das Wort kommt aus dem Französischen und heißt: verfeinert. Vor dem Raffinieren ist Rohöl eine dickflüssige, stinkende schwarze Masse und ein Gemisch aus den verschiedensten Bestandteilen. Nachher ist es in Gas, Flüssiggas, Benzin, Kerosin, Dieselöl, Schmieröl, Heizöl und Bitumen zerlegt.

Wie kann man eine Flüssigkeit wie Rohöl „zerlegen"?

Raffinieren ist eine komplizierte Abfolge verschiedener chemischer Prozesse. Das Grundverfahren, mit dem man seit mehr als hundert Jahren Öl raffiniert, ist die Destillation. Dabei erhitzt man das Rohöl in einem geschlossenen Gefäß auf 400 Grad. Das Öl verdampft und steigt als Dampf in den Destillationsturm. Dabei kühlen die Dämpfe wieder ab - allerdings nicht alle Dämpfe bei derselben Temperatur. Die unterschiedlichen Bestandteile des Rohöls haben nämlich unterschiedliche Siedepunkte.

Beim Rohöl und bei kühlen Temperaturen sind also alle Bestandteile zu einer einheitlichen Flüssigkeit vermischt. Bei bestimmten Hitzegraden jedoch sind manche Bestandteile flüssig - sie würden erst bei größerer Hitze verdampfen -, andere aber sind dampfförmig. Durch kontrolliertes Erhitzen und Abkühlen kann man Rohöl in verschiedene Produkte mit jeweils verschiedenen Siedepunkten zerlegen, die sich in den verschiedenen „Stockwerken" des Destillationsturms absondern.

Gibt es modernere Methoden der Raffinerie?

Normale Destillation hat einen entscheidenden Nachteil: Man bekommt aus Rohöl immer nur soviel Benzin raus wie drin ist. Benzin wird aber viel mehr gebraucht als zum Beispiel Schmieröl. Man hat also Verfahren erfunden, wie man den Benzinanteil im raffinierten Öl erhöhen kann.

Dieses Verfahren heißt „katalytisches Cracken". Ein Katalysator ist ein Stoff, der chemische Prozesse ermöglicht oder beschleunigt, sich dabei aber selbst nicht verändert. (Ein Autokatalysator verwandelt manche giftige Auspuffgase in unschädlichere Substanzen.) Und *„Cracken"* kommt aus dem Englischen und heißt soviel wie: zerbrechen, aufspalten. Der Katalysator verändert nun beim Destillieren die Eigenschaften von einigen Inhaltsstoffen des Rohöls. Die schweren Bestandteile (Schmieröle zum Beispiel) verwandeln sich in leichtere, und heraus kommen Benzin und andere Stoffe, die man für die Erzeugung von Kunstfasern oder Kunststoff braucht. Man kann mit bestimmten Katalysatoren also steuern, welche Endprodukte in welchen Anteilen beim Destillieren erzeugt werden. Katalytisches Cracken liefert bei ein und derselben Rohölsorte doppelt soviel Benzin wie in der normalen Destillation – natürlich auf Kosten anderer (unerwünschter) Produkte.

Neben diesen beiden Destillationsarten gibt es noch eine Reihe weiterer Verfahren bei der Aufbereitung des Rohöls.

Wo baut man Raffinerien?

Raffinerien werden meistens in der Nähe von großen Industriezentren errichtet. Damit hält man die Verteilungswege für Benzin, Diesel, Schmieröl zu den Verbrauchern (über Straße, Schiene oder kleinere Pipelines) möglichst kurz. Wenn Raffinerien im Landesinneren stehen, werden sie direkt aus Pipelines „gefüttert". Stehen sie an der Küste, so haben sie oft ihre eigenen Ölhäfen und beziehen ihr Öl von Tankern und Supertankern.

Gibt es Pullover aus Erdöl?

Ohne Erdöl wäre die Welt, wie wir sie kennen, völlig undenkbar. Meistens macht man sich überhaupt nicht klar, wie viele alltägliche Gegenstände letzten Endes aus Erdöl bestehen.

Viele von uns tragen Erdöl am Leib, in Form von Kleidung, die - ganz oder teilweise - aus synthetischen Materialien bestehen. Kunstfasern wie Polyester, Polyamid, Nylon und so weiter sind Erdölprodukte. Auch die Plastiktüte, in der uns der Verkäufer den Kunstfaserpullover einpackt, besteht aus Erdöl. Das Auto, in dem wir vielleicht nach Hause fahren, fährt auf Rädern aus Erdöl. Lack, Polster, Armaturen - alles Erdöl. Der Treibstoff des Autos ist aus Erdöl, und wenn wir mit dem Zug fahren, so kann es gut möglich sein, daß der Strom für die Elektrolok aus einem Kraftwerk stammt, das Erdöl verfeuert.

Zu Hause heizen wir vielleicht mit Öl. Telefon und Kunststoffenster, Küchengeräte und Arbeitsplatten, Schallplatten und Plüschtiere sind aus Plastik, und Plastik ist aus Erdöl erzeugt worden; die Farben in Büchern sind auf der Basis von Erdöl hergestellt, womöglich auch der Teppichboden. Das Fertigfutter frißt die Katze aus einem Plastiknapf - und nicht nur das: Auch das Futter selbst kann (teilweise) aus Eiweiß bestehen, das aus Erdöl gewonnen wird. Viele Medikamente haben Erdöl als Grundstoff, ebenso Lippenstifte, Parfüms und Brillengestelle. Es ist schwer, einen Bereich unserer Zivilisation zu finden, der nicht von Erdölprodukten beherrscht wird.

Wieviel Erdöl braucht man, um ein Kilo Brot zu backen?

Auch die industrielle Erzeugung von Nahrungsmitteln ist vom Erdöl abhängig. Man schätzt zum Beispiel, daß für die Erzeugung von einem Kilo Brot ein Liter Erdöl benötigt wird: Öl wird verbraucht für die Erzeugung von Kunstdünger, von Insektengiften und von Pflanzengiften. Öl braucht man zum Betrieb der Landmaschinen und zum Transport des Getreides zu den Großmühlen (oft über halbe Kontinente hinweg), und von dort zu den Großbäckereien und schließlich von diesen Brotfabriken in die Läden. Dazu kommt noch die Verpackung, so daß man tatsächlich auf das unglaubliche Verhältnis von einem Teil Erdöl zu einem Teil Brot kommt.

Im ökologischen Landbau (biologische Landwirtschaft) sieht das natürlich anders aus. Hier wird kein Kunstdünger und kein Gift eingesetzt, es werden kleinere Mengen erzeugt und die Transportwege Bauer - Müller - Bäcker - Käufer sind viel kürzer, so daß weniger Energie (und Öl) verbraucht und damit auch die Umwelt geschont wird.

Wo verschleudern wir das meiste Erdöl?

Eigentlich ist Erdöl viel zu kostbar, um so verschleudert zu werden, wie wir das gewöhnlich tun. Erdöl könnte noch unermeßliche Zeiten als hochwertiger Rohstoff für die Erzeugung wichtiger Güter dienen, würden wir es nicht so kurzsichtig vergeuden.

Selbst das modernste und leistungsfähigste Ölkraftwerk kann nicht einmal die Hälfte der im Öl gespeicherten Energie in elektrische Energie umwandeln. Mehr als die Hälfte verpufft sinnlos als Abwärme. Noch schlimmer ist die Sache bei Autos. Beim Verbrennen von Benzin in Automotoren gehen vier Fünftel der Energie als Hitze verloren; nur ein Fünftel wird tatsächlich zur Fortbewegung des Fahrzeugs genutzt.

Für völlig verrückt werden uns vielleicht einmal die Menschen in künftigen Zeiten halten, wenn sie erfahren, wie wir mit unserem Müll umgehen. Ein großer Teil der Abermillionen Tonnen Müll, die in den Industrieländern vergraben oder ins Meer gekippt werden, besteht aus Plastik oder anderen Erdölprodukten. In den meisten Fällen ist das Öl so verarbeitet worden, daß es als Müll nun nicht mehr in den Kreislauf der Natur zurückkehren kann. Teilweise ist dieser Müll auch giftig. Mit unserer Müllwirtschaft verschleudern wir nicht nur kostbaren Rohstoff. Wir verseuchen auch Boden und Wasser.

Wo liegen die Gefahren von Erdöl?

Der amerikanische Supertanker, der im Jahr 1989 vor der Küste von Alaska auseinanderbrach, hat nicht allein einen wirtschaftlichen Schaden von einigen Milliarden Dollar angerichtet. Der Ölteppich auf dem Wasser hat die Natur auf unvorstellbar großen Gebieten umgebracht, und es wird – gerade in dem kalten Klima – Jahrzehnte dauern, bis sich der Bestand von Pflanzen und Tieren notdürftig erholt hat. Wie sich ein ähnlicher Unfall vor den dichtbesiedelten nordeuropäischen Küsten auswirken würde, mag man sich gar nicht ausmalen.

Wirkliche Gegenwehr bei Katastrophen dieser Art gibt es nicht. Man kann nur versuchen, die Auswirkungen eines Tankerunfalls so gering wie möglich zu halten. Es gibt Spezialschiffe, die bereitstehen, um den sich ausdehnenden Ölteppich abzusaugen. Oder man versprüht Chemikalien, die das Öl zersetzen, so daß es auf den Meeresgrund absinkt.

Andere Gefahren für die Umwelt lauern in den Raffinerien. Immer wieder geraten große Mengen gefährlicher Gase oder Flüssigkeiten in die Luft und in Gewässer.

Das größte Problem entsteht jedoch beim Erdölverbrauch selbst. In vielen Großstädten bildet sich durch Autoabgase Smog. (*Smog* ist ein englisches Kunstwort, zusammengezogen aus *smoke,* Rauch, und *fog,* Nebel.) In den USA verursachen Autoabgase über die Hälfte der Luftverschmutzung – Haushalte und Industrie zusammen nur ein Drittel. Auch Autokatalysatoren bringen keine grundsätzliche

Besserung, da bestimmte giftige Auspuffgase noch immer entweichen und außerdem immer mehr, immer schnellere und immer größere Autos auf unseren Straßen fahren.

Was ist Ölsand?

Die Ölfelder sind nicht die einzigen „Vorratskammern“ für Erdöl. Im sogenannten „Ölsand“, einem Gemisch aus Sand und Bitumen, sind ungeheure Mengen enthalten - weit mehr als in den eigentlichen Ölfeldern. Allerdings ist die Ausbeutung des Ölsandes aufwendig und teuer. Schon jetzt aber verwandeln riesige Bagger in der kanadischen Provinz Alberta ganze Landstriche in Mondlandschaften. Man baut dort Ölsand ab, der direkt unter der Oberfläche liegt. Mit unter Druck stehendem Wasserdampf können in Spezialanlagen Sand und Rohöl getrennt werden. In der Sowjetunion hingegen ist das Öl nicht an Sand, sondern an ein weiches Gestein gebunden. Diese Ölschiefer können wie Steinkohle unter Tag abgebaut werden. Andere Möglichkeiten bestehen darin, die Vorkommen mit heißem Dampf auszubeuten, der in die Tiefe gepreßt wird und mit Öl gesättigt wieder zurückkommen soll. Die Ölschiefervorräte der Erde bergen schätzungsweise 140 Milliarden Tonnen Rohöl.

Gibt es auch künstliches Erdöl?

Länder, die selbst keine Erdölquellen haben und von der Einfuhr aus anderen Ländern abgeschnitten sind oder waren, haben Methoden zur Gewinnung von

„künstlichem Erdöl" entwickelt (zum Beispiel Südafrika, das wegen seiner rassistischen Politik aus dem Welthandel ausgeschlossen wurde, oder das nationalsozialistische Deutschland während des Zweiten Weltkriegs.) Dieses Öl wird aus Kohle gewonnen und ist daher nicht ganz so künstlich.

Andere Länder wie Brasilien sind zu arm, um Erdöl für Benzin anderswo einzukaufen, erzeugen jedoch Autos selbst. Dort versucht man, Benzin mit einem Kraftstoff zu mischen, der aus Zuckerrohr gewonnen wird. Man kann aus vielen Pflanzen Alkohol gewinnen. Das passiert in jeder Schnapsbrennerei. Zuckerrohr hat einen hohen Zuckeranteil und liefert daher viel Industriealkohol; mit normalem Benzin vermischt, dient er als Treibstoff für Autos. – Im Gegensatz zu Erdöl wächst Zuckerrohr immer wieder nach. Allerdings schaffen die ungeheuer großen Zuckerrohrplantagen, die dafür angelegt werden müssen, neue Probleme. Die Umwelt leidet unter diesen Monokulturen (das heißt: nur eine Nutzpflanze wird angebaut), und viel fruchtbares Land wird blockiert, das man zur Erzeugung von Lebensmitteln nutzen könnte.

Wie können wir Erdöl besser nutzen?

Über kurz oder lang müssen wir uns auf eine Lebensweise umstellen, die mit den begrenzten Energievorräten vernünftig umgeht. Wir müssen das nicht nur deshalb tun, weil das Erdöl eines Tages zu Ende geht. Unmäßiger Energieverbrauch zerstört auch unsere

Umwelt. Und je früher wir damit anfangen, desto eher wird es uns gelingen. Der erste und wichtigste Schritt ist: Energie sparen. Wir können mit dem Auto langsamer und so oft wie möglich mit Bus und Bahn (oder mit dem Fahrrad) fahren. Wer weniger Strom verbraucht, der verbraucht auch weniger Rohstoffe, die zur Stromerzeugung verfeuert werden. Wir können Lebensmittel kaufen, die aus ökologischem Landbau stammen, und solche, die mit wenig Verpackung auskommen. (Auch Verpackungen aus anderen Materialien als Plastik fressen Energie: nämlich bei ihrer Erzeugung.) Wir können uns weigern, etwas zu essen und zu trinken, das uns auf Wegwerfgeschirr oder in Plastikflaschen angeboten wird.

Das ist natürlich nur ein kleiner Schritt. Aber jeder Beitrag ist wichtig. Denn die Industrie erzeugt, was gekauft wird, und umgekehrt: Was die Kunden nicht mehr verlangen, das wird auch nicht mehr hergestellt.

Auf der anderen Seite müssen die Regierungen dafür sorgen, daß Energie aus Erdöl teurer und Energie aus umweltfreundlichen Quellen (Sonne, Wind, Wasser) billiger wird.

Wozu wird man Erdöl in Zukunft brauchen?

Zur Zeit ist die Welt auf Gedeih und Verderb dem Erdöl ausgeliefert. Keine andere Energieform könnte von heute auf morgen Erdöl als Energiequelle ersetzen. Auf lange Sicht gesehen jedoch ist

Erdöl viel zu kostbar – weil unersetzbar –, um verfeuert zu werden.

Viele Fachleute glauben, daß sich für die Zukunft folgendes Bild abzeichnet: Im nächsten Jahrtausend wird man Erdöl vor allem als Rohstoff in der chemischen Industrie für die Erzeugung von Kunststoff, Medikamenten und anderen hochwertigen Gütern einsetzen. Transportmittel wie Autos, Lkws oder Flugzeuge wird man mit Wasserstoffgas betreiben. Strom und Heizenergie werden aus alternativen, erneuerbaren Energiequellen (Wind, Sonne, Wasser und Wasserstoff) stammen.

Energie aus Erdgas

Was ist Erdgas?

Gas zur Erzeugung von Hitze (zum Heizen, Kochen oder zur Stromerzeugung), wie wir es von zu Hause oder vom Camping kennen, gibt es hauptsächlich als Propangas, Butangas oder Erdgas. Erdgas ist Gas, das zusammen mit Erdöl entstanden ist und aus riesigen unterirdischen Gasblasen gefördert wird. Erdgas wurde bei den ersten Bohrungen nach Erdöl fast zufällig gefunden. Heute deckt es ein Fünftel des Weltenergiebedarfs ab. Es wird so wie Erdöl über Pipelines oder Tanker in die Verbraucherländer geliefert. In fast allen Städten gibt es Erdgasnetze, und das Gas kommt wie Trinkwasser direkt ins Haus oder in die Betriebe.

Erdgas hat viele Vorteile. Es verbrennt ohne Rückstände mit einer sauberen, heißen, blauen Flamme. Es ist umweltfreundlich und geruchlos. Außerdem kann man es durch Gasleitungen bequem transportieren und muß es nicht wie Flüssiggas in Stahlflaschen abpacken.

Wieso kann man Erdgas riechen?

Eigentlich ist Erdgas geruchlos. Doch sollte es beim Erdgaskunden (im Haushalt) durch ein Leck in die Wohnung austreten, hätte es einen deutlichen Geruch. Dieser Geruch wird von den Gasfirmen durch Beimischen winziger Spuren eines anderen, stark riechenden Gases künstlich erzeugt. Das dient zur Sicherheit. Erdgas ist nämlich schwerer als Luft und würde sich in einem Raum am Boden ansammeln. Der kleinste Funke würde ausreichen, um das Gas in einer Explosion zu entzünden. So ein Funke kann zum Beispiel dann entstehen, wenn man das Gaswerk anruft: Im Telefon gibt es dann einen winzigen Funken, und der würde für eine Explosion sorgen!

Warum ist Erdgas umweltfreundlich?

Erdgas verbrennt nicht nur ohne umweltschädliche Rückstände; vor allem kann seine Energie direkt und voll genutzt werden, wo man sie braucht. Erdgas, das beim Kochen, Heizen und bei der Bereitung von Warmwasser direkt verbrannt wird, liefert doppelt soviel Energie wie Strom, der in Wärmekraftwerken erzeugt wird. Wenn zum Beispiel die im Erdgas gespeicherte Energie zunächst in elektrischen Strom umgewandelt wird und mit diesem Strom dann erst der Herd, der Boiler oder die Heizung beliefert werden, geht über die Hälfte der Energie verloren.

Auch Propan und Butan - die flüssigen Bestandteile des Erdgases - verbrennen ohne Rückstände. Diese Flüssiggase werden vor allem dort verwendet, wo Haushalte und Betriebe an das öffentliche Gasnetz nicht angeschlossen sind. Propan und Butan werden dann entweder in Stahlflaschen geliefert, oder Tankwagen befüllen Vorratstanks.

Was bedeutet das „Abfackeln“ von Erdgas?

Erdgas kommt häufig zusammen mit Erdöl vor und ist eine Art von Nebenprodukt der Erdölförderung. Viele nahöstliche und afrikanische Erdölgebiete betrachten die Erdgasvorkommen häufig noch immer als „Müll“. In sicherem Abstand von den Bohrlöchern wird das austretende Gas in eine turmförmige Fackelanlage geleitet und einfach angezündet. Satellitenbilder von der nächtlichen Erde zeigen Lichtfelder in unbewohnten Gebieten: In Afrika handelt es sich dabei meistens um gigantische Brandrodungen (wobei der Urwald angezündet wird, um Ackerland zu gewinnen); im Nahen Osten leuchten Abfackelungsanlagen Zehntausende Kilometer weit zum Himmel. Fast ein Zehntel der Gasmenge, die weltweit gefördert wird, verschleudern die reichen Ölländer auf diese völlig sinnlose Weise.

Wie kann man Erdgas gewinnen?

Erdgas ist wie Kohle und Erdöl ein fossiler Brennstoff, in seiner Entstehungsgeschichte jedoch dem Erdöl näher. Wie Erdöl ist es das Ergebnis von Millionen Jahre dauernden Vorgängen im Inneren der Erde: Zuerst sanken abgestorbene Meerestiere und Pflanzen auf den Grund der Urmeere und bildeten dicke Schichten von organischem Material, die immer wieder von Sand, Schlamm und ganzen Gebirgsschichten überdeckt und unter Druck gesetzt wurden. Erdgas kommt daher zusammen mit Erdöl vor: entweder oberhalb von Ölfeldern oder im Öl gelöst oder aber in eigenen gigantischen Gasblasen in der Nähe von Ölfeldern.

Die Förderung verläuft ähnlich wie die Erdölförderung. Am einfachsten kann Erdgas aus Lagerstätten gewonnen werden, die wie im Nahen Osten oder in Sibirien unter Land liegen. Dabei wird das Feld an vielen Stellen zugleich angezapft. Die Förderbohrungen werden mit einem System von Rohranschlüssen und Ventilen gesichert, mit denen auch der Gasdruck gesteuert werden kann. Gasfelder stehen nämlich stets unter enormem Druck.

Auch für die Förderung von Gas auf hoher See gibt es eigene Plattformen, die bis zu 150.000 Tonnen wiegen und von denen aus zwei Dutzend Bohrlöcher in den Untergrund getrieben werden können. Erdgasförderplattformen werden in Werften gebaut, an ihren Standort geschleppt und dort fest auf dem Meeresgrund verankert. Auf großen Gasfeldern wie zum Beispiel in der Nordsee sind oft viele Plattformen gleichzeitig eingesetzt; dabei dienen einige nur der Aufbereitung des Gases. Zunächst strömt das Gas zur Bohrplattform, wo es von Sand und Wasser getrennt wird, und anschließend zur Aufbereitung. Hier wird es von den restlichen Verunreinigungen befreit und anschließend durch Pipelines an die Küste gepumpt.

Wie kommt das Gas in die Haushalte?

Bei Erdgas stehen zwischen der Förderung und dem Verbraucher keine Raffinerien. Ein Haushalt mit Erdgasanschluß ist daher Teil eines gigantischen Netzes von Rohrleitungen, das ganz Europa umspannt. Die wichtigsten europäischen Erdgasfelder liegen in Italien, Frankreich und in den Niederlanden sowie in der Nordsee vor der britischen und norwegischen Küste. Außerdem liefert die UdSSR sibirisches Erdgas an die weitverzweigten Gasnetze der mitteleuropäischen Länder. Die Sowjetunion ist der größte Erdgaslieferant überhaupt; aus Sibirien kommt ein Drittel des Erdgases, das weltweit verbraucht wird.

Erdgaspipelines sind anderthalb Meter stark und verlaufen wie Ölpipelines meist über Land, zuweilen jedoch auch auf dem Grund des Meeres. Zwischen Italien und der Sahara gibt es eine derartige Unterseepipeline. Um die Rohre in 600 Meter Tiefe am Grund des Mittelmeeres verlegen zu können, mußte ein spezielles Verlegeschiff gebaut werden. Diese Pipeline kann jährlich zwölf Milliarden Kubikmeter Erdgas aus Feldern in der algerischen Wüste nach Zentraleuropa schaffen.

Wieso kann Erdgas auch in Tankern verschifft werden?

Während Erdgas früher ausschließlich durch Leitungen befördert werden konnte, gibt es seit 1960 auch Erdgastanker. Sie transportieren Erdgas, das zuvor verflüssigt wurde.

Erdgas ist bei normalen Temperaturen gasförmig. Daher braucht es zur Lagerung ungeheuer viel Platz. Der Brennwert eines Kubikmeters Erdgas beträgt nur einen winzigen Bruchteil der gleichen Menge an Erdöl. Es wäre völlig unmöglich, Tankschiffe mit Gas zu füllen und auf die Reise zu schicken; sie würden allein für die Reise mehr Energie verbrauchen, als das mitgeführte „gasförmige“ Gas liefern könnte.

Eine Möglichkeit, den Platzbedarf von Erdgas zu verringern, besteht darin, es so weit abzukühlen, daß es flüssig wird. Dazu braucht man eine Temperatur von minus 161 Grad. (Mit anderen Worten: Erdgas verdampft bei Temperaturen, die über minus 161 Grad liegen; Wasser, zum Vergleich, verdampft bei Temperaturen über plus 100 Grad Celsius.) Verflüssigtes Erdgas nimmt nun nur noch einen Bruchteil des Platzes von gasförmigem Gas ein: nämlich 6 Prozent! Der Energieverbrauch für diese Verflüssigung ist freilich sehr hoch. Tanker für Flüssigerdgas müssen hervorragend isoliert sein, um ihre Last in den riesigen kugelförmigen Tanks während der Fahrt auf diesen niedrigen Temperaturen zu halten.

Im Verbraucherland wird das kalte, flüssige Gas wieder verdampft und in das Leitungsnetz als Gas eingespeist. Dieses „Verdampfen“ geschieht dadurch, daß man einfach aufhört, das verflüssigte Gas zu kühlen.

Sind Propan und Butan immer flüssig?

Im Unterschied zu Erdgas braucht man für Propangas und Butangas nur wenig Druck, damit sie flüssig werden und es bleiben. Die Stahlflaschen, in denen dieses Flüssiggas geliefert wird, reichen völlig aus. Bei „normalem“ Druck werden auch Propan und Butan sofort wieder gasförmig; wenn man das Ventil einer Propangasflasche öffnet, dann rinnt nicht etwa Flüssigkeit heraus, sondern das Flüssiggas verdampft auf der Stelle.

Flüssiggas ist also wesentlich einfacher zu transportieren als verflüssigtes Erdgas.

Kann man Erdgas überhaupt speichern?

Die Förderung von Erdgas läuft das ganze Jahr über. Der Verbrauch ist im Winter (Heizung!) wesentlich höher. Also muß man das Erdgas in den Verbraucherländern irgendwo speichern. Verflüssigen kommt wegen des hohen Energieverbrauchs nicht in Frage. Früher standen überall in den Städten riesige Gasbehälter. Beim heutigen Verbrauch wäre es undenkbar, Erdgas so speichern zu wollen: Es geht schließlich um Milliarden Kubikmeter. Statt dessen pumpt man das Erdgas in die Hohlräume ehemaliger Bergwerke, in Norddeutschland zum Beispiel in die Kavernen von Salzbergwerken. Diese Hohlräume sind so dicht, daß man das Gas auch unter Druck setzen und daher ein Vielfaches reinpacken kann. Oder man nützt Hohlräume in der Erde aus, die mit Wasser gefüllt sind. Gas wird unter Druck hineingepumpt, und Wasser steigt (unter dem Druck) durch ein anderes Rohr hoch. Auf diese Weise steht immer Gas zur Verfügung.

Seit wann verwendet man Erdgas?

Vor 200 Jahren versuchte man in Frankreich erstmals, Gas zur Beleuchtung zu verwenden, um Fackeln und Kerzen zu ersetzen. 1791 wurde zum erstenmal eine Art von Erdgas gewonnen, und zwar aus Kohle. Ein Jahr später beleuchtete ein englischer Erfinder sein Haus mit diesem sogenannten „Leuchtgas". Doch erst ein Jahrhundert später, im Jahr 1885, gab es dann eine zufriedenstellende Gaslampe: Der österreichische Ingenieur Auer-Welsbach tränkte ein Netz aus verkohlter Baumwolle (der Gasglühstrumpf) mit bestimmten Chemikalien und stülpte es über eine Gasflamme. Außen brachte er einen Glasschutz an. Die Gasflamme brachte den Strumpf zur Weißglut. Diese Art von Gaslicht war hell, freundlich und brannte gleichmäßig. Noch heute sind viele Gaslampen (dort, wo es keinen elektrischen Strom gibt) nach diesem Prinzip konstruiert.

Energie aus Atomspaltung

Was sind Atome?

Atome sind die kleinsten Bausteine der Materie. Alles um uns herum - feste Stoffe, Flüssigkeiten, Gase und Luft - besteht aus Milliarden Atomen. Sie sind so klein, daß man sie auch durch das leistungsfähigste Elektronenmikroskop nicht sehen kann. Aber man kann sich eine feste Vorstellung (ein Modell) davon machen, wie diese kleinsten Teilchen beschaffen sind. Und man kann im Experiment zeigen, daß dieses Modell richtig ist. Das Wort *Atom* kommt aus dem Griechischen und bedeutet: unteilbar. Noch zu Beginn unseres Jahrhunderts hielt man Atome für winzige, unteilbare Materieklümpchen, bis man herausfand, daß diese „unteilbaren" Teilchen in Wirklichkeit aus noch kleineren Einheiten bestehen. Hauptbestandteile eines Atoms sind der Atomkern, der aus Neutronen und Protonen besteht, und die Elektronen, die den Kern in festen Bahnen umschwirren. Neutronen sind Teilchen ohne Ladung; Protonen sind positiv, Elektronen sind negativ geladen. Je schwerer ein Element ist, aus desto mehr Teilchen bestehen seine Atome. Wenn man Protonen und Neutronen eines Atomkerns zusammenzählt, kommt man auf die sogenannte „Massezahl“ eines Elements. Das Uran - das schwerste in der Natur vorkommende Element - hat die Massezahl 235 oder 238.

Neben Protonen, Neutronen und Elektronen haben Atomphysiker bis heute schon einen ganzen „Zoo“ von atomaren Teilchen aufgespürt.

Wie kann man aus Atomen Energie gewinnen?

Die vielleicht berühmteste Formel der Wissenschaft stammt vom deutschen Physiker Albert Einstein. Sie lautet: Energie ist Masse mal dem Quadrat der Lichtgeschwindigkeit ($E = m \times c^2$) und besagt, daß Masse (oder Materie) nichts anderes als eine Form der Energie ist. Man kann also - theoretisch - Materie in Energie umsetzen und mit dieser Formel berechnen, wieviel Energie dabei rauskommt.

Das erste praktische Ergebnis dieser „Umsetzung“ waren die Atombomben, die am Ende des Zweiten Weltkrieges zuerst (versuchsweise) in der Wüste von New Mexico (USA) und dann zweimal über japanischen Städten gezündet wurden. Obwohl dabei nur ein Siebtel der Masse des Bombenstoffs in Energie umgewandelt wurde, war die Zerstörungskraft der Atombomben ungeheuer. Druck und Hitze radierten ganze Städte aus, und Hunderttausende Menschen starben durch die radioaktive Strahlung.

Moderne Atombomben wären in ihrer Wirkung noch viel furchtbarer: Sie würden die gesamte Masse des Bombenstoffs bei der sogenannten „Kernreaktion“ in Explosionsdruck, Hitze und Strahlung verwandeln.

Die zerstörerische Energie, die bei der Umwandlung von Materie in Kraft frei wird, versucht man in Atomkraftwerken zu zähmen. Hier läuft die Kernreaktion nicht als Explosion, sondern als allmähliche Abgabe von Hitze ab; die radioaktive Strahlung versucht man so weit wie möglich in Strahlenschutzmänteln abzufangen.

Die entstehende Hitze läßt Wasser verdampfen, und dieser Dampf treibt Turbinen und Stromgeneratoren an; ein Atomkraftwerk arbeitet also nach demselben Prinzip wie ein Wärmekraftwerk, in dem Kohle oder Erdöl verfeuert wird. Der entscheidende Unterschied liegt in der Art und Weise, wie die Hitze zum Verdampfen des Wassers erzeugt wird.

Was ist eine Kernreaktion?

Damit ein Atomkern seine Energie freigibt, muß er gespalten werden. Allerdings wird der Kern von gewaltigen Kräften zusammengehalten. Erst 1939 entdeckten die deutschen Atomphysiker Lise Meitner und Otto Hahn, daß es einen Weg gibt, zumindest den Kern des Uranatoms zu knacken. Dieser Kern ist nämlich nicht sehr stabil. Um ihn zu spalten, muß man ihn mit einem Neutron beschießen. Dann zerfällt er in zwei leichtere Atome. Dieser Zerfall setzt aber weitere Neutronen frei, die wiederum die neuen

Kerne spalten, wodurch neue Neutronen wiederum neue Kerne zerschießen - und so weiter. Einmal in Gang gebracht, läuft dieser Prozeß als Kettenreaktion ab, und zwar in unvorstellbarer Geschwindigkeit und so lange, bis das spaltbare Material (Uran) verbraucht ist.

Warum erzeugt eine Kernreaktion so viel Energie?

Die beiden neuen Atome, die bei der Spaltung des Uranatoms entstehen, sind zusammen leichter als das ursprüngliche Atom. Der fehlende Rest - die scheinbar verschwundene Masse - hat sich in Energie verwandelt.

Der Vorgang ist also ein ganz anderer als zum Beispiel beim Verbrennen von Kohle. Wenn ein Kilogramm Kohle verbrannt wird, so wird chemische Energie in Wärmeenergie umgesetzt. Rauch und Asche würden, könnte man alles sammeln, nach der Verbrennung zusammen ebenfalls ein Kilogramm wiegen. Es geht keine Masse verloren.

Bei einer Kernspaltung jedoch „verschwindet" Masse. Der Aufbau der Atome selbst (und nicht bloß die chemische Zusammensetzung von Brennstoff - wie etwa bei der Verbrennung von Kohle) hat sich verändert. Die verschwundene Masse, wie gering sie auch sein mag, hat sich in eine unvorstellbare Menge an Energie verwandelt.

Wie kann man die Atomspaltung steuern?

Um „friedliche“ Energie aus einer Atomspaltung zu gewinnen, muß man eine Kettenreaktion in Gang setzen, die nicht zur Explosion führt. Man muß den Prozeß „mäßigen“, lateinisch: moderieren. Moderatoren sind chemische Substanzen (zum Beispiel Kohlenstoff, aber auch Wasser), die im Atomreaktor den Fluß von Neutronen abbremsen. Sie fangen Neutronen ein und lassen nur so viele durch, daß der Vorgang der Kernspaltung weiterlaufen kann.

Es gibt verschiedene Typen von Atomreaktoren. Gemeinsam ist ihnen, daß die bei der Kernspaltung erzeugte Hitze abgeleitet und der Reaktor ständig gekühlt wird, um ein Heißlaufen und Durchbrennen zu verhindern. Die von einem Kühlmittel (Flüssigkeiten oder Gase) weggeschaffte Hitze wird dazu verwendet, Wasser zum Verdampfen zu bringen; der Dampf treibt dann Turbinen an.

Wieso ist radioaktive Strahlung gefährlich?

Bei der Spaltung von Atomkernen wird die gewonnene Energie leider nicht nur in Form von Wärme, sondern auch als radioaktive Strahlung frei. Diese Form von Energiestrahlung, bei der kleinste Teilchen des zerfallenden Atoms ausgesandt werden, ist für Lebewesen äußerst gefährlich. Wer einer bestimmten Menge Strahlen ausgesetzt wird - sei es viel auf einmal oder wenig Strahlung über längere Zeit -, wird krank und kann an der Strahlenkrankheit sterben. Noch nach vielen Jahren können Strahlenopfer Krebs bekommen. Auch ihre Kinder und Enkel sind gefährdet. Radioaktivität kann nämlich die Keimzellen beschädigen und bei Nachkommen dann Mißbildungen hervorrufen.

Radioaktive Strahlung kann man nicht sehen, nicht hören, nicht spüren, nicht schmecken und nicht riechen. Der menschliche Organismus hat kein Organ dafür, diese Gefahr wahrzunehmen. (Bis zur Nutzung der Atomkraft war dies auch nicht notwendig.) Arbeiter in der Atomindustrie müssen ständig Instrumente mit sich führen, die folgendes anzeigen: Menge der radioaktiven Teilchen in der Luft; die Strahlungsbelastung, der die Arbeiter bisher insgesamt ausgesetzt waren; die derzeitige Strahlenbelastung; ein Gerät, das summt, wenn die zulässige Strahlenbelastung überschritten wird.

Die Grenze, ab wann radioaktive Strahlung gefährlich sein soll, ist allerdings eine bloße Schätzung. Bei den ersten Atombombentests hatte man Soldaten aus der Entfernung sogar zugucken lassen, weil man das für ungefährlich hielt. Die meisten dieser Soldaten sind später an Krebs gestorben. Die Grenzen sind dann viel niedriger gezogen worden, doch hat man 1990 herausgefunden, daß die Kinder von Vätern, die in Atomkraftwerken arbeiten, viel häufiger an Krebs erkranken als andere Kinder. Wahrscheinlich wird man immer vorsichtiger werden müssen.

Wie kann man sich gegen Strahlen schützen?

Trotz aller Schutzmäntel und Umhüllungen gibt ein Atomkraftwerk auch im Normalbetrieb ständig Strahlung an die Umgebung ab. Atomfirmen behaupten jedoch, daß diese Strahlung viel zu gering ist, um Menschen in Gefahr zu bringen.

Die meiste Strahlung entsteht im Reaktor selbst, der nach außen durch eine dicke Betonhülle abgeschirmt ist. Diese Hülle läßt nur einen geringen Teil der Strahlung durch. Die Arbeiten im Reaktor geschehen alle vollautomatisch oder ferngesteuert. Diese Maschinen müssen später - gemeinsam mit den inneren Teilen eines Atomkraftwerks und mit dem Atommüll - „endgelagert“ werden: All diese Teile sind dermaßen stark radioaktiv verseucht, daß sie mit der Umwelt auf Jahrtausende hin nicht in Berührung kommen dürfen.

Mit der Entfernung von der Strahlungsquelle und mit der Zeit wird die Strahlung immer geringer; die Zeit, in der bestimmte gefährliche Strahlungsarten versiegen, ist jedoch mit Zehntausenden von Jahren ungeheuer lang.

Was macht man mit Atommüll?

Atommüll ist der radioaktive Rest, der bei der Kernspaltung übrigbleibt. Er muß, damit er die Umwelt nicht verseucht, Zehntausende Jahre lang absolut sicher aufbewahrt werden. Bisher ist kein Mittel bekannt, wie das geschehen soll. Die Atomindustrie hofft darauf, daß unsere Nachfahren irgendwann ein Mittel finden werden, dieses gefährliche Erbe unschädlich zu machen. Fürs erste schmilzt man den Atommüll in Glasblöcke ein und stapelt diese in ehemaligen Bergwerken. Oder man verfrachtet den Atommüll zur Wiederaufbereitung.

Was ist Wiederaufbereitung?

„Wiederaufbereitung" nennt man das Verfahren, aus Atommüll neuen Reaktorbrennstoff zu gewinnen. Die abgebrannten Brennelemente werden in drei Substanzen getrennt: in Uran, Plutonium und in den endgültigen Abfall. Uran liefert das Material für neue Brennstäbe. Plutonium muß hochsicher gelagert werden. Der Plutoniumanteil am Atommüll beträgt zwar nur ein Prozent. Doch ist dieses Element so ungeheuer giftig, daß ein paar Gramm davon unter Umständen Millionen Menschen töten könnten. Plutonium ist auch der Stoff, den man für Atombomben braucht. Der Name kommt vom griechischen Gott Pluto, der zugleich Gott des Reichtums als auch Gott der Hölle ist.

Bei der Wiederaufbereitung wird zwar das spaltbare Material besser genutzt und die Masse des Atommülls verringert; dieser neue Atommüll ist jedoch noch viel schwieriger zu handhaben und zu lagern: Er ist weitaus stärker radioaktiv als normaler Atommüll und daher noch gefährlicher. Zudem gibt eine Wiederaufbereitungsanlage ständig Strahlung an die Umwelt ab. Große Wiederaufbereitungsanlagen gibt es in Nordfrankreich und in Ostengland.

Auch in Deutschland (Wackersdorf in der Oberpfalz) war eine Wiederaufbereitungsanlage geplant, gegen die sich jedoch viele Bürger zur Wehr gesetzt haben. Schließlich gab die Regierung diese Pläne im Jahr 1989 auf.

Was ist ein GAU?

Ein Reaktor kann niemals wie eine Atombombe explodieren. Aber er kann durchbrennen und seine Radioaktivität im Laufe von Stunden und Tagen an die Umwelt abgeben. Einen solchen Unfall nennt man den „größten anzunehmenden Unfall". Die Abkürzung dafür ist GAU.

Ein GAU entsteht, wenn die Hitze vom Reaktor nicht mehr wegtransportiert werden kann, weil das Kühlsystem ausfällt und die Notkühlanlage auch nicht funktioniert. Der Reaktorkern wird immer heißer, schmilzt und brennt durch.

1986 hat es einen solchen GAU im sowjetischen Atomkraftwerk Tschernobyl in der Ukraine gegeben. Dabei wurden ungeheure Strahlungsmengen frei, von denen die Böden in halb Europa verseucht wurden. Im Umkreis von Tschernobyl mußten ganze Städte aufgegeben werden. Die Folgen für die Zukunft kann man noch gar nicht abschätzen. Vermutlich werden Zehntausende Menschen, die von diesem GAU betroffen waren, an Krebs erkranken und sterben.

Atomkraftwerke in anderen Ländern (Harrisburg/USA und Greifswald/Deutschland) sind an einem GAU knapp vorbeigeschlittert; es gibt nämlich auch bei den durchdachtesten Systemen keine absolute Sicherheit: Immer sind Menschen am Werk, und Menschen machen Fehler.

Sind Atomkraftwerke zu gefährlich?

Seit dem GAU von Tschernobyl halten immer mehr Menschen die Erzeugung von Energie aus Atomkraft für zu gefährlich; das einzig sichere Atomkraftwerk, sagen sie, ist die Sonne, weil sie 150 Millionen Kilometer von uns entfernt ist. Außerdem behaupten Gegner der Atomkraft, daß Atomstrom letztlich ungeheuer teuer ist: weil noch unsere Nachkommen in tausend oder zehntausend Jahren für die Sicherung und Bewachung des heute entstandenen Atommülls bezahlen müssen. Freunde der Atomkraft meinen, daß die Vorteile der Atomkraft größer sind als ihre Nachteile. Um unsere technische Zivilisation aufrechtzuerhalten, so behaupten sie, kann man auf diese Energiequelle nicht verzichten.

Sanfte Energien

Was sind „sanfte Energien"?

Es gibt eine Reihe von Energieformen wie Windkraft, Bioenergie und Sonnenkraft, von denen Umweltschützer hoffen, daß sie in Zukunft den

Energiebedarf der Menschheit decken. Solche Energieformen nennt man unter anderem „sanfte Energien“, weil sie im Gegensatz zu den „harten Energien“ wie Erdöl oder Atomkraft die Schätze der Erde nicht plündern und keine Umweltzerstörungen anrichten - also sanft mit unserer Erde umgehen. Die sanften Energien werden auch „Alternativenergien“ genannt. *Alternativ* heißt: eine andere Möglichkeit nutzend, einen anderen Weg einschlagend als die „konventionellen“ (gewohnten) Energien. Eine dritte Bezeichnung für sanfte Energiequellen lautet: „erneuerbare Energiequellen“. Windkraft, Bioenergie und Sonnenkraft zum Beispiel sind unerschöpflich, solange die Sonne scheint und solange es Leben auf Erden geben wird. Fossile Energiequellen und auch Uran - der Brennstoff von Atommeilern - werden eines Tages zu Ende gehen.

Kann man Pflanzen als Energiequelle nutzen?

Pflanzen sind für nichtpflanzliche Lebewesen (also für Tiere und Menschen) die ursprünglichste Energiequelle überhaupt: als Nahrungslieferant.

Pflanzen beziehen ihre Energie direkt aus der Sonne. Unter Einwirkung von Licht erzeugen sie aus dem in der Luft enthaltenen Kohlendioxyd und Wasser energiereiche Kohlehydrate.

Tiere (und Menschen) gehen einen komplizierteren Weg; sie haben nicht die Fähigkeit, sich ihre Nahrung selbst zu erzeugen wie die Pflanzen. Sie machen vielmehr einen Umweg über die Pflanzen und nehmen die in den Pflanzen gespeicherte Energie als Nahrung auf. Ein Tier kann also leben, wenn es mit seiner Nahrung mehr Energie aufnimmt, als es beim Bemühen, an diese Nahrung heranzukommen, verbraucht.

Viele Tiere und die allermeisten Menschen machen einen zusätzlichen Umweg. Sie fressen oder essen nicht nur die Pflanzen direkt, sondern auch die Kadaver von Tieren, die sich von Pflanzen ernährt haben.

Was hat der Hunger auf der Welt mit Energieverschwendung zu tun?

Die sogenannte „Nahrungskette“ ist auch eine Kette von Energieverlusten; denn bei jeder Umwandlung von Energie geht etwas verloren. Und je länger die Nahrungskette ist, je mehr Glieder sie hat, desto größer ist der Energieverlust. Man kann sich das an folgendem Beispiel klarmachen: Dasselbe Stück Land kann bis zu zehnmal mehr Menschen ernähren, wenn Reis und Bohnen angebaut und gegessen werden, als wenn man dort Tiere weiden läßt und sie dann tötet, um ihr Fleisch zu essen. Will man Nahrungsenergie in Form von Fleisch erzeugen, braucht man daher viel mehr Land als bei der Erzeugung von eßbaren Pflanzen.

Doch die Menschen in den reichen Ländern essen sehr viel Fleisch. Weil es hier aber nicht genug Land gibt, um alles Schlachtvieh zu füttern, wird in zahlreichen Ländern der Dritten Welt auf den Feldern Tierfutter statt Nahrung für die Menschen angebaut.

Dieses Tierfutter - zum Beispiel Sojabohnen - wird in die reichen Länder geliefert, die gut bezahlen können. Man kann also sagen, daß unser Schlachtvieh den Menschen in Afrika, Südamerika und Asien die Nahrung wegfrißt. Würden wir weniger Fleisch essen, dann könnten viele Menschen der Dritten Welt ihre traditionelle Nahrung anbauen und sich selbst besser ernähren.

Fachleute glauben, daß die Erde deutlich mehr Menschen gut ernähren könnte, als heute auf ihr leben, wenn nur die Ackerflächen vernünftig und gerecht bewirtschaftet würden und wenn auf ihnen vor allem Nahrung für Menschen erzeugt würde.

Was ist Bioenergie?

„Bioenergie" nennt man Energie, die aus erneuerbaren - das heißt nachwachsenden - pflanzlichen Stoffen gewonnen wird. Sie sind insgesamt umweltfreundlicher als fossile Brennstoffe. Denn bei der Nutzung von Bioenergie entnimmt man unserer Erde nur jene Energie, die eben erst von der Sonne eingestrahlt wurde - und man verheizt nicht mit einem Schlag die in Millionen Jahren „angesparten" Speichervorräte (wie bei Kohle).

Kann Holz Bioenergie liefern?

Pflanzen liefern Nahrungsenergie für Tier und Mensch. Und seit die ersten Menschen gelernt hatten, mit Feuer umzugehen, waren Pflanzen auch der einzige Brennstoff - bis man vor wenigen Jahrhunderten den Nutzen und Brennwert von Kohle entdeckte.

Holz ist ein Träger von Bioenergie, denn es ist erneuerbar und wächst nach. Kohle, obwohl aus Überresten von Pflanzen bestehend, wird nicht zu den Bioenergien gerechnet, weil Kohle nicht nachwächst (oder nur in vielen Millionen Jahren).

Allerdings ist der Energiebedarf unserer Industriegesellschaft so hoch, daß Holz insgesamt nur einen kleinen Teil davon decken kann. In manchen Ländern pflanzt man deshalb Wälder, deren schnellwachsendes Holz alle paar Jahre geerntet werden kann – etwa zur Befeuerung von Wärmekraftwerken. In Irland hat man begonnen, in ausgebeuteten Mooren, aus denen man früher Torf gewonnen hatte, Eschen zu ziehen.

In vielen sich entwickelnden Ländern ist Feuerholz für den Normalbürger weiterhin die wichtigste Energiequelle. Dies führt allerdings dazu, daß die Baumbestände immer geringer werden; denn oft fehlt das Geld für die Wiederaufforstung. Auch die Nutzung erneuerbarer Energiequellen kann also gefährlich sein – wenn die Energiequellen nicht erneuert werden.

Was ist Biogas?

Eine der aussichtsreichsten Methoden, aus Pflanzen Energie zu gewinnen, liegt in der Erzeugung von Biogas, zum Beispiel Methan. Dieses Gas entsteht, wenn sich tierische und pflanzliche Stoffe zersetzen, ohne daß Luft dazutritt. Bauernhöfe, in denen viel

Biomasse (zum Beispiel Gülle, Mist, Stroh) anfällt, können diese Abfälle nutzen, indem sie in Biogasanlagen Methan erzeugen; damit kann man den Hof beheizen und auch umgerüstete Maschinen antreiben. Solche Anlagen sind sehr umweltfreundlich, und ihr Betrieb kostet nichts. Allerdings müssen sie zuerst gebaut werden; und das ist am Anfang teuer.

Kann man Benzin aus Pflanzen gewinnen?

Aus Pflanzen kann man nicht direkt Benzin, aber eine Flüssigkeit gewinnen, die oft als „Biosprit" bezeichnet wird. Das ist im Grunde nichts anderes als Spiritus, also Alkohol. Und so wie man Schnaps aus Pflanzen gewinnt, so auch Biosprit.

In Brasilien hat man auf riesigen Plantagen Zuckerrohr und Mais angebaut, um daraus Sprit zu erzeugen. Dieser Alkohol wird dem normalen Benzin zugesetzt. Damit verringert man die Abhängigkeit des Landes von Benzinimporten.

Andere Möglichkeiten, als Treibstoff Bioenergieträger zu nutzen, liegen im Einsatz von Pflanzenölen – statt dem aus Erdöl gewonnenen Dieselöl in Dieselmotoren. Das funktioniert tatsächlich. Man muß nur die Motoren ein klein wenig umbauen.

Fachleute bezweifeln jedoch, daß Treibstoffe aus Pflanzen die Energieprobleme der Menschheit lösen können. Denn um Erdöl wirklich zu ersetzen, müßten gigantische Flächen bebaut werden, die dann der Nahrungsmittelproduktion fehlen. Außerdem müßte man auf so riesigen, einförmigen Feldern mit großen Mengen Gift gegen Insekten und Unkraut vorgehen, was wiederum Grundwasser und Böden schädigt.

Wächst auch Brennstoff im Meer?

Eine Möglichkeit, riesige Flächen mit Energiepflanzen zu bebauen und den Verbrauch von Land dennoch gering zu halten, besteht in der Zucht von Meeresalgen. Algen ernähren sich wie andere Pflanzen auch von Sonnenschein und Wasser: Beides gibt es, zumal in südlichen Meeren, in Hülle und Fülle.

Vor der kalifornischen Küste wird in Meeresfarmen zum Beispiel Seetang angebaut, der täglich einen halben Meter wächst. Der Tang wird zu Biogas verarbeitet.

Andere Algenarten eignen sich dazu, nach dem Trocknen in Kraftwerken verbrannt zu werden.

Was ist Meeresgemüse?

Es gibt eine ganze Reihe von Meeresalgen, die hochwertige Nahrung für Menschen liefern. Vor allem in Japan gehören Algen (dort auch „Meeresgemüse“ genannt) immer schon auf die feine und gesunde Speisekarte. Heute bekommt man Algen wie Kombu und Hiziki auch bei uns in Naturkostläden zu kaufen. Teilweise werden diese Algen vor der französischen Atlantikküste angebaut und geerntet. – So neu ist das übrigens gar nicht; schon die Kelten haben gerne Algen gegessen. Und in Irland, wo keltische Traditionen weiterleben, wird als Spezialität immer noch eine Art Algenpudding aufgetischt. Meeresgemüse hat viel Eiweiß und wichtige Mineralstoffe und wird in Zukunft vielleicht nicht nur eine Delikatesse für Spezialisten, sondern auch ein wichtiger Grundstoff für die Nahrungsmittelindustrie sein.

Wozu wurde früher die Kraft des Windes genutzt?

Wind ist eine der traditionellen Energiequellen der Menschheit und neben den erst um die Jahrtausendwende aufgekommenen Wasserrädern und der Körperkraft von Zugtieren die einzige Energie, die sich direkt in Bewegungsenergie (Kraft) umwandeln ließ. Aus dem siebten Jahrhundert vor unserer Zeit stammen die ersten Berichte über Windmühlen in Persien; um das Jahr 1200 unserer Zeit wurde die erste europäische Windmühle beschrieben. Windmühlen pumpten Wasser in Bewässerungssysteme und lieferten die Kraft zum Drehen von Mühlsteinen. Im Jahr 1920 wurde in den USA die erste Windmühle zur Stromerzeugung benutzt. Zehn Jahre später waren auch in Bayern und Österreich Windkraftanlagen in Betrieb, die oft ganze Ortschaften mit eigenem Strom versorgten.

Noch früher als für das Drehen von Windrädern diente die Windkraft jedoch zur Fortbewegung von Schiffen. Segel fingen den Wind auf, der dann das Schiff vorwärts drückte. Schon vor 5.000 Jahren besaßen die Ägypter einfache Schiffe mit einem einzigen Segel. Im Laufe der Zeit feilten die seefahrenden Völker die Segeltechnik immer weiter aus. In der Mitte des 19. Jahrhunderts erreichte die Segelschiffahrt einen ersten Höhepunkt: Bis zu vierzig Stundenkilometer fuhren amerikanische Klipper mit ihren vielen Segeln und der riesigen Segelfläche. Dank der Computertechnik ergeben sich heute für die Handelsschiffahrt neue interessante Möglichkeiten, die Windkraft mit Segeln zu nutzen. Vielleicht sind in wenigen Jahrzehnten langsame, riesige Frachtschiffe (zum Beispiel Öltanker) wieder mit Segeln unterwegs. Diese Segelflächen werden dann allerdings von Motoren gestellt und von Computern gesteuert sein.

Woher kommt die Energie des Windes?

Windkraft ist umgewandelte Sonnenenergie. Die Einstrahlung der Sonne auf große Wasser- und Landflächen erwärmt die dort befindliche Luft; warme Luft dehnt sich aus und steigt auf und fließt in Gebiete mit geringerem Luftdruck ab. Normalerweise streben heiße Luftmassen vom Äquator in Richtung der kalten Pole, werden dabei abgekühlt und abgelenkt und sinken zu Boden, um in einem endlosen Kreislauf zum Äquator zurückzukehren. Allerdings ist das nur ein grobes Muster für allgemeine Windströmungen. In vielen Gegenden der Erde verhält sich der Wind aber tatsächlich fast immer so. Anderswo dreht er sich häufig, flaut ab oder erhebt sich zu Stürmen.

Normalerweise weht an Küsten ein stärkerer und

gleichmäßigerer Wind als im Landesinneren. Und je heißer eine Weltgegend, desto geringer ist die durchschnittliche Windgeschwindigkeit - es sei denn, es kommt zu einem Wirbelsturm.

Große Stürme (je nach Gegend und Art „Hurricans", „Tornados" oder „Taifune" genannt) erreichen oft die Kraft von Atombombenexplosionen. Diese Gewalten können nicht genutzt werden; sie stellen für Windkraftanlagen außerdem große Gefahren dar.

Wie kann man Windkraft nutzen?

Moderne Windkraftanlagen werden nicht mehr zur Erzeugung von mechanischer Energie (wie in Windmühlen), sondern zur Stromerzeugung genutzt. Sie haben die verschiedensten Formen von langsamdrehenden Windrädern mit Dutzenden von Flügeln bis zu einflügeligen Rotoren, die sich ungeheuer schnell drehen können. Mit der Windkraft werden Stromgeneratoren angetrieben, die den Strom entweder in das Stromnetz einspeisen oder - bei kleineren Anlagen - in Batterien für windarme Zeiten speichern. Schließlich gibt es noch die Möglichkeit, den durch Wind erzeugten Strom in andere Energieformen umzuwandeln und dann zu speichern - zum Beispiel als Wasserstoffgas.

Fachleute glauben, daß die Nutzung der Windkraft eine große Zukunft hat, sofern die Politik sanfte Energien fördert und ihnen den Vorrang vor Erdöl und Atomkraft einräumt. In diesem Fall könnten in entlegenen windigen Gegenden sogenannte

„Windparks“ errichtet werden, ganze Wälder von Windkraftanlagen. Außerdem könnten sich Wohngemeinschaften, Dörfer und Gemeinden durch eigene Anlagen vom öffentlichen Stromnetz unabhängiger machen.

Allerdings ist das System der Stromversorgung in den Industrieländern so aufgebaut, daß der Strom normalerweise in riesigen zentralen Kraftwerken erzeugt und über weite Strecken an die Verbraucher geliefert wird. Außerdem haben die Verbraucher oft Verträge unterschrieben, die den Stromgesellschaften das Recht auf alleinige Stromlieferung sichern. Diese Verträge laufen über Jahrzehnte. Konkurrenten, die umweltfreundlichen Windstrom erzeugen und verkaufen wollen, haben es deshalb schwer, sich gegen die Giganten durchzusetzen. Die kleineren Windkraftwerke in Bayern und Österreich, die zwanzig Jahre lang ihre Ortschaften versorgt hatten, mußten schon bald nach dem Ende des Zweiten Weltkrieges abgebaut werden. Die Stromversorgung übernahmen die Großbetriebe.

Wie kann Windenergie gespeichert werden?

Normalerweise wandeln Windkraftanlagen Windenergie in elektrischen Strom um; kleinere Strommengen können in Batterien gespeichert werden. Eine vielversprechende Möglichkeit, überschüssigen Strom zu speichern, besteht darin, ihn in Wasserstoff zu verwandeln. Wasserstoff ist ein brennbares Gas, das in gebundener Form in Wasser vorkommt.

(Zwei Atome Wasserstoff und ein Atom Sauerstoff ergeben zusammen ein Wassermolekül.)

Durch Einsatz von elektrischem Strom läßt sich Wasser in seine beiden Bestandteile Wasserstoff und Sauerstoff zerlegen. (Diesen Vorgang nennt man „Elektrolyse".) Der Wasserstoff kann unter Druck in Stahlbehältern aufbewahrt und zum Kochen und Heizen verwendet werden; mit Wasserstoff kann man aber auch Motoren betreiben und damit Autos bewegen - oder neuerlich Strom erzeugen.

Bei der Umwandlung von Windkraft in elektrische Energie, von Strom in Wasserstoff, von Wasserstoff in Wärmeenergie und von Wärmeenergie wieder zurück in Strom geht natürlich viel Energie verloren. Aber wenn die Windkraftanlage einmal gebaut ist, ist der überschüssige Strom ja gratis. Deshalb sagen Energiefachleute dieser Wasserstofftechnik eine große Zukunft voraus - und nicht nur im Zusammenhang mit Windkraft, sondern auch bei der Speicherung von Sonnenenergie.

Kann man die Wärme im Erdinneren anzapfen?

Die Temperatur im heißen Inneren der Erde beträgt einige tausend Grad; die hier gespeicherte Energie ist unermeßlich groß. Könnte man diesen Wärmeschatz mit wenig Aufwand anzapfen, so wären alle Energieprobleme der Menschheit auf unabsehbare (aber nicht endlose) Zeit gelöst.

Leider ist die kalte Kruste an den meisten Stellen der Erdoberfläche so dick, daß es sich mit der heutigen Technik noch nicht lohnt, die Erdwärme zu nutzen. Das Blatt könnte sich wenden, wenn die fossilen Energievorräte zu Ende gehen und die Menschheit wohl oder übel nach neuen, umweltfreundlichen Energiequellen Ausschau halten muß.

In einem einzigen Land der Erde wird schon heute der Großteil des Energiebedarfs aus Erdwärme gedeckt: in Island. Diese kalte Insel am nördlichen Polarkreis sitzt nämlich auf einem Vulkan - das heißt, auf einer Stelle, wo die kalte Kruste durchbrochen ist. Aus dem Boden sprudelt so viel heißes Wasser, daß die ganze Hauptstadt Reykjavik (100.000 Einwohner) damit zentral beheizt werden kann; die überschüssige Wärme heizt Gewächshäuser und Freibäder.

Anderswo dringen - wie in vielen Heilbädern - geringere Mengen von warmem Wasser aus dem Boden. Regelrechte geothermische Kraftwerke gibt es an einigen Stellen in Italien, Neuseeland, Japan und in den USA.

Wie entstehen geothermische Quellen?

Wenn warmes Wasser von selbst aus der Erde dringt, so nennt man eine solche Quelle „geothermisch“ (von griechisch *geo-*, Erd-, und *therm-*, Wärme). Solche warmen Quellen entstehen auf natürliche Weise, wenn kaltes Wasser in die Erdkruste einsickert, auf heiße Schichten trifft, verdampft und als Dampf hochsteigt, der sich dann auf dem Weg nach oben wieder mehr oder weniger abkühlt. Geothermische

Quellen können lauwarme Thermalquellen sein oder aber fauchende, dampfspeiende Geysire (wie in Island).

Wie funktionieren geothermische Kraftwerke?

Wenn man die Erdkruste anbohrt, so steigt die Temperatur pro Kilometer um durchschnittlich dreißig Grad. An manchen Stellen der Erde trifft man jedoch schon recht weit oben auf heiße Gesteinsschichten. Wenn dieses Gestein porös genug ist, kann man ein geothermisches Kraftwerk bauen: Man bohrt zwei Löcher in das heiße Gestein. Das eine führt zur Unterseite der heißen Schicht. In dieses Loch wird mit sehr hohem Druck kaltes Wasser gepumpt. Ein weiteres Loch führt von der Oberseite des heißen Gesteins zurück an die Oberfläche und ins Kraftwerk.

Das kalte Wasser wird nun in den Rissen und Höhlen des Gesteins heiß, verdampft und dringt durch die zweite Röhre als überhitzter Wasserdampf nach oben; der heiße Dampf treibt wie bei normalen Wärmekraftwerken Turbinen an, die Strom erzeugen.

Energie aus Müll – kann das funktionieren?

Auf den ersten Blick scheint es eine hervorragende Lösung sowohl unseres Energieproblems wie auch des Müllproblems zu sein: Verbrennen wir unseren Müll doch einfach, und erzeugen wir in Müllkraftwerken Strom! Rund eine Tonne Hausmüll erzeugt die Durchschnittsfamilie eines westlichen Industriestaates jährlich; und der in den USA anfallende Hausmüll könnte gar zehn Prozent des gesamten Energiebedarfs decken. Wir würden die Müllberge verringern und bräuchten weniger Erdöl zur Stromerzeugung.

Doch leider ist dieses Konzept nicht so toll, wie es zunächst aussieht. Denn unser Hausmüll besteht auch aus giftigen Stoffen, die bei der Verbrennung – trotz aller Filter – gefährliche Schadstoffe an die Luft abgeben.

Vor allem aber darf man nicht vergessen, daß bei der Erzeugung von Müll (besonders Verpackungsmaterial) weitaus mehr Energie verbraucht wird, als durch Verbrennung jemals wieder gewonnen werden kann. Verbrennung ist daher ein umweltschädlicher und verschwenderischer Weg, mit Müll fertig zu werden. Viel wirtschaftlicher wäre es erstens, die Entstehung von Müll, wo immer möglich, zu vermeiden. Eine ungeheure Menge an Energie, die zum Beispiel bei der Erzeugung von überflüssigen Verpackungen verbraucht wird, könnte eingespart werden.

Zweitens läßt sich durch eine sorgfältige Trennung der verschiedenen Müllarten im Haushalt mehr Energie gewinnen als durch Verheizen: Mülltrennung ermöglicht das Recycling von Materialien. „Recycling“ (von griechisch *kyklos,* Kreis) heißt der Kreislauf von Herstellung, Benutzung, Wiedergewinnung und Wiederverwendung. Der Großteil unseres Hausmülls kann wiederverwertet werden und ist damit viel eher ein wertvoller Rohstoff als bloßes Brennmaterial: Organischer Müll (Pflanzen, pflanzliche Produkte und Essensreste) sollte auf dem eigenen oder städtischen Kompost landen, wo er zu hochwertiger Komposterde verrotten kann.

Altpapier kann gesammelt, eingestampft und zur Erzeugung von Recyclingpapier verwendet werden, was unsere Wälder schonen würde.

Metall, Plastik und Glas lassen sich ebenfalls zu Recyclingprodukten verarbeiten; dabei wird zumeist weniger Energie verbraucht als bei der Erzeugung aus frischen Rohstoffen. Außerdem können wir dann mit unseren Bodenschätzen sparsamer umgehen.

Kann die Sonne direkt Strom erzeugen?

Unter dem Gesichtspunkt der Energieerzeugung können wir die Sonne als eine Art Atomreaktor mit unvorstellbarer Leistungskraft sehen. Nur ein winziger Bruchteil der ausgestrahlten Energie erreicht unsere Erde; doch diese Energie macht Leben (wie wir es kennen) erst möglich. Sämtliche nutzbaren Energiequellen (mit Ausnahme der Atomkraft) beziehen ihre Kraft auf Umwegen aus der Sonne. Kann man denn diese Umwege nicht vermeiden und die Sonnenenergie direkt in elektrischen Strom verwandeln?

Das ist tatsächlich möglich: mit Solarzellen. Die dafür erforderlichen Techniken sind erst in den vergangenen Jahrzehnten entwickelt worden; ihr Wirkungsgrad ist (noch) ziemlich gering, und Solarzellen sind (noch) recht teuer. Aber schon heute kann überall dort, wo die Sonne scheint und nur geringe Strommengen benötigt werden, die Sonne direkt angezapft werden.

Solarzellen (oder Sonnenzellen) werden aus einer Platte mit zwei hauchdünnen Schichten gebildet. Eine Schicht besteht aus dem Element Silicium, die andere aus Silicium und Bor. Mit dem Sonnenlicht, das auf eine Solarzelle fällt, treffen Photonen auf die äußere Schicht. Photonen sind winzige Lichtteilchen, die von der Sonne ausgestrahlt werden. Sie treiben Elektronen in die andere Schicht und erzeugen damit eine elektrische Spannung. Die „vertriebenen" Elektronen fließen in den Stromsammler und weiter in den Stromkreis - elektrischer Strom ist ja der Fluß von Elektronen in leitfähigen Materialien.

Solarzellen werden ständig verbessert; man hofft, daß sie in naher Zukunft leistungsfähig und billig genug sind, um einen guten Teil des Strombedarfs decken zu können. Zwar würde man dazu gigantische Flächen mit Solarzellen belegen und auch das Stromspeicherproblem lösen müssen. Doch bieten sich als „Sonnenfarmen" gerade jene Gebiete der Erde an, die wegen ihrer Gluthitze unbewohnt sind. - Und auch die Wasserstofftechnik ließe sich nach Meinung von Fachleuten ausbauen: Die in Wüstengebieten gewonnene Sonnenenergie könnte in Form von Wasserstoffgas in die Verbraucherländer geliefert werden.

Wie kommt die Sonne in den Heißwasserboiler?

Eine preisgünstige und auch bei uns wirtschaftliche Möglichkeit, Brauchwasser (zum Beispiel Badewasser) aufzuheizen, bieten Sonnenkollektoren. Hier wird kein Strom erzeugt, sondern Wasser einfach aufgewärmt. In seiner einfachsten Bauart ist ein Sonnenkollektor ein flacher Kasten mit Rohrschlangen auf einem schwarzen Hintergrund und einer Glasplatte oben. Wenn die Sonne darauf scheint, fängt die schwarze Fläche die Wärme ein; die Glasplatte verhindert, daß die Hitze abstrahlt. Jetzt wird kaltes Wasser durch die Rohrschlangen geleitet, die sich und das Wasser immer mehr erwärmen. Dieses Wasser gibt seine Wärme an das Wasser eines Warmwassertanks ab. So kann man die Sonnenwärme im Wasser auch für Zeiten speichern, in denen die Sonne nicht scheint. Moderne Kollektoren können selbst an wolkigen Tagen Wasser gratis erhitzen.

Ein unfreiwilliger Sonnenkollektor ist übrigens ein Auto mit schwarzen Armaturen, das man in der Sommersonne stehenläßt. Die Sonnenwärme strahlt durch die Windschutzscheibe ins Innere und wird vor allem von schwarzen Flächen gespeichert. Weil das Auto geschlossen ist, kann der Wind die Hitze nicht „fortwehen". Schließlich wird es im Auto viel heißer als draußen, und das Lenkrad kann man oft gar nicht mehr anfassen.

Physik im Alltag

Woher kommen Abendrot und Morgenrot?

Wenn die Sonne aufgeht oder untergeht, dann schickt sie ihr Licht schräg zu unserem Standpunkt hin. Die Sonnenstrahlen legen eine größere Strecke in der Lufthülle der Erde zurück, als wenn die Sonne hoch am Himmel und direkt über uns steht.

Die Luftschichten in der Nähe der Erdoberfläche enthalten oft viel Staub oder feinste Wassertröpfchen. Wenn sich nun die Sonnenstrahlen lange Strecken - nämlich schräg - durch diese Schichten „durchkämpfen", dann wird dieses Licht gefiltert. Das rote Licht, das langwellig ist, kommt besser durch als das kurzwellige blaue Licht, das von diesen Staub- und Wasserteilchen eher abgelenkt wird. Bei Abendrot oder Morgenrot sehen wir also vor allem den Teil des Lichtes, der bis zu uns durchdringt - nämlich das rote Licht.

Warum ist es nach Sonnenuntergang nicht sofort finster?

Die Sonne kann nicht um die Ecke scheinen. Man möchte daher annehmen, daß es dunkel wird, sobald man die Sonne nicht mehr am Himmel sieht. Aber Licht kann gespiegelt werden; und die verschiedenen Luftschichten bilden so eine Art Spiegel, der das Sonnenlicht aus größeren Höhen teilweise zu uns herunterspiegelt. Auch wenn die Sonne von unserem tiefgelegenen Standpunkt aus schon verschwunden ist; weiter droben, auf hohen Bergen oder vom Flugzeug aus, sieht man sie noch eine Zeitlang.

Warum blinken die Sterne am Himmel?

Die Sterne blinken nicht, sie zwinkern nicht, sie flimmern nicht, sondern senden stur ihr Licht aus. Warum sie uns „blinkend“ erscheinen, hat folgenden Grund: Die Luftschicht um die Erde ist verschieden warm. Das Sternenlicht muß durch alle Schichten durch und wird in unterschiedlichen Höhen unterschiedlich abgelenkt. Diese Schichten wiederum werden von Winden durcheinandergewirbelt. Und wir stehen auf der Erde und wundern uns, warum die Sterne nicht ruhig scheinen können. Dabei tun sie's doch!

Woher nehmen frisch geputzte Schuhe ihren Glanz?

Wie alle Gegenstände, so werfen auch Schuhe einen Teil des Lichts, das auf sie fällt, wieder zurück. Ungeputzte Schuhe haben eine Oberfläche, die nicht sehr glatt ist. Das Licht wird daher verstreut und unregelmäßig reflektiert. Wenn man seine Schuhe putzt, glättet man die Oberfläche, die nun das Licht nicht verstreut, sondern direkt und regelmäßig zurückwirft. Spiegel sind übrigens Gegenstände mit einer Oberfläche, die Licht erstens nicht aufsaugt und bei sich behält (absorbiert), sondern fast alles Licht zurückwirft - und zweitens dieses Licht besonders regelmäßig und gerade reflektiert.

Welche Farben kann man nicht sehen?

Unsere Augen sind so gebaut, daß wir nur die Farben des Regenbogens wahrnehmen können. Heute wissen wir, daß die Farbenskala des Regenbogens an den Rändern (bei Rot auf der einen und Violett auf der anderen Seite) nicht einfach aufhört. Wenn man bei Rot weitergeht, kommt man zu Infrarot; *infra* heißt: unter. Nach Violett kommt Ultraviolett; *ultra* heißt: drüber. Infrarot und Ultraviolett sind also die Farben unterhalb von Rot und überhalb von Violett. Viele Tiere, zum Beispiel manche Insekten, können auch diese Farben sehen; wir Menschen leider nicht. Wir können uns nicht einmal vorstellen, wie diese „unsichtbaren" Farben wohl aussehen. Aber wir können Apparate bauen, die das Licht dieser Farben (bzw. die Wellenlänge) ausstrahlen und empfangen.

Warum brauchen wir beim Schätzen von Entfernungen zwei Augen?

Mit einem kleinen Test kann man sich leicht klarmachen, daß man zwei Augen braucht, um kürzere Entfernungen richtig einzuschätzen. Man muß nur eine Flasche in Reichweite vor sich aufstellen, ein Auge zukneifen und versuchen, mit dem Finger in den Flaschenhals zu treffen. Auf Anhieb gelingt das nie!

Der Grund liegt darin, daß wir mit zwei Augen nicht nur mehr sehen als mit einem, sondern vor allem besser: nämlich räumlich. Weil unsere beiden Augen in einem gewissen Abstand nebeneinanderstehen, können wir einen Gegenstand gleichzeitig aus zwei verschiedenen Blickwinkeln betrachten. Unser Hirn errechnet daraus ein Gesamtbild, das diese beiden Blickwinkel berücksichtigt. Wir sehen den Gegenstand räumlich, das heißt mit Länge, Breite und Tiefe.

Haben wir beide Augen geöffnet, sehen wir, wie der Finger sich der Flasche nähert, und errechnen automatisch, wie weit wir noch vom Ziel entfernt sind. Haben wir hingegen nur ein Auge zur Verfügung, so sehen wir die ganze Sache flächig wie auf einem Foto. Unser Gesichtssinn kann uns zwar mitteilen, wie weit der Finger neben der Flasche ist, aber nicht, wie weit er vor oder hinter der Flasche ist. Noch ein Hinweis: Wenn man den Versuch oft genug wiederholt, dann trifft man mit der Zeit. Das ist jedoch nur eine Frage der Übung. Wenn man die Flasche wieder verrückt, trifft man abermals daneben. Das zweite Auge aufmachen - und sofort klappt es.

Wie kann man einen Luftballon an der Zimmerdecke „elektrisch ankleben"?

Wird ein Luftballon aufgeblasen, zugebunden und an einem Stück Wolle gerieben, so nimmt er durch die Reibung kleinste elektrische Teilchen (Elektronen) aus der Wolle auf; der Ballon wird elektrisch aufgeladen. Die Zimmerdecke hingegen ist normalerweise nicht elektrisch geladen. - Elektrisch geladene und ungeladene Gegenstände ziehen sich gegenseitig an. Wenn wir also den luftgefüllten, geladenen Ballon mit der Zimmerdecke in Berührung bringen, dann müßte er oben klebenbleiben. Ausprobieren! Irgendwann, nach spätestens ein paar Stunden, hat sich die Ladung ausgeglichen, und der Ballon schwebt wieder zu Boden.

Zauberkünstler machen aus diesem Effekt wahrhaft zauberhafte Tricks. Aufgeladen können ja nicht nur Ballons werden, sondern zum Beispiel auch Spielkarten. Also reibt der Magier unauffällig an so einer Karte, plaziert sie durch einen geschickten Weitwurf an der Zimmerdecke und freut sich, wenn das Publikum aus dem Staunen nicht mehr herauskommt. Wenn die Leute nach Hause gegangen sind, fällt die Karte dann wieder runter.

Unter welche Bäume soll man sich bei Gewittern flüchten?

Am allerbesten ist es, man weicht im Freien bei einem Gewitter jedem Baum aus, und nicht nur jedem Baum, sondern überhaupt allen aufragenden Gegenständen wie Strommasten, Türmen, Fahnenmasten. Blitze ziehen nämlich kurze Wege vor, und je höher ein Mast oder Baum, desto kürzer der Weg von der Wolke zur Erde. Befindet man sich bei Gewitter auf ebenen Flächen, so sollte man sich daher nach Möglichkeit klein machen und jede Bodenerhebung meiden – auch wenn man dabei nasser wird als unter einem Baum.

Ist man allerdings von Bäumen umgeben, dann gilt tatsächlich das Sprichwort: „Vor Eichen weichen, Buchen suchen!“ Buchen werden weniger von Blitzen getroffen als Eichen: Buchen haben eine glatte Rinde, an denen Regenwasser gut abrinnen kann. Durch diese feuchte Verbindung zwischen Erdboden und Baumkrone kann die elektrische Ladung, die sich bei Gewitter am Boden aufbaut, in die Krone aufsteigen; Wasser leitet ja die Elektrizität. Und es kann ein langsamer, allmählicher Ausgleich zwischen der positiven Ladung auf der Erde und der negativen Ladung in den Wolken stattfinden.

Die borkige Rinde von Eichen ist dazu weniger geeignet. Sie wird schwerer durchgehend feucht, es bleiben eher trockene Ringe, die Erde und Himmel voneinander isolieren. Die Spannung zwischen diesen Ladungen steigt ständig, und wenn sie zu hoch ist, entlädt sie sich als gewaltiger elektrischer Funke: als Blitz.

Wie sicher ist man bei einem Gewitter im Auto?

Autos haben Gummireifen, und Gummireifen isolieren prächtig. Rein „elektrisch" gesehen, steht das Auto mit der negativ geladenen Erde überhaupt in keiner Verbindung. Es besteht für einen Blitz also kein Anlaß, in ein Auto einzuschlagen. Und selbst wenn ein Blitz ein Auto träfe, so würde den Insassen nicht viel passieren. Die Metallkarosserie rundherum schützt vor gefährlichen Entladungen. Man nennt einen solchen Metallkäfig „Faradayscher Käfig", so benannt nach dem englischen Physiker Michael Faraday. Selbst Kranführer, die in den höchsten Kränen sitzen, müssen nicht zur Erde klettern, wenn ein Gewitter im Anzug ist. Zwar kann ein Blitz leicht in die Kranspitze einschlagen, und es wird fürchterlich krachen im Gehäuse des Kranführers, aber sonst passiert nicht viel. Also: bei Blitz und Donner bloß nicht aus dem Auto ins Freie flüchten!

Woher kommen diese kleinen elektrischen Schläge, wenn man manchmal etwas anfaßt?

Es kann oft ganz schön unangenehm werden, dieses Prickeln in den Fingern, wenn man zum Beispiel eine Türklinke berührt. Bei diesen kleinen elektrischen Schlägen entlädt sich die elektrische Ladung, die sich im Menschen aufgebaut hat. Im Prinzip läuft hier das gleiche ab, wie wenn irgendwo ein Blitz einschlägt - nur ist die Stärke bei „echten" Blitzen natürlich millionenfach größer.

Elektrische Spannung kann sich durch Reibung bestimmter Materialien aufbauen; und Reibung entsteht auch beim Gehen. Wenn wir nun Schuhe mit Gummisohlen tragen, die uns gegen den Boden hin isolieren, und wenn wir zum Beispiel auf Kunststoffteppichböden spazieren, dann sind wir tatsächlich „geladen". Und diese Ladung wird blitzartig abgebaut, wenn man „unisoliert" (mit bloßen Händen) etwas angreift, was mit der Erde in Verbindung steht. Es prickelt und tut manchmal sogar ein bißchen weh. - Wenn man barfüßig geht, kann einem das nicht passieren. Man läßt die durch Reibung entstandene Spannung nämlich ständig abfließen, weil keine Isolierung da ist. Es kann sich keine Ladung aufbauen.

Gefährlich ist das Ganze übrigens nicht. Zwar entstehen manchmal kurzzeitige Spannungen über 10.000 Volt, die jedoch in millionstel Sekunden wieder zusammenbrechen.

Wozu dienen die schwarzen Bänder, die bei manchen Autos am Boden schleifen?

Auch ein fahrendes Auto lädt sich durch die Reibung der Reifen auf der Straße auf; durch ihre Gummireifen sind Autos gegen die Erde hin isoliert. Wenn der Fahrer nun aussteigt und einen Kontakt zwischen Erde und Auto herstellt (Fuß am Boden, Hand an der Autotür), dann kann es wiederum kribbeln: Das Auto entlädt sich elektrisch.

Ein Band aus leitfähigem Material, das ständig auf der Straße schleift, leitet die sich aufbauende Spannung immer gleich wieder ab und kann das Aufladen des Autos verhindern.

Wie funktionieren elektrische Sicherungen?

Sicherungen dienen dazu, den Stromkreis blitzschnell zu unterbrechen, wenn der Strom aus irgendwelchen Gründen zu stark geworden ist. Würde ein zu starker Strom nämlich ungehindert weiterfließen, dann könnten Geräte durchbrennen. Die Kabel könnten sich sogar so weit erhitzen, daß ein Brand ausbricht.

Sicherungen sind also Notabschalter, die automatisch funktionieren, sobald der Strom eine bestimmte Stärke überschreitet. Sie sind in den Stromkreis eingebaut. Sobald der Strom zu stark wird, schmilzt ein Draht in der Sicherungspatrone. Die Sicherung ist „durchgebrannt", und der Strom fällt aus. Meistens passiert das, wenn irgendwo im Stromkreis ein Kurzschluß passiert und ein Gerät defekt ist. Dann nützt es gar nichts, immer wieder neue Sicherungen reinzuschrauben: Zuerst muß der Kurzschluß behoben oder das Gerät ausgeschaltet sein. Sonst brennt der Draht der Sicherung immer wieder durch. Bei modernen Sicherungsautomaten funktioniert die Sache ähnlich. Hier brennt allerdings kein Draht durch; durch die Hitze des zu starken Stroms verbiegt sich ein Metallplättchen und unterbricht auf diese Weise den Stromkreis. Das hat den Vorteil, daß die Sicherung immer wieder neu eingeschaltet werden kann, ohne daß man eine ganze Sicherungspatrone auswechseln muß.

Warum knackt es manchmal im Radio, wenn man das Licht einschaltet?

Eigentlich sollten alle normalen elektrischen Schalter (Drehschalter, Kippschalter, Druckschalter) so funktionieren, daß der Strom blitzschnell durch eine Feder aus- oder eingeschaltet wird. Viele Schalter, vor allem in älteren Häusern, funktionieren jedoch nicht einwandfrei. Der Kontakt wird zu langsam hergestellt oder unterbrochen; und in diesen Sekundenbruchteilen, in denen der Kontakt in der Schwebe ist, sprühen in dem Schalter Funken vom einen Pol zum anderen. Diese Funken wiederum senden elektrische Wellen aus, die vom Radiogerät empfangen werden - und die wir dann als Knacken hören.

Weshalb verbrennt der Glühdraht in Glühbirnen nicht?

Wenn man das Licht einschaltet, läßt man Strom durch den feinen Draht im Inneren der Glühbirne fließen. Weil aber der Draht sehr dünn ist, können die Elektronen nicht so einfach durchfließen. Sie müssen einen elektrischen Widerstand überwinden; sie „drängeln" und erhitzen dadurch den Draht, so daß er glüht. Dieses Glühen erzeugt Licht. Normalerweise würde der Draht natürlich sofort durchglühen und verbrennen. Aber zum Verbrennen ist Luft nötig. Im luftleeren Raum - im Vakuum - kann nichts brennen. Und das Innere der Glühbirne ist so ein luftleerer Raum. Also glüht der Draht, ohne verbrennen zu können.

Wie funktionieren Leuchtstoffröhren?

Leuchtstoffröhren verbrauchen weniger Strom als Glühlampen - oder andersherum: sie geben bei gleicher Energiezufuhr mehr Licht ab. Deshalb werden sie vor allem dort eingesetzt, wo große Räume auszuleuchten sind. Außerdem werfen sie keine so scharfen Schatten wie Glühbirnen und leuchten daher Räume besser aus.

In Leuchtstoffröhren wird kein Draht zum Glühen gebracht, sondern ein Gas. Und das funktioniert so: Das Rohr ist mit Gas (oft Quecksilberdampf, der unter geringem Druck steht) gefüllt. Die Innenseite des Rohres ist mit bestimmten chemischen Stoffen (zum Beispiel Zinksulfid) beschichtet. Jetzt wird Strom durch die Röhre geschickt. Die Elektronen stoßen die Atome des Leuchtgases an, und das Gas beginnt zu leuchten - allerdings mit ultraviolettem Licht, das für uns Menschen kaum oder überhaupt nicht sichtbar ist. Wenn nun dieses Licht auf die Beschichtung der Röhre fällt, dann beginnt diese Beschichtung zu leuchten, und das unsichtbare Licht wird in sichtbares Licht verwandelt. Dabei kann man die Beschichtung so wählen, daß man Licht von genau der Farbe bekommt, die man haben will.

Woher kommt das „elektrische Gefühl“ an den Zähnen, wenn man auf Silberpapier beißt?

Wer keine metallischen Plomben im Mund hat, der kennt das „elektrische Gefühl“ wohl nicht, das man an den Zähnen verspürt, wenn man auf Silberpapier beißt. Wenn man allerdings Amalgamplomben im Mund trägt und beim Schokoladeessen versehentlich auf ein Stück Stanniolpapier beißt, kann es ziemlich weh tun. Es befinden sich dann nämlich zwei verschiedene Metalle (Plomben und Silberpapier) im Mund. Dazu kommt die Speichelflüssigkeit. Jetzt entsteht im Mund tatsächlich elektrische Spannung

- ähnlich wie in einer Batterie. Den einen Pol dieser unfreiwilligen Batterie bildet der plombierte Zahn - und das kann schmerzhaft sein.

Woher weiß eine automatische Tür, wann sie aufgehen muß?

Eine automatische Tür geht auf, wenn sich jemand nähert, denn dieser Jemand durchbricht eine Lichtschranke und betätigt damit unfreiwillig einen Schalter, der die Tür aufgehen läßt.

Eine Lichtschranke befindet sich zwischen einem Bauteil, der einen Lichtstrahl aussendet, und einer Photozelle, auf die der Lichtstrahl gerichtet ist. Solange Licht auf die Photozelle fällt, bewegen sich Elektronen in ihr; es werden winzigkleine Ströme erzeugt - gerade so viel, daß ein elektronischer Schalter durch sie offengehalten wird. Wenn nun jemand zwischen Sender und Photozelle durchgeht, fällt einen Moment lang kein Licht auf die Photozelle. Es fließt kein Strom, der Schalter schließt einen Stromkreis, die Elektromotoren der Tür treten in Aktion und machen sie auf. (Der Strom, der die Türen aufmacht, hat mit den winzigkleinen Strömen in der Photozelle nichts zu tun.)

Wie kann man Schall in Strom „übersetzen“?

So laut wir auch schreien: in ein paar hundert Meter Entfernung hört uns niemand mehr - es sei denn, wir telefonieren. *Telefon* kommt übrigens aus dem Griechischen und heißt wörtlich übersetzt: Fernschall. Beim Telefonieren übersetzen wir Töne (Schallwellen) in elektrische Ströme (genauer: in Stromschwankungen). Und beim Empfänger wird alles wieder zurückübersetzt. Strom kann ja fast beliebige Entfernungen überbrücken, ohne sich dabei wie Schallwellen in der Luft zu verlieren.

Das Ganze funktioniert so: Im Telefonhörer ist ein Mikrophon eingebaut. Dieser Bauteil reagiert empfindlich auf den Druck, den Schallwellen (beim Sprechen) auf ihn ausüben. Das Mikrophon verwandelt nun diese Schwankungen des Luftdrucks in Stromschwankungen. Die Stromschwankungen pflanzen sich in der Telefonleitung fort und kommen, wenn die Verbindung klappt, beim Empfänger an. Der allerdings kann mit Stromschwankungen nicht sofort was anfangen. Er braucht etwas, was sie in hörbaren Schall zurückübersetzt. Das macht der kleine Lautsprecher, der im oberen Teil des Telefonhörers eingebaut ist. Der Sprechstrom (also die Stromschwankungen) wirkt auf ein Magnetfeld ein und verändert dessen Stärke. Dadurch wird eine Membran (eine gespannte Haut) zum Vibrieren gebracht; das Vibrieren erzeugt Schallwellen, die wir wiederum als die Stimme des Anrufers hören.

Wie funktioniert ein Antiblockiersystem?

Ein ABS, so die Abkürzung für Antiblockiersystem, ist ein computergesteuertes Bremssystem für Autos, Busse und Lastwagen. Es sorgt dafür, daß der Fahrer immer nur gerade so stark bremsen kann, daß die Räder noch nicht blockieren und das Auto gerade noch nicht rutscht. Man hat nämlich herausgefunden, daß ein Auto dann früher zum Stehen gebracht werden kann, wenn es nicht mit quietschenden Reifen dahinschlittert. Die Räder sollen sich noch mitdrehen. Dann kann ein Auto auch bei einer Vollbremsung gelenkt werden. Es kann immer noch Kurven fahren und Hindernissen ausweichen. Bei blokkierten Rädern hingegen rutscht oder schleudert es, wohin es will. Menschen sind nicht in der Lage, so feinfühlig auf die Bremse zu treten, daß zwar fest genug gebremst wird, die Räder aber nicht blockieren. Beim ABS machen das Computer. Sie messen in jedem Moment die Drehgeschwindigkeit der Räder. Wenn ein Fahrer mit aller Kraft auf die Bremse tritt und damit die Räder normalerweise blockieren würde, lockert die elektronische Steuerung den Bremsdruck so weit, daß sich die Räder immer noch etwas drehen.

Wie erkennen Münzautomaten Falschgeld?

In jeden Automaten sind Münzprüfer eingebaut, die Knöpfe oder ausländisches Geld oder andere runde Plättchen erkennen und aussortieren. Ein Magnet prüft, ob das eingeworfene Geldstück die richtige Legierung (Metallmischung) hat; dann wird die Münze auf Dicke, Durchmesser und Gewicht überprüft. Wenn alles stimmt, dann sollte der Automat die gewünschte Ware eigentlich herausrücken!

Warum wackeln dreibeinige Hocker niemals?

Bei dreibeinigen Hockern gibt es keinen Spielraum zum Wackeln - ganz im Gegensatz zu vierbeinigen Hockern oder Tischen. Die Sache verhält sich so: Zwei Punkte, miteinander verbunden, bilden eine Linie. Drei Punkte bilden eine Fläche. Und zwar immer. Kommt jetzt ein vierter Punkt dazu, dann muß er sich entweder in diese vorhandene Ebene einfügen, oder er liegt außerhalb.

Ein vierbeiniger Hocker kann deshalb wackeln, weil drei seiner Beine fest auf einer Ebene stehen. Das Gewicht des Hockers lastet auf ihnen. Das vierte Bein paßt sich entweder den „Vorgaben" (und dem Boden) so an, daß der Hocker sicher steht; oder es hängt in der Luft; und falls das vierte Bein zu lang ist, dann drückt es ein anderes Bein, das bisher sicher gestanden hat, in die Luft und bildet mit den beiden anderen eine neue Dreipunktauflage …

Weshalb gehen Quarzuhren so genau?

Um die Zeit genau zu messen, muß man sie in lauter gleiche Abschnitte zerlegen können. Früher geschah dies durch das immer gleiche Schwingen des Pendels oder des Drehpendels (der sogenannten „Unruh") in kleinen Uhren. Heute wird als Pendel zumeist die Schwingung eines Minerals, des Quarzes, verwendet.

Pendeluhren haben eine Feder oder Gewichte, die das Pendel in Bewegung halten. Quarzuhren brauchen als Energiequelle elektrischen Strom. Mit Strom wird der Quarz zu Schwingungen angeregt, die äußerst gleichmäßig sind. Diese Schwingungen dienen als Zeitmaß. Deshalb gehen Quarzuhren viel genauer als mechanische Uhren.

Wie viele Tage hat das Jahr?

Ein normales Jahr hat 365 Tage; jedes vierte Jahr (das Schaltjahr) hat allerdings 366 Tage. Um auf diese Zahl zu kommen, wird ein 29. Februar eingeschoben. Grund für das Schaltjahr und die Einschiebung des 29. Februars ist die Tatsache, daß jedes Jahr eigentlich 365¼ Tage dauert; so lange nämlich braucht die Erde, um im Weltraum eine Runde um die Sonne zu drehen. Um diesen Überschuß von einem Vierteltag pro Jahr auszugleichen, schiebt man also alle vier Jahre einen ganzen zusätzlichen Tag ein.

Warum ist ein Meter genau einen Meter lang?

Der Meter ist ein künstliches Maß – ebenso wie Millimeter, Zentimeter, Dezimeter und Kilometer, die allesamt vom Meter abgeleitet sind. Der Meter wurde bei einer internationalen Konferenz vor mehr als hundert Jahren für eine Reihe von Staaten als Längenmaß festgelegt. Demnach bezeichnet ein Meter den zehnmillionsten Teil der Entfernung zwischen Pol und Äquator. Aus den Metallen Platin und Iridium schmiedete man einen exakt einen Meter langen Stab, das sogenannte „Pariser Urmeter". Kopien davon gingen an alle Länder, die den Meter als Maßstab einführen wollten. Damit stellte man sicher, daß überall die gleiche Strecke gemeint war, wenn man von einem Meter sprach. Das war im Zeitalter der Industrialisierung und des beginnenden internationalen Warenverkehrs sehr wichtig.

Heute definiert man den Meter anders, nämlich als die Strecke, die ein Lichtstrahl in einer bestimmten Zeit im Vakuum zurücklegt, nämlich im zweihundertneunundneunzigmillionen-siebenhundert-zweiundneunzigtausendvierhundertachtundfünfzigsten Teil einer Sekunde!

Das metrische System hat hierzulande unsere alten Längenmaße wie Fuß, Elle oder Meile abgelöst. In vielen englischsprechenden Ländern haben sich jedoch die Kilometer zum Beispiel noch immer nicht gegen die alten Meilen durchgesetzt.

Wie bekommt man große Schiffe ins Trockene?

Auch große Schiffe müssen regelmäßig gewartet und ihr Schiffsrumpf muß immer wieder frisch gestrichen werden; unter Wasser geht das nicht. Deshalb müssen sie ins Trockene geschafft werden. Weil man aber Schiffe mit einem Gewicht von vielen tausend Tonnen unmöglich an Land hieven kann, geht man den umgekehrten Weg: Man pumpt das Wasser unter dem Schiffsrumpf weg und legt die Schiffe trocken. Das geschieht in den Docks.

Trockendocks sind riesige betonierte Behälter, in

die das Schiff hineinfahren kann. Dann wird der Behälter gegen das Meer hin durch ein Tor abgeriegelt. Jetzt kann das Wasser aus dem Dock gepumpt werden. Das Schiff sitzt schließlich auf mächtigen Gestellen auf und kann repariert und frisch gestrichen werden.

Ein Schwimmdock ist eine im Meer schwimmende Wanne, groß genug, um bei offenem Tor auch Ozeanriesen in sich hineinfahren zu lassen. Sobald das Schiff drinnen ist, wird auch hier das Wasser aus der Wanne gepumpt: Das Schwimmdock ist nun selbst ein Schiff, in dem ein Schiff steht.

Warum kann man Glut durch Hineinblasen anfachen?

Feuer braucht Sauerstoff; und je mehr Sauerstoff vorhanden ist, desto besser brennt es. Wenn man in die Glut bläst, führt man ihr frische Luft, also auch frischen Sauerstoff zu; glimmende Holz- oder Kohlenstücke glühen auf, Flammen schlagen heraus.

Weshalb klebt ein heißer Deckel auf glatten Flächen?

Wenn man von einem heißen Topf den Deckel abnimmt und auf eine glatte, feuchte Fläche legt, so wird man bald bemerken, daß sich der Deckel unter leisem Zischen und Gurgeln festsaugt. Der Grund ist folgender: Legt man den heißen Deckel hin, erwärmt seine Hitze zunächst die darunter befindliche Luft, die sich ausdehnt. Dann aber kühlt der

Deckel ab und die Luft ebenso. Sie zieht sich zusammen, und wenn der Deckel luftdicht aufliegt, bleibt er „kleben“.

Warum fühlt sich Metall kälter oder heißer an als Holz?

Holz leitet Wärme sehr schlecht. Ein kaltes Stück Holz nimmt daher die Wärme einer Hand nur langsam auf und gibt auch Hitze nur zögernd an die Hand ab. Holz isoliert also. Metall hingegen ist ein guter Wärmeleiter und nimmt bei Kälte die Handwärme sofort an beziehungsweise gibt sie bei Hitze schnell an die Hand ab.

Weshalb baut man Doppelfenster mit Luft dazwischen?

Luft ist ein ausgezeichnetes „Isoliermaterial“ - sofern sie nicht in Bewegung ist. Zwischen zwei Glasscheiben im Fenster eingesperrt, hält so ein Luftpolster die Wärme im Haus und die Kälte draußen - viel besser übrigens als eine superdicke einfache Glasscheibe dies könnte.

Baumaterial, das gut dämmt (also Wärme schlecht leitet), besteht oft zu einem großen Teil aus Luft. Die Löcher in Ziegeln machen die Ziegel nicht nur leichter, was den Maurer freut; sie sorgen auch dafür, daß die Kälte schwer ins Haus kriechen kann.

Viele gute Wärmedämmstoffe (zum Beispiel Kork oder Blähton) sind deshalb so leicht, weil sie eigentlich aus umhüllten Luftbläschen bestehen.

Übrigens nützen die wärmedämmenden Eigenschaften von Luft auch bepelzte und gefiederte Tiere aus. Vögel plustern sich auf und packen sich damit zahlreiche kleine Luftkammern ins Gefieder; auch viele im Norden lebende Tiere mit Pelz können die Haare so aufstellen, daß sie von eingeschlossener Luft umhüllt sind.

Warum kann es in Schneehöhlen warm werden?

Wie Luft ist auch Wasser ein schlechter Wärmeleiter, besonders wenn es in Form von Schnee und Eis gebunden ist. Eine Schneedecke bewahrt zum Beispiel Pflanzen bei bitterer Kälte vor dem Erfrieren.

Höhlen in tiefem Schnee, wenn sie richtig gebaut sind, können Verirrte vor dem Erfrierungstod bewahren. Schnee ist zwar kalt, leitet aber Wärme nicht ab. Deshalb halten die Wände einer Schneehöhle die Körperwärme eines Menschen zurück, und die Temperaturen drinnen sinken nicht unter null Grad.

Eskimos bauen sich ganze Häuser aus Eisziegeln. Obwohl sie nur wenig Heizmaterial haben, bleibt die Luft im Iglu relativ warm.

Wie kann man mit Eis Blüten vor dem Frost bewahren?

In Obstbaugebieten schützt man die empfindlichen Blüten von Obstbäumen vor spätem Frühjahrsfrost, indem man sie bei Frosteinbruch mit Wasser bespritzt. Wenn jetzt die Temperaturen auf null Grad fallen, bildet sich um die Blüten eine hauchdünne Eisschicht. Solche Temperaturen richten noch keinen Schaden an. Wenn es jetzt noch kälter wird, dann schützt diese Eisschicht die Blüten vor tieferen Temperaturen - und damit vor dem Erfrieren. Würden die Blüten erfrieren, könnte dadurch die Ernte eines ganzen Jahres vernichtet sein.

Warum montiert man Heizkörper nicht an der Zimmerdecke?

Warme Luft steigt auf, kalte Luft sinkt zu Boden. Deshalb ist es sinnvoll, die Raumluft dort anzuwärmen, wo sie am kältesten ist, nämlich in Bodennähe, womöglich unter dem Fenster. Vor Fenstern ist es immer am kühlsten, weil dort immer etwas kühle Außenluft hereinzieht und weil Fenster meistens schlechter dämmen als Wände. Es wäre jedenfalls unklug, die warme Luft aufzuheizen, die sich unter der Zimmerdecke sammelt. Bis sich dann auch die Bodenluft erwärmt hätte, wäre es dort oben schon heiß, und man hätte viel Energie verschwendet.

Woher kommen die Blasen im Topf, wenn man Wasser erhitzt?

Im Wasser ist immer auch etwas Luft enthalten. Je kälter Wasser ist, desto mehr Luft kann es aufnehmen - und umgekehrt. Wenn man nun Wasser heiß macht, dann muß es Luft abgeben. Und die steigt in Form von Luftbläschen hoch.

Wie heiß kann Suppe werden?

Wasser verdampft bei Temperaturen um die hundert Grad, kann folglich nie heißer werden. Suppe also eigentlich auch nicht. Manche Suppen allerdings sind fett, und Fett läßt sich noch viel stärker erhitzen, ohne daß es verdampft. Jetzt kann es also passieren, daß die Suppe selbst schon mundgerecht abgekühlt ist, einige Fettaugen jedoch noch teuflisch heiß sind. Und weil diese Fettaugen auch die Neigung haben, oben zu schwimmen, kann man sich an ihnen ordentlich den Mund verbrennen!

Wie hält sich ein Zimmer automatisch immer gleich warm?

Die Zimmertemperatur regelt man bei Zentralheizungen, indem man den Heizkörper je nach Wunsch auf- und abdreht. Manchen Heizkörpern kann man jedoch befehlen, die Temperatur immer gleich zu halten. Solche Heizkörper müssen einen Thermostat haben.

Thermostat ist griechisch und heißt soviel wie: Wärmehaltepunkt. (Alles, was *thermo* im Wort hat, das hat mit Wärme zu tun.) Dieses Gerät mißt die Lufttemperatur im Zimmer. Wenn es auf neunzehn Grad eingestellt ist, und die Zimmertemperatur erreicht zwanzig Grad, dann dreht der Thermostat den Hahn des Heizkörpers weiter zu, bis es nur noch neunzehn Grad warm ist. Und wird es kalt im Zimmer, dann läßt der Thermostat mehr heißes Wasser durch den Heizkörper fließen.

Das ganze Geheimnis liegt in einem Ventil, das

sich bei bestimmten Temperaturen öffnet und schließt. Dabei nutzt man die Eigenschaft von Flüssigkeiten, sich bei Wärme auszudehnen und bei Kälte zusammenzuziehen. Im Prinzip ganz einfach: wird es warm, dehnt sich die Flüssigkeit in einem Behälter aus und drückt über einen Kolben die Heißwasserzuleitung zum Heizkörper etwas zu. Wird es im Zimmer kühler, braucht die Flüssigkeit weniger Platz im Behälter; der Kolben zieht sich zurück, der Heizkörper wird wieder heiß.

Warum läßt sich der Deckel eines Glases durch heißes Wasser lockern?

Wenn ein Metalldeckel auf einem Glas festsitzt, braucht man nur heißes Wasser drüberlaufen zu lassen. Das Metall dehnt sich dann nämlich aus und lockert dadurch seinen Griff. Jetzt kann man den Deckel leicht abschrauben - oder jedenfalls leichter als vorher.

Warum müssen Musiker ihre Instrumente immer wieder stimmen?

Jedesmal vor Konzerten heben vor allem die Musiker mit Saiteninstrumenten - Geige, Baßgeige und so weiter - ein mächtiges, mißtönendes Gefiedel an. Jeder schabt an seinem Instrument, entlockt ihm bestimmte Töne und dreht dann an bestimmten Knöpfen: Er stimmt sein Instrument, das heißt, er spannt die Saiten so, daß sie den richtigen Ton wiedergeben. Das muß sein, denn durch die Unterschiede in der Umgebungstemperatur - zum Beispiel beim Wechsel von der Kälte im Freien zur Wärme im Konzertsaal - dehnen sich Saiten und Instrumente aus oder ziehen sich (wenn es draußen heißer war) zusammen; und das verändert die Tonhöhe.

Wie funktioniert ein einfacher automatischer Feuermelder?

Verschiedene Stoffe dehnen sich bei Temperaturschwankungen verschieden weit aus oder ziehen sich verschieden stark zusammen. Wenn man nun zwei Plättchen zusammenklebt, die aus unterschiedlichen Metallen bestehen, so dehnt sich das eine Plättchen bei Wärme stärker aus als das andere; der zusammengeklebte Metallstreifen krümmt sich. Und zwar bei Hitze in die eine, bei Kälte in die andere Richtung. Solche Bauteile nennt man „Bimetallstreifen". (Das Fremdwort *bi* steht für: Zwei.)

Ein einfacher automatischer Feuermelder arbeitet mit einem Bimetallstreifen. Wenn Feuer ausbricht, wird es im Zimmer heiß. Der Streifen biegt sich und schließt einen Stromkreis; eine Klingel läutet, oder eine Sirene ertönt.

Warum blinkt eine Warnblinkanlage so gleichmäßig?

Auch bei Warnblinkanlagen sind Bimetallstreifen am Werk. Wenn man die Blinkanlage im Auto einschaltet, dann fließt Strom, die Glühbirne blitzt auf. Im

Stromkreis ist allerdings ein Bimetallstreifen eingebaut. Sobald Strom fließt, wird der Streifen heiß und biegt sich auf; der Stromkreis ist unterbrochen, der Streifen kühlt ab, krümmt sich zurück und schließt den Stromkreis erneut. Dadurch fließt sofort wieder Strom, der Streifen wird heiß, krümmt sich, unterbricht den Stromkreis, kühlt ab und so weiter - so lange, bis die Warnblinkanlage ausgeschaltet wird. Immer wenn der Stromkreis geschlossen ist, blinkt das Lämpchen auf, und es erlischt bei Unterbrechung.

Warum ist es für Eis und Schnee günstig, weiß zu sein?

Natürlich können sich Eis und Schnee ihre Farbe nicht aussuchen; ihr Weiß hängt mit der Art und Weise zusammen, wie sie das Licht reflektieren.

Wäre dem aber nicht so und würden Eis und Schnee dunkel erscheinen, dann gäbe es deutlich weniger davon: Sie würden in der Sonne viel schneller schmelzen. Die Farbe Weiß nimmt nämlich weniger Wärmestrahlung auf; ein sehr großer Teil davon wird reflektiert. Helle Gegenstände bleiben daher in der Sonne viel kühler als Gegenstände mit dunklen Flächen. Wenn man dagegen dunkle Asche auf Schnee und Eis ausstreut (und den Schnee damit dunkel färbt), dann nehmen die dunklen Ascheteilchen die Sonnenwärme viel stärker auf. Sie erwärmen sich und schmelzen den Schnee, auf dem sie liegen.

Weshalb versinkt ein Stein im Eis?

Wenn man einen Stein auf die Eisfläche eines zugefrorenen Gewässers wirft, dann bleibt er oben liegen. Klar, denn Eis ist hart. Aber wenn es nicht gerade extrem kalt ist, dann wird er bald einzusinken beginnen, und zwar aus zwei Gründen: Erstens ist der Stein wahscheinlich nicht so weiß wie Eis. Damit nimmt er mehr Wärme auf als die Umgebung, und wenn die Sonne auf ihn scheint, dann kann es auch bei Minusgraden in der Luft geschehen, daß die Temperatur des Steins über die Nullgradgrenze steigt. Er schmilzt das unter und neben ihm liegende Eis ein wenig an und rutscht tiefer. Dabei sinken dunkle Steine schneller als helle. - Zweitens drückt der Stein ständig auf das Eis. Druck erzeugt ebenfalls Wärme, und bei Wärme schmilzt der Untergrund.

Laufen Schlittschuhläufer eigentlich auf Eis?

Natürlich gleitet man mit Schlittschuhen über eine Eisfläche - aber nicht direkt auf Eis: Unter den Kufen bildet sich während der Fahrt ein hauchdünner Wasserfilm. Diese Schicht entsteht durch den Druck, den der Läufer auf diese Stelle ausübt. Dieser Druck bringt das Eis unter ihm zum Schmelzen. Man kann also sagen, daß Schlittschuhläufer eigentlich auf Wasser laufen!

Weshalb sind Schlitten mit warmen Kufen schneller als Schlitten mit kalten Kufen?

Für Schlitten, Rodel und Bobs gilt dasselbe Prinzip wie für Schlittschuhläufer: Durch den Druck der Kufen auf das Eis schmilzt die äußerste Oberfläche sofort zu einer hauchdünnen Wasserschicht (die, wenn es kalt genug ist, hinter dem Schlitten gleich wieder zu Eis gefriert). Und deshalb würden warme Kufen - zum Beispiel unter Bobs auf Eisbahnen - das Gefährt etwas schneller machen als eiskalte Kufen: Das Eis würde schneller und leichter schmelzen, der Bob würde schneller fahren und früher im Ziel sein. Warum also nicht ein wenig nachhelfen und die Kufen vor dem Start anwärmen? Geht leider nicht, ist verboten. Und bei Wettbewerben messen die Schiedsrichter direkt nach der Fahrt die Temperatur der Kufen nach. Damit können sie feststellen, ob die Mannschaft mit verbotenen „heißen Eisen“ an den Start gegangen ist.

Weshalb drückt es einen in die Polster, wenn ein Auto schnell anfährt?

Körper (und damit sind Dinge gemeint, die Gewicht haben - nicht nur menschliche Körper) sind träge: Sie möchten die Lage, in der sie sich befinden, am liebsten beibehalten und machen Veränderungen nur widerwillig mit. Physikalisch nennt man dies „Trägheitsgesetz“. Wenn wir also im stehenden Auto sitzen und das Auto scharf anfährt, dann müssen wir in Fahrt „gedrückt“ werden. (Würden wir mit Rollschuhen auf der Ladefläche eines Lastwagens stehen, der plötzlich abzischt, so würde der Wagen unter uns wegrollen.) Sind wir jedoch einmal in Fahrt, dann wollen wir (als Körper) auch diesen Bewegungszustand beibehalten. Das Auto bremst scharf, wir aber bewegen uns weiter nach vorne. Die Sicherheitsgurte halten uns zurück.

Kann einem der Magen in der Achterbahn tatsächlich „hochkommen“?

So wie wir als Fahrgäste eines Autos immer ein wenig Spielraum haben, um nach vorne oder nach hinten zu rutschen, so hat auch unser Magen im Bauch einen kleinen Spielraum. Und auch Mägen sind dem Trägheitsgesetz unterworfen. Wenn wir auf der Achterbahn einen Hügel hinauf- und dann scharf heruntersausen, behält der Magen seine Aufwärtsfahrt etwas länger bei als unser restlicher Körper. Er kommt uns ein Stück hoch. Das gleiche passiert, wenn ein schneller Lift plötzlich stoppt. Der Magen „fährt weiter“, und wir haben ein sehr sonderbares Gefühl.

Was dreht sich länger – ein rohes oder ein gekochtes Ei?

Wenn man ein gekochtes Ei auf einer glatten Fläche wie einen Kreisel dreht, dann nimmt die Drehung das ganze Ei mit: Das Innere ist ja, weil gekocht, fest und mit der Schale verbunden. Anders bei einem rohen Ei: Hier dreht man zunächst tatsächlich nur die harte Schale. Das schwabbelige Innere bekommt die Drehung nicht gleich mit - Trägheitsgesetz! - und will in Ruhe liegenbleiben. Rohe Eier lassen sich daher schlecht drehen. Mit diesem Drehtrick kann man übrigens leicht herausfinden, ob ein Ei noch roh oder schon gekocht ist, ohne es aufschlagen zu müssen.

Wie kann man die Sahne von der Milch trennen?

„Sahne“ nennt man den fettreichen Bestandteil der Kuhmilch. Fett ist leichter als Wasser und damit auch leichter als die übrige, wäßrige Milch. Wenn man Milch ruhig stehenläßt, wird die Sahne deshalb bald oben schwimmen.

Schneller geht es mit einer Zentrifuge. Das ist ein Gefäß, das sich schnell drehen läßt. Milch in der Zentrifuge verhält sich so, daß sich die schwereren (wäßrigen) Bestandteile der Milch am äußeren Rand ablagern. Das leichtere Fett hingegen sammelt sich im inneren Bereich. Die Kraft, mit der die Milch (und alle Körper) in Zentrifugen nach außen gedrückt wird, heißt übrigens „Zentrifugalkraft“ (wörtlich: die Kraft, die das Zentrum flieht). Auf deutsch sagt man auch „Fliehkraft“.

Welche Kraft hält den Radfahrer in der Spur?

Sonderbarerweise ist es die Fliehkraft, die uns beim Radfahren in der Spur hält. Und das kommt so: Ein Fahrrad hat keine stabile Dreipunktauflage und kippt daher leicht. Diese Kippbewegung gleicht man dadurch aus, daß man in die Richtung lenkt, in die man zu kippen droht: Denn wenn man eine Rechtskurve fährt, drückt einen die Fliehkraft gleichzeitig nach links außen und zieht einen aus der Kipplage wieder raus, und umgekehrt. Durch ständige leichte Lenkbewegungen wirkt ein Radfahrer der Gefahr des Umkippens entgegen und bleibt so im Gleichgewicht. Im Grunde macht er mit dem Lenker das, was ein alleine dahinrollender Reifen auch macht. Der fällt nicht um, solange er in Bewegung bleibt. Denn jedesmal, wenn er umkippen will, beschreibt er automatisch eine Kurve in diese Kipprichtung - und die Fliehkraft (die keine Kurven mag) zieht ihn wieder hoch. Je schneller das Rad oder Fahrrad rollt, desto stabiler ist seine Spur, desto stärker wirkt die Fliehkraft. Bei einem stehenden Fahrrad ist die Fliehkraft gleich Null. Es fährt nicht, kann also auch keine Kurve fahren - bums, es fällt um.

Kann man aus Fahrradspuren die Geschwindigkeit des Radlers ablesen?

Man kann anhand einer Fahrradspur tatsächlich erkennen, wie schnell der Radler war. Schlängelt sich die Spur stark, dann war er langsam: Er mußte schärfere Kurven fahren, um sich mit Hilfe der Fliehkraft wieder aufzurichten. Ist die Fahrradspur pfeilgerade, dann ist da jemand sehr schnell gefahren. Wer Radfahren schon als Kind gelernt hat, dem ist das alles so in Fleisch und Blut übergegangen, daß er gar nicht bemerkt, wie schwierig es eigentlich ist. Soll aber ein Erwachsener Radfahren lernen, so ist das eine höchst komplizierte Angelegenheit!

Warum ist die Zellophanhaut auf Marmeladengläsern eingedrückt?

Wenn man Marmelade einkocht, dann füllt man die kochend heiße Masse in ein Glas und bedeckt das Glas mit einer Zellophanhaut - einer feinen, durchsichtigen Plastikfolie. Kurz darauf wölbt sich die Zellophanhaut nach unten, als ob sie etwas hinunterdrückt. Und tatsächlich, es drückt etwas - und zwar die Luft.

Luftdruck (das Gewicht der Luft rund um den Erdball) herrscht überall und von allen Seiten. Das ist auch der Grund, warum wir ihn gar nicht wahrnehmen: Luftdruck drückt von außen auf unsere Brust und gleichzeitig von innen dagegen. In gewisser Weise sind wir in derselben Lage wie Tiefseefische: Auf ihnen lastet ein unvorstellbarer Druck, an den diese Fische aber vollkommen angepaßt sind und den sie daher gar nicht spüren.

Luftdruck, der höher ist als normal, nennt man „Überdruck"; ist er geringer, so heißt er „Unterdruck". In unserem Marmeladenglas herrscht Unterdruck, weil sich die zuvor noch heiße Luft drinnen abgekühlt und zusammengezogen hat. Der Luftdruck innen und der Luftdruck außen halten sich nicht mehr die Waage: Die Luft drückt von außen und beult die Zellophanhaut ein. (Würde man aus dem Glas noch mehr Luft absaugen und den Luftdruck innen noch weiter vermindern, so würde die Haut an irgendeinem Punkt zerreißen. Es würde knallen. Der Knall käme von der Luft draußen, die explosionsartig ins Glas strömt.)

Warum knackt es bei Bergfahrten so sonderbar in den Ohren?

Je weiter unten im Tal wir sind, desto höher ist der Luftdruck. (Und im Meer steigt der Wasserdruck, je tiefer man taucht.) Weiter oben, in den Bergen, nimmt der Luftdruck ab - es lastet weniger Luftgewicht auf uns.

Der Mensch kann sich recht gut an den Luftdruck in verschiedenen Höhen anpassen. Aber wenn wir zum Beispiel mit der Seilbahn einen Berg hochfahren, dann fällt der Luftdruck manchmal so schnell, daß unser Körper den Druck von innen nicht sofort an den Druck von außen angleichen kann. Eine besonders empfindliche Stelle ist dabei das Ohr, wo unser Trommelfell das Innere des Ohres nach außen hin absperrt: Das Trommelfell wölbt sich ein klein wenig nach außen. Schließlich herrscht innen ja noch der etwas höhere Talluftdruck. Wir hören die Geräusche um uns dumpf und sonderbar. Wenn wir nun fest schlucken, dann lassen wir den Überdruck im Ohr ab. Dabei hilft uns eine innere Verbindung zwischen Mundraum und Ohr. Es knackt jetzt, das Trommelfell liegt wieder richtig, und wir hören wieder normal.

Bei der Talfahrt ist es umgekehrt: Der größere Druck von außen drückt auf das Trommelfell. Wenn wir den Mund zumachen und die Nase zuhalten und fest pusten, dann steigt der Luftdruck im Inneren des Ohres. Wieder kann es knacken, und alles ist in Ordnung.

Welches Wetter kündigt Rauch an, der am Boden dahinkriecht?

Kurz bevor es regnet, steigt die Luftfeuchtigkeit stark an; die Luft ist mit Wasser gesättigt. Diese feinsten Wassertröpfchen in der Luft setzen sich auf den ebenso feinen Teilchen ab, die den Rauch ausmachen. Rauch wird dadurch schwer und kann nicht mehr steil in die Höhe steigen. Wenn also aus einem Schornstein der Rauch schwerfällig herausquillt und in Bodennähe dahintreibt, dann deutet das auf hohe Luftfeuchtigkeit hin; der Schluß liegt nicht ferne, daß es bald zu regnen beginnen wird.

Erfindungen und Entdeckungen

Was waren die ersten Werkzeuge?

Axt oder Beil, Hammer und Messer: das waren die allerersten Werkzeuge. Steinäxte hatten unsere Vorfahren schon vor mindestens einer Viertelmillion Jahren. Messer aus Metall kamen vor 8.000 Jahren in Gebrauch.

Die ältesten Nägel, die man kennt, stammen aus dem Nahen Osten des Jahres 3500 vor unserer Zeit. Sie waren aus Kupfer und hielten eine aus Kupferblech gefertigte Statue zusammen.

Um das Jahr 3000 vor unserer Zeit schnitten die Ägypter Holz und Stein mit Sägen. An den Pyramidenblöcken kann man Spuren davon entdecken.

Der Hobel wurde offensichtlich von den alten Römern erfunden. In den Trümmern der vom Ausbruch des Vesuv verschütteten Stadt Pompeji fanden sich Hobel, die den unsrigen verblüffend ähnlich sehen und genauso funktionieren.

Schrauben und Muttern gab es in Europa erst mit Beginn der Neuzeit, nämlich um das Jahr 1550.

Seit wann gibt es Scheren?

Gewisse Erfindungen liegen zu bestimmten Zeiten in der Luft. Die Schere tauchte um das Jahr 1000 vor unserer Zeit gleichzeitig in Asien und Europa auf. Sie bestand aus zwei Bronzemessern, die am Handgriff durch eine Feder verbunden waren.

Wie funktionierten die ersten Töpferscheiben?

Schon vor 5.000 bis 6.000 Jahren erkannten Töpfer, daß sich runde Behälter besser formen ließen, wenn sich nicht der Mensch um das Stück Ton, sondern das Werkstück vor dem Menschen drehte. Die ersten Töpferscheiben waren große drehbare Tische, die von einem Mitarbeiter des Töpfers gedreht wurden, während dieser den Ton formte. Später erhielten Töpferscheiben Schwungrad und Pedalantrieb, die eine gleichmäßigere und schnellere Drehung des Tisches zuließen.

Wo gab es die ersten Werkzeugmaschinen?

England war das Mutterland der sogenannten „industriellen Revolution" im 18. und 19. Jahrhundert. Das war das Zeitalter der ersten Fabriken, der Manufakturen. Diese Fabriken lösten die kleinen Handwerksbetriebe ab, in denen die Erzeugnisse in Handarbeit hergestellt wurden. Für die Arbeit in den Fabriken wurden die ersten Werkzeugmaschinen entwickelt. Werkzeugmaschinen sind Werkzeuge, die mit Maschinenkraft betrieben werden.

Die erste Bohrmaschine der Welt entstand im Jahr 1775 in England und arbeitete noch mit Wasserkraft. Sie bohrte exakte Löcher in Metallzylinder, die man für Dampfmaschinen brauchte. Zwanzig Jahre später lief ebenfalls in England die erste Drehbank an. Damit konnten kleinere Metallstücke sehr genau geformt und bearbeitet werden. Der erste Dampfhammer, mit dem schwerste Eisenplatten zurechtgehämmert werden konnten, wurde 1839 in England gebaut. Der tonnenschwere Hammer wurde mit Dampfkraft gehoben und fiel auf das Werkstück. Eisenplatten dieser Art brauchte man zum Beispiel für den Bau von (damals) modernen Schiffen.

Rechnergesteuerte Werkzeugmaschinen gibt es seit Ende des Zweiten Weltkriegs - seit Erfindung des Computers. Diese Maschinen arbeiten, einmal programmiert, selbständig und stellen sich selbst auf die Aufgaben ein.

Wer erfand den Roboter?

Roboter als computergesteuerte Maschinenmenschen sind Erfindungen von Science-fiction-Autoren. Sie haben als künstliche Menschen keinen praktischen Nutzen und werden wahrscheinlich nie gebaut werden.

Als programmierbare, sich selbständig auf neue Situationen einstellende Maschinen gibt es Roboter schon seit 1913. Damals erfand der Amerikaner Sperry den automatischen Piloten für Flugzeuge, der den Kurs der Maschine beibehält und Abweichungen selbsttätig korrigiert.

1940 wurden in den USA Roboterarme entwickelt. Sie können mit radioaktiven Stoffen hantieren.

Seit 1970 gibt es Industrieroboter, die in Autofabriken menschliche Tätigkeiten wie Schweißen, Schrauben, Lackieren und so weiter übernehmen. Sie sehen wie kleine Kräne mit komplizierten Greif- und Arbeitsarmen aus.

Was war die erste landwirtschaftliche Maschine?

Als Gerät, mit dem eine obere Bodenschicht umgewendet werden kann, war der Pflug schon vor 5.500 Jahren in den vorderasiatischen Hochkulturen verbreitet. Er wurde von Tieren gezogen und löste den Grabstock ab, mit dem der Boden von Hand geritzt wurde.

Vor 2.500 Jahren kamen die ersten Eisenpflüge auf und vor 1.000 Jahren Räderpflüge, bei denen die Pflugschar auf einen Karren montiert war. Den ersten mit Maschinenkraft gezogenen Pflug, den Dampfpflug, konstruierte der Engländer Heathcote 1832. Heute werden Pflüge von Traktoren gezogen.

Wer erfand die Sämaschine?

Vor 3.300 Jahren hatten die Babylonier bereits eine einfache Sämaschine entwickelt. Sie bestand aus einem Rohr, das nach dem Pflügen Samenkorn für Samenkorn gleichmäßig einstreute. Die erste brauchbare moderne Sämaschine baute 1701 der Engländer Jethro Tull.

Wann wurde zum erstenmal mit Maschinen geerntet?

Die sogenannte „industrielle Revolution“ im 18. und 19. Jahrhundert, bei der Handwerk durch Maschinenarbeit abgelöst wurde, hat später auch die Arbeit auf dem Land umgestaltet. Zwar gibt es Berichte, wonach schon die Römer eine Art pferdebespannter

Mähmaschine hatten, doch blieb die Bauernarbeit über Jahrtausende praktisch immer gleich - bis zur Erfindung der modernen Erntemaschinen.

Die ersten Dreschmaschinen (Meikle, England 1786), Mähmaschinen (Bell, England 1826) und Mähdrescher (Moore, USA 1836) wurden mit Pferde- oder Ochsenkraft gezogen oder, im Fall der Mähmaschine, geschoben (damit die Pferde nicht das Getreide zertraten). Heutige Mähdrescher mähen und dreschen das Getreide in einem Arbeitsgang. Die ersten Serientraktoren baute Henry Ford 1916 in den USA.

Wer baute die ersten Kräne?

Aus einem Lehrbuch für Architekten der römischen Zeit stammt die erste Beschreibung eines Kranes, das heißt einer Maschine, die schwere Lasten hebt. Man nimmt jedoch an, daß auch schon für den Bau der gewaltigen Bauwerke in vorrömischer Zeit Kräne im Einsatz waren.

Antike Kräne arbeiteten mit Hebeln und Flaschenzügen. Beides dient dazu, schwere Arbeit gewissermaßen aufzuteilen. Beim Hebel muß das längere Stück des Hebelarms zwar eine größere Strecke weit bewegt werden. Dafür ist die Kraft des kürzeren Arms um so größer. Ähnlich beim Flaschenzug. Das ist ein System von Seilen und Rollen, bei dem die Hebekraft vervielfacht wird, indem das Seil durch einen Flaschenzug läuft.

Allerdings ist auch die Strecke, die das Zugseil gezogen werden muß, um ein Vielfaches größer.

Aber ein Mensch kann leichter fünfzig Kilogramm zehn Meter hochziehen, als fünfhundert Kilogramm einen Meter.

Welche Erfindung machte den Bau von Hochhäusern möglich?

Ohne Fahrstuhl kein Hochhaus. Zwar hatten schon die Römer zehnstöckige Häuser gebaut, doch zehn Treppen hochzusteigen war zuviel für Amerikaner. Erst die Erfindung des Fahrstuhls durch den Amerikaner Otis im Jahr 1857 ließ den Bau von hohen Häusern sinnvoll erscheinen. Dieser Fahrstuhl wurde übrigens noch mit Dampf betrieben. Erst 1889 baute Otis den ersten elektrischen Lift.

Fünf Jahre später konstruierte der Amerikaner Reno die erste Rolltreppe. Das Prinzip: eine Treppe, die zu einem Band zusammenfaltbar ist, wird eine schiefe Ebene hochgezogen.

Wo wurde der erste Wolkenkratzer errichtet?

Das zehnstöckige Home Insurance Building in Chicago (USA) war das erste Haus der Welt, das (1885) nach dem Prinzip des Wolkenkratzerbaus errichtet wurde: Es ruht auf einem Skelett von Stahlträgern. Deshalb konnten dünnere und leichtere Wände gemauert werden; die Last ruhte ja auf dem Stahlbeton. Wolkenkratzer, die so gebaut sind, können heute in unglaubliche Höhen ragen.

Woraus besteht Beton?

Beton ist eine Mischung aus Zement (feines Mehl aus Kalkstein und Ton), Sand und Schotter. Er wird in Formen gegossen und erstarrt an der Luft. Beton ist sehr hart, aber auch spröde. Die ersten Betonbauwerke stammen aus dem Irak und sind fast 3.000 Jahre alt. Es handelt sich um Brücken für Wasserleitungen. In Eisenbeton (seit 1867) sind Eisenstäbe eingelassen, die dem Beton Halt gegen Biegekräfte geben. Spannbeton ist der widerstandsfähigste Beton. Hier wird ein Gerüst von Stahlkabeln, die an den Enden durch Pressen gespannt werden, mit flüssigem Beton zugegossen. Wenn die Betonplatte hart ist, schneidet man die Kabel außen ab. Die Spannung, die dabei auftritt, drückt den Betonblock in sich zusammen.

Warum werden Ziegel gebrannt?

Die ersten Ziegel aus Tonerde wurden einfach in der Sonne getrocknet. Die älteste Stadt der Welt, Jericho, wurde vor 7.000 Jahren damit gebaut.

Wenn man Tonziegel (Lehmstücke) im Ofen bei 1.000 Grad brennt, werden sie besonders hart. Vor 4.500 Jahren wurden die ersten Ziegel gebrannt.

Weshalb heißen Glasscheiben „Scheiben“?

Glas wurde erstmals vor 5.000 Jahren hergestellt. Es besteht aus geschmolzenem Quarzsand und Soda. Bis zur Erfindung des Flachglases im Frankreich des

17. Jahrhunderts war die Glaserzeugung ein mühsames und aufwendiges Geschäft. Am einfachsten war es, kleine, runde Glasscheiben zu erzeugen. Die Technik hat sich verändert, doch das Wort *Scheibe,* das normalerweise eine runde Platte bezeichnet, ist auch für das spätere rechteckige Fensterglas geblieben.

Bei der Erzeugung von Flachglas für Glasplatten wurde flüssiges Glas auf eine Metallplatte gegossen. Einmal erstarrt, konnte es auf beiden Seiten glatt geschliffen werden. Heute gießt man Glasschmelze auf geschmolzenes Zinn.

Was waren die ersten Metalle?

Vor etwa 5.500 Jahren mischten Menschen zum erstenmal Kupfer und Zinn. Ein neues Metall - Bronze - war entstanden. Es erwies sich für Kultur und Technik als so wichtig, daß eine ganze Geschichtsperiode, die Bronzezeit, nach ihm benannt wurde.

Die Eisenzeit brach vor 3.500 Jahren an, als die Hethiter in der heutigen Türkei erstmals Eisenerz schmolzen und zu Schmiedeeisen verarbeiteten. Vor allem für Waffen und Kriegstechnik war Eisen geeigneter als Bronze. Wer Eisen hatte, der hatte die Macht.

Gußeisen stellten die Chinesen schon um 600 vor unserer Zeit her. Sie hatten die besseren Hochöfen. Erst um 1400 wurde auch in Europa Gußeisen erzeugt. Es ist widerstandsfähiger als Schmiedeeisen.

Die Inder haben schon um das Jahr 1000 vor unserer Zeit Stahl hergestellt. Dabei wird dem Eisen etwas Kohlenstoff zugefügt. Es wird dadurch härter und zäher.

Den ersten rostfreien Stahl gibt es seit 1913, als der Engländer Brearley das Metall Chrom dem Stahl beimischte.

Woraus besteht Aluminium?

Aluminium ist das modernste Metall. Es wird wegen seines geringen Gewichts in großen Massen produziert und verarbeitet. 1825 stellte es der Däne Oersted zum erstenmal her, indem er Aluminiumchlorid gemeinsam mit Kalium erhitzte. Das Ausgangsmaterial für die Aluminiumerzeugung ist Bauxit, eine Tonerde.

Was war an Kunststoffen so neu?

Kunststoffe sind Werkstoffe, die in der Natur nicht vorkommen. Sie entstehen durch künstliche Veränderung der chemischen Eigenschaften natürlicher Stoffe wie Erdöl, Kohle, Baumwolle und so weiter.

Der erste Kunststoff war Thermoplast. Der Engländer Parkes erzeugte ihn 1862 aus Baumwolle und Salpetersäure.

Die erste Kunstfaser (1884) war Rayon (von englisch *ray:* Strahl), in der deutschen Schreibweise Reyon. Reyon wird aus Zellstoff hergestellt.

Der erste vollsynthetische (aus nichtorganischen Stoffen bestehende) Kunststoff war Bakelit (1909).

Er wird aus Kohle und Formaldehyd hergestellt. Weitere wichtige Kunststoffe: Zellophan (1912), synthetischer Kautschuk (1927), Plexiglas (1930), Nylon (1935), Dralon (1951) und Polyvinylchlorid PVC (1943). PVC kann nur durch Hinzufügen giftiger „Weichmacher" verarbeitet werden und ist heute in vielen Ländern für Verpackungen und Spielsachen verboten.

Wer waren die ersten Straßenbaumeister?

Die ersten wirklichen Straßenbauarchitekten waren die alten Römer. Ihre Straßen waren im Unterbau mit Schotter und Mörtel befestigt und oben gepflastert; nach oben waren die Straßen gewölbt, so daß Wasser nach beiden Seiten zu den Entwässerungsgräben abfließen konnte. Der Erfolg des Römischen Weltreichs beruhte auch auf dem ausgezeichneten Straßennetz, auf dem die Soldaten schnell vorankamen.

Vor und nach den Römern baute man in Europa Landstraßen, indem man die Erde einfach feststampfte. Das römische Straßennetz ließ man verkommen. Die Straßen waren bis vor 150 Jahren auch in Deutschland miserabel; Kutschenreisen waren gefährlich und anstrengend. Goethe zum Beispiel erlitt einen Postkutschenunfall, weil die Straße von Weimar (Thüringen) nach Frankfurt am Main damals nicht gepflastert war. Gepflasterte Landstraßen gab es in Frankreich ab 1750. Die ersten Asphaltstraßen kamen um das Jahr 1850 auf.

Wann kamen die ersten Wasserleitungen auf?

In den großen Städten der alten Hochkulturen - von den Indern über die Römer bis zu den Inkas - trennte man schon vor Tausenden Jahren die Trinkwasserleitungen von der Kanalisation. In der Stadt Mohendscho Daro am Indus (heutiges Pakistan) gab es schon vor 4.000 Jahren eigene Wasserleitungen und sogar saubere öffentliche Bäder.

In der Millionenstadt Rom führte man vor 2.000 Jahren Trinkwasser in mächtigen Zuleitungsrohren aus den Bergen in die Stadt. Selbst in den ärmeren Stadtteilen gab es in den Straßen öffentliche Zapfstellen für sauberes Trinkwasser, das dann freilich in die Wohnungen hochgeschleppt werden mußte. Reiche Häuser hatten natürlich Bäder und Fließwasser im Inneren. Die Abwässer flossen über Kanalanlagen aus der Stadt ins Meer. In mittelalterlichen europäischen Städten gab es weder Fließwasser noch Kanalisation. Das Trinkwasser wurde aus den Flüssen geschöpft, und das Schmutzwasser lief offen durch die Rinnsteine der Straßen und oft genug einfach zurück in die Flüsse, die wieder Trinkwasser lieferten. Lediglich die Plumpsklos wurden von städtischen Bediensteten ausgeräumt.

Hier, aber auch in damaligen Großstädten wie Paris, London und Hamburg, stank es noch im vorigen Jahrhundert erbärmlich. Verseuchtes Trinkwasser, Abfälle auf den Straßen, Rattenplagen: Heute weiß man, daß unter solchen Umständen Seuchen wie Pest, Typhus und Cholera nicht ausbleiben können.

Erst langsam begannen die Städte im vergangenen Jahrhundert, Wasserleitungen und Kanäle zu bauen. Frankfurt zum Beispiel fing im Jahr 1828 an, Wasserleitungen in Häuser zu führen und die offenen, stinkenden Rinnsale auf den Straßen durch unterirdische Kanäle zu ersetzen. Die Mitglieder des in Frankfurt tagenden Deutschen Bundestages hatten sich darüber beschwert, daß sie auf dem Weg zur Sitzung über stinkenden Unrat und faulende Tierkadaver steigen mußten.

Wer erfand die Schleuse?

In vielen alten Kulturen waren Wasserstraßen, vor allem auch Kanäle, als Transportwege wichtiger als Landstraßen. Ein Problem bestand jedoch darin, die verschiedenen Wasserstände der Flüsse und Kanäle auszugleichen. Der Chinese Chiao Wei-Yo löste diese Aufgabe im Jahr 984 auf geniale Weise: Er baute die erste Schleuse. Das ist eine Kammer im Kanal, die zwei Schiffahrtsstrecken mit verschieden hohem Wasserstand verbindet. In solch eine Schleuse fährt das Schiff ein, und drinnen wird nun der Wasserstand gehoben oder gesenkt, indem Wasser hineingepumpt oder abgelassen wird. Damit wird das Schiff hinauf- oder hinabbefördert.

Seit wann gibt es Segelschiffe?

Das älteste Boot, von dem bis in die Neuzeit Überreste erhalten blieben, ist 9.000 Jahre alt. Es war ein Kanu aus Holz, ein sogenannter „Einbaum“, das aus einem einzigen ausgehöhlten Holzstamm bestand. Andere frühe Schiffe und Boote waren aus Schilf und Leder hergestellt. Als Erfinder des Segelschiffes gelten die Ägypter, die schon vor 5.000 Jahren damit den Nil befuhren.

Die große Zeit der Segelschiffahrt lag im 18. und 19. Jahrhundert, als die europäischen Mächte (vor allem England, Holland, Frankreich und Spanien) ihre militärische und technische Überlegenheit rücksichtslos einsetzten, um ihre überseeischen Besitzungen (Kolonien) auszuplündern. Dabei unterstanden die Kolonialarmeen nicht den Regierungen, sondern den Kaufleuten, die in Handelsgesellschaften organisiert waren (zum Beispiel in den Ostindischen Gesellschaften). Tausende von Frachtern pendelten zwischen Europa und den Kolonien, um gewaltige Schätze sowie Rohstoffe und Tabak, Tee, Kaffee und Kakao in die Mutterländer zu schaffen. Von einem wirklichen Handel zum beiderseitigen Vorteil konnte keine Rede sein, weil die Einheimischen in den Kolonien ihrer Güter praktisch beraubt wurden.

Die schnellsten Transportsegelschiffe gab es vor etwa 150 Jahren, als die Klipper gebaut wurden. Das sind besonders schnittige Segelschiffe mit prächtiger Takelage. Sie schafften Tee aus China und Indien nach Europa und Nordamerika und konnten pro Tag bei günstigen Winden tausend Kilometer zurücklegen.

Doch schon bald nach ihrer Erfindung wurden die Klipper – und die gesamten Segelschiffe – von Dampfschiffen verdrängt, die schneller und vor allem vom Wind unabhängig waren.

Weshalb gibt es heute kaum noch Schaufelraddampfer?

Die ersten „Kraftschiffe“ waren Schaufelraddampfer (seit 1783). Eine Dampfmaschine trieb riesige Schaufelräder an, wie wir sie heute nur noch von Vergnügungsschiffen kennen. Ab etwa 1850 wurden dann immer mehr Schiffe mit einer Schiffsschraube ausgerüstet, die der Österreicher Ressel (1827) entwikkelt hatte. Schiffsschrauben setzen die Energie besser um. Sie arbeiten immer unter Wasser. Vor allem bei hohem Seegang erwiesen sich Schaufelräder als nicht sehr brauchbar, weil sie mehr Luft als Wasser schaufelten.

Wann lief das erste U-Boot vom Stapel?

Schon lange vor der Nutzung von Maschinenkraft haben sich Ingenieure überlegt, wie man in einem Schiff unter Wasser fahren könnte. Der Holländer Drebbel konstruierte 1620 ein Unterseeruderboot mit abgedichteten Ruderöffnungen, das ein wenig aussah wie ein Faß mit Flossen.

1801 baute der Amerikaner Robert Fulton ein Unterseeboot, das bereits vier Stunden lang unter Wasser fahren konnte.

Das erste moderne U-Boot stammt aus Amerika. Es wurde um 1900 gebaut und hatte zwei Motoren: einen Benzinmotor für Fahrten an der Oberfläche und einen Elektromotor für Tauchfahrten. Der Verbrennungsmotor braucht nämlich Sauerstoff zum Betrieb, und der steht unter Wasser nicht ausreichend zur Verfügung. Die deutschen U-Boote des Zweiten Weltkriegs (ab 1940) saugten die Luft für ihre Dieselmotoren durch einen Schnorchel ein, der auch bei Tauchfahrten den nötigen Sauerstoff lieferte.

Das erste atomgetriebene U-Boot wurde 1955 von den USA in Betrieb genommen.

Wer baute den ersten Kompaß?

Bereits Jahrhunderte vor unserer Zeit hatten die Chinesen herausgefunden, daß sich gewisse Steine (Magneteisenerz Magnetit), wenn sie frei beweglich gelagert waren, in eine bestimmte Richtung drehten und dort einpendelten. Die ersten Kompasse waren Magnetitlöffel mit kurzem Stiel, die sich auf dem Löffelrücken drehen ließen. Versetzte man sie in eine Kreiselbewegung, blieben sie nach einigen Runden immer so stehen, daß der Stiel nach Norden zeigte. Der Grund für dieses damals noch rätselhafte Verhalten liegt im Magnetfeld der Erde, das ständig auf magnetisches Material einwirkt und es ausrichten will. Diese Kräfte sind jedoch so schwach, daß sie nur frei bewegliche Kompaßnadeln drehen können.

Später steckten chinesische Matrosen eine Magnetitnadel in einen Strohhalm, der auf einer wassergefüllten Schüssel schwamm. Der Halm stellte sich etwa in Nord-Süd-Richtung ein.

Auch die späteren Weiterentwicklungen des Magnetkompasses zeigten immer auf den magnetischen Nordpol, der mit dem geographischen Nordpol nicht identisch ist.

Erst im Jahr 1912 gelang es dem deutschen Ingenieur Hermann Anschütz-Kämpfe, einen Kompaß zu konstruieren, der stets zum wahren Nordpol (also in die exakte Nordrichtung) zeigt und der nicht von Metallen in der Umgebung beeinflußt wird. Dieser Kreiselkompaß beruht auf den physikalischen Eigenschaften des Kreisels: Ein sich schnell drehender Kreisel behält die Ausrichtung seiner Drehachse stets bei. Dieses Prinzip wirkt sich auch beim Spielzeugkreisel aus: Die Drehachse ändert sich nicht. Solange der Kreisel sich dreht, fällt er nicht um. Selbst wenn der Boden gekippt wird, läßt sich der Kreisel nicht stören. Er bleibt weiterhin aufrecht stehen.

Wer erfand das Rad?

Leider wissen wir nicht, wer der Erfinder des Rades ist. Es muß sich um einen genialen Kopf gehandelt haben, denn das Rad, so geläufig es uns auch scheint, war etwas völlig Neuartiges. Es hat kein Vorbild in der Natur, und es konnte sich nicht aus anderen Gegenständen heraus entwickeln. Um das Rad zu ersinnen, mußte sich der Erfinder oder die Erfinderin einen Holzstamm ausdenken, der nicht auf der ganzen Länge rollt, sondern nur auf einer Holzscheibe. Das Gewicht durfte nicht auf der Scheibe selbst ruhen, sondern auf einer Achse. Diese Achse, auch sie etwas völlig Neues, sollte sich zwar drehen, aber nicht unter dem Karren fortlaufen ...

Die früheste Darstellung von Wagenrädern stammt aus dem Jahr 3200 vor unserer Zeit. Viele

Kulturen, unter ihnen auch hochstehende amerikanische Frühkulturen, kannten das Rad überhaupt nicht.

Wann gab es das erste Fahrrad?

Der Engländer Starley baute 1885 das erste Fahrrad, das zwei gleich große Räder und vernünftige Bremsen hatte. Es fuhr einstweilen noch mit Hartgummireifen. Doch schon 1888 erfand der Franzose Dunlop den luftgefüllten Reifen. Luft dämpft die Stöße beim Fahren viel besser als Hartgummi, hat allerdings den Nachteil, daß sie bei Beschädigungen, pffff, verlorengehen kann.

Wer baute die ersten Autos?

Die ersten fahrtüchtigen Autos mit Benzinmotoren bauten die Deutschen Benz (1885, drei Räder) und Daimler (1887, vier Räder). Diese Automobile sahen allerdings noch wie Kutschen aus, bei denen die vorgespannten Pferde durch einen eingebauten Motor ersetzt wurden. Die Franzosen Panhard und Lavasser konstruierten die ersten Autos, die unserem heutigen Bild von einem Auto schon näherkamen.

Wo gab es die ersten Verkehrsampeln?

Obwohl das Auto aus Europa kam, wurden die USA bald zum klassischen Autoland. 1908 lief mit dem legendären Modell T des Henry Ford das erste Auto vom Fließband, das billig genug war, um von wohlhabenderen Durchschnittsbürgern gekauft zu werden. (Ford gilt, nebenbei, auch als Erfinder des Fließbandes, wo jeder Arbeiter immer denselben Handgriff macht, während das Auto am Band an ihm „vorbeifließt".)

Die ersten Verkehrsampeln (mit den Farben Rot und Grün; Gelb kam erst später auf) standen schon 1914 in der Stadt Cleveland. In Oklahoma City, USA, wurde 1935 die allererste Parkuhr in Betrieb genommen. 1940 baute die Firma General Motors in ihre Straßenkreuzer die ersten automatischen Getriebe ein; jetzt mußte der Fahrer die verschiedenen Gänge nicht mehr selbst einlegen.

Mit welchem Treibstoff arbeiteten die ersten Motoren?

Der erste Verbrennungsmotor, 1860 vom Belgier Lenoir konstruiert, funktionierte mit Leuchtgas. Das aus Kohle gewonnene Gas explodiert dabei in kontrollierten Mengen in einem Zylinder, der den Kolben herausdrückt, der wiederum ein Rad in Bewegung setzt. – Das Prinzip des Verbrennungsmotors (der so heißt, weil in ihm etwas – Gas, Benzin, Diesel – verbrannt wird) blieb bis heute gleich. Im Laufe des vergangenen Jahrhunderts wurden Verbrennungsmotoren allerdings ständig verbessert.

Der Deutsche Nikolaus Otto (1876) baute den ersten Viertaktgasmotor. Diese Art von Motor, in dem das explosive Gemisch im Zylinder mit einer Zündkerze gezündet wird, heißt seitdem Ottomotor.

Sein Landsmann Rudolf Diesel baute 1892 einen Motor, der ohne Zündkerzen auskommt. Der Dieselmotor wird auch „Selbstzünder" genannt. Er braucht keine Zündkerzen. Das Treibstoff-Luft-Gemisch im Zylinder entzündet sich von selbst durch den hohen Druck und die dadurch entstehende Hitze.

Wo liefen die ersten Eisenbahnen?

Um das Jahr 1800 konstruierte der Engländer Trevithick die erste Dampflokomotive. Doch es dauerte noch ein Vierteljahrhundert, bis zwischen den englischen Städtchen Stockton und Darlington der erste Personenzug verkehrte. Die erste Elektrolokomotive baute der Deutsche von Siemens im Jahr 1897. Bereits 1881 war in Berlin eine elektrische Straßenbahn gefahren. Sie war die erste der Welt.

Auch die erste Diesellokomotive fuhr in Deutschland (1912).

1981 begann in Europa das Zeitalter der Hochgeschwindigkeitszüge mit dem 260 Stundenkilometer schnellen TGV („train à grande vitesse") von Paris nach Lyon (Frankreich).

Wer erfand die Dampfmaschine?

Im Jahr 1698 baute der Engländer Savery die erste Dampfmaschine. Sie funktionierte so: In einen Zylinder floß heißer Wasserdampf. Dieser Zylinder wurde mit kaltem Wasser abgekühlt. Dadurch entstand im Inneren ein Unterdruck, der den Kolben des Zylinders hochzog. Diese Kolbenbewegung nutzte man zum Hochpumpen von Wasser.

Fast hundert Jahre später verbesserte James Watt die Dampfmaschine so, daß sie nicht nur Kolben hin und her führte, sondern auch Räder antrieb. Diese wichtige Neuerung heißt „Planetengetriebe“: Es setzt das Auf und Ab der Kolben durch eine bewegliche Stange und ein Schwungrad in die Drehbewegung eines Rades um.

Wo startete das erste Flugzeug?

Die Brüder Wright unternahmen 1903 in den USA den ersten Flug mit einem motorgetriebenen Flugzeug. Dieser „Flug“ ging über genau 260 Meter. Zuvor hatte der Deutsche Lilienthal mit einem Mittelding zwischen Segelflugzeug und Hängegleiter die ersten Segelflugversuche gemacht. Lilienthal war mit 350-Meter-Flügen weiter gekommen als die Brüder Wright im ersten Motorflug. 1896 war er tödlich verunglückt.

1909 flog der Franzose Blériot als erster Flugzeugpilot über den Ärmelkanal. Er schaffte die 36 Kilometer in 36 Minuten.

Das erste Düsenflugzeug baute der deutsche Ingenieur von Ohain im Jahr 1939. Die He 178 hatte zwei Düsentriebwerke. 1947 flog das erste Flugzeug (Bell X-1, USA) schneller als der Schall. Die erste Düsenpassagiermaschine, die englische De Havilland Comet, startete 1949 zum ersten regulären Flug.

Wer schoß die ersten Raketen in die Luft?

Schon vor 1.000 Jahren kannten die Chinesen Raketen: als Feuerwerkskörper, aber auch als Kriegswaffe. 1232 verschossen sie gegen die Mongolen Pfeile, die mit Raketen bestückt waren. Als Raketentreibstoff diente Schießpulver.

Die ersten modernen Raketen (und Vorläufer der Weltraumraketen) schoß die Deutsche Wehrmacht 1942 auf Ziele in England. Die Reichsführung erhoffte sich von dieser Wunderwaffe den Endsieg über die Alliierten. Der Konstrukteur Wernher von Braun wechselte nach dem deutschen Zusammenbruch die Seiten und baute später Mondraketen für die Amerikaner.

Welches Volk erfand die Schrift?

Vor 5.500 Jahren führten die Sumerer die Bilderschrift ein. Wörter werden dabei durch Bilder dargestellt. Daraus entwickelte sich vor 5.000 Jahren die Keilschrift der Perser, Assyrer und Babylonier. Zur selben Zeit verwendeten die Ägypter Hieroglyphen – heilige Inschriften in Stein. Vor 3.300 Jahren entstand die chinesische Schrift, die aus Tausenden Schriftzeichen (pro Wort ein Zeichen) besteht. Vor 3.000 Jahren übernahmen und verbesserten die Griechen die syrische Ugaritenschrift. Hier stand erstmals für jeden Laut ein Buchstabe.

Das griechische Alphabet wurde zur Grundlage des lateinischen und damit unseres Alphabets.

Wer ließ die ersten Gesetze aufschreiben?

Keine Gefängnisse, dafür aber saftige Geldstrafen und schreckliche körperliche Züchtigungen gab es im Babylonien des Königs Hammurabi, der von 1728 bis 1686 vor unserer Zeit regierte. Wir wissen das aus dem „Codex Hammurabi", der ältesten vollständig erhaltenen Gesetzessammlung der Welt. Diese Gesetzestexte waren in eine Steinplatte eingemeißelt. Sie regelten Fragen des Landbesitzes und der Erbfolge, Abgaben und Wegerechte. Aber sie beinhalten auch das, was wir heute als Strafgesetzgebung bezeichnen: Es wird festgelegt, was als Verbrechen zu gelten hat und wie die Strafe ausfallen soll. Verbrechen wurden oft mit Geldstrafen geahndet. In schweren Fällen wurden die Übeltäter hingerichtet, oder es wurden ihnen Hände oder Ohren abgehackt.

Wer verschickte die ersten Weihnachtskarten?

Sir Henry Cole, ein praktisch veranlagter Engländer, war es leid, seinen Bekannten Weihnachtsgrüße brieflich zu übermitteln; da mußte man immer noch etwas dazuschreiben, was mitunter ziemlich lästig war. Sir Henry sann auf Abhilfe - und ließ sich illustrierte Karten mit dem vorgedruckten Text „Fröhliche Weihnachten und ein glückliches neues Jahr!" drucken, die er bloß noch unterschreiben mußte. Ein Bild zeigte eine fröhliche Familie beim Weihnachtsmahl.

Bald fanden sich Unternehmer in aller Welt, die

Sir Henrys Idee übernahmen und Weihnachtskarten (und später überhaupt Glückwunschkarten) mit den verschiedensten Motiven zum Kauf anboten.

Wo erschienen die ersten Zeitungen?

Die ersten Zeitungen der Welt erschienen beinahe gleichzeitig im Jahr 1609 in Wolfenbüttel und Straßburg. Sie hießen „Aviso“ und „Relation“ und wollten ihre Leser wöchentlich über Ereignisse in aller Welt informieren. Zuvor hatte es zwar schon Flugblätter und Pamphlete gegeben, die – wie alles Gedruckte damals – großen Einfluß auf die politischen Ereignisse hatten. Diese Flugblätter freilich bezogen sich nur auf bestimmte Ereignisse und waren eher Propagandaschriften.

Vor der Erfindung des Buchdrucks im 15. Jahrhundert hatte man Neuigkeiten überhaupt nur brieflich und durch Ausrufer weitergeleitet; auch Nachrichten über wichtige Ereignisse waren bloß langsam und oft völlig verstümmelt verbreitet worden.

Bebilderte Zeitschriften gab es dagegen erstmals in England. Der „Civic Mercury“ erschien seit 1634. Auch die „Times“, die berühmteste Zeitung der Welt und zugleich eine der ältesten, die es noch gibt, ist englischen Ursprungs.

Seit wann gibt es Werbung?

Eine ganze Reihe von Dingen mußte zusammenkommen, daß so etwas wie Werbung entstehen konnte: Es mußten zum Beispiel erstens mehr Waren vorhanden sein als Interessenten – das Angebot mußte höher sein als die Nachfrage. Und es mußte Konkurrenz zwischen verschiedenen Herstellern geben. Das ist der Fall seit der Massenproduktion von Gütern in Fabriken. Zuvor wäre es viel zu mühsam gewesen, mehr zu produzieren, als man sicher verkaufen konnte.

Es mußte die nötige Kaufkraft vorhanden sein: das heißt Geld in den Händen vieler Menschen und nicht nur in den Händen einer hauchdünnen Schicht von Reichen.

Schließlich brauchte man sogenannte „Werbeträger"; das heißt einen Überbringer der Werbung.

All dies kam im England des 18. und 19. Jahrhunderts zusammen. Die fabrikmäßige Herstellung von Gütern hatte begonnen; der Handel mit den Kolonien blühte, und durch die Ausbeutung der überseeischen Besitzungen in Asien und Afrika gab es mehr reiche Leute als je zuvor. Und schließlich gab es Zeitungen, in denen geworben wurde. Bald waren Anzeigen eine hauptsächliche Einnahmequelle für Zeitungen.

Seit 1920 gibt es auch im Rundfunk, seit 1940 (in den USA) auch im Fernsehen Werbung.

Die modernste und zugleich undurchsichtigste Form der Werbung heißt „Product placement", also etwa: Einbau von Produkten. Der Trick dabei ist, daß diese Art von Werbung nicht als Werbung gekennzeichnet ist. Vielmehr bezahlen Firmen dafür, daß ihre Produkte – von Autos bis zu Zigaretten – in Filmen oder Fernsehshows deutlich sichtbar vorkommen. Wenn der sympathische Held eines Films stets im Auto der Marke XY vorfährt oder einen ganz bestimmten Schnaps schluckt, macht das auf Käufer einen viel tieferen Eindruck als „bloße“ Werbung, bei der man weiß, daß geworben wird.

Wie können Blinde lesen?

Der Franzose Braille entwickelte 1824 die sogenannte „Brailleschrift“. Sie wird nicht auf Papier geschrieben, sondern gestanzt. Sehbehinderte können die erhabenen Punktgruppen, die für Buchstaben stehen, mit den Fingerspitzen ertasten und damit lesen.

Wer trug die ersten Brillen?

Reiche, aber sehschwache Venezianer waren vermutlich die ersten Menschen, die so etwas wie Brillen trugen, und zwar vor 700 Jahren. Diese Augengläser ähnelten allerdings mehr Lupen, mit denen man die Schrift in Büchern vergrößern und damit die Buchstaben besser erkennen konnte. Sie wurden anfangs mit der Hand festgehalten und später auf die Nase gezwickt.

Brillen für Kurzsichtige wurden erstmals um das Jahr 1550 hergestellt, ebenfalls in Italien. Augengläser galten von da an als Zeichen von Reichtum und Weisheit. Denn nur reiche Leute konnten sich Brillen und Bücher leisten, und wer Bücher hatte, galt als klug. Die Maler der damaligen Zeit waren von den Augengläsern so beeindruckt, daß sie auf ihren Bildern oft auch Apostel und alte Kirchenväter mit diesen Zeichen der Würde und Weisheit ausstatteten –

obwohl es zur Lebenszeit der Abgebildeten Brillen natürlich noch nicht gab ...

Der erste Mensch, der eine bifokale Brille trug, war übrigens der amerikanische Präsident und Naturforscher Benjamin Franklin (1775). Bifokale Brillen haben zwei Linsentypen in einem Glas. Der obere Teil ist konkav geschliffen (nach innen gewölbt). Kurzsichtige können damit besser in die Ferne sehen. Der untere Teil der Linse ist als Leselinse konvex geschliffen (nach außen gewölbt).

Wem Augengläser nicht gefallen, der kann sich seit 1887 Kontaktlinsen anpassen lassen. Sie wurden damals erstmals in der Schweiz hergestellt. Sie waren zwar präzise, aber noch nicht dem Auge des Trägers angepaßt. Die ersten Kunststofflinsen gab es 1938.

Seit wann gibt es Kurzschrift?

Schon die Griechen hatten vor 2.500 Jahren eine Art Kurzschrift. Unsere deutsche Einheitskurzschrift ist viel jünger. Sie wurde 1924 eingeführt und geht in ihren Grundzügen auf die schon hundert Jahre zuvor entwickelten Ideen des Stenographen („Kurzschreibers“) Gabelsberger zurück. Andere Länder haben andere Kurzschriftsysteme.

Weshalb heißt der Bleistift „Bleistift"?

Früher - seit Ende des Mittelalters - bestand der Bleistift aus einer dünnen Bleistange, die in ein Holzgehäuse gesteckt wurde. Um damit schreiben zu können, mußte man ihn anlecken. Das war natürlich äußerst ungesund. Heute besteht keine Bleistiftmine mehr aus Blei, sondern hauptsächlich aus Graphit (Kohlenstoff).

Füllfedern gibt es seit 1884 (Waterman, USA), Patronenfüller seit 1950. Den Kugelschreiber erfand 1938 der Ungar Biro. Filzschreiber wurden von japanischen Firmen erstmals um 1962 angeboten.

Wer baute die erste Schreibmaschine?

Turri in Italien, Mitterhofer in Österreich, Drais von Sauerbronn (auch der Erfinder der Draisine, Vorläufer des Fahrrades): all diese Ingenieure haben sich vom Jahr 1800 an unabhängig voneinander um die Konstruktion eines Schreibapparates bemüht. Doch erst 1873 stellte der amerikanische Industrielle Remington, der sonst Gewehre baute, die erste funktionsfähige Schreibmaschine in Serie her.

Wie lautete der erste Satz, der durchs Telefon gesprochen wurde?

Im Jahr 1861 sprach der deutsche Physiker Johann Philipp Reis in Frankfurt am Main einen der wichtigsten Sätze der Weltgeschichte. Er lautete: „Das Pferd frißt keinen Gurkensalat.“ Das Sensationelle an dieser (sicherlich nicht unrichtigen) Feststellung war, daß der 27jährige Physiker sie über das von ihm konstruierte Telefon sprach und damit ein neues Zeitalter ankündigte – das Zeitalter des Telefons, der Übertragung des gesprochenen Wortes über Draht.

So geschickt Johann Philipp Reis beim Erfinden des Telefons war, so untüchtig war er, als es darum ging, Ruhm und Geld für sein Telefon einzuheimsen. Denn 15 Jahre später ließ sich der Amerikaner Alexander Graham Bell das von ihm nacherfundene Telefon patentieren und war bald darauf ein gemachter Mann.

Schon 1884 baute die Firma „Bell Telephone“ die erste Telefonleitung für Ferngespräche zwischen Boston und New York. Die erste automatische Telefonvermittlung, bei der Gesprächsteilnehmer nicht mehr per Hand im Amt zusammengestöpselt wurden, sondern den Gesprächspartner direkt anwählten, gab es 1889 in den USA.

Wo lief der erste Film?

Die erste Filmvorführung der Welt fand 1895 im Berliner „Wintergarten“ statt. Erfinder und Hersteller der ersten Filme, die nur wenige Minuten dauerten und die Zuschauer in unglaubliche Aufregung versetzten, waren die französischen Brüder Lumière. Einen ähnlichen Apparat wie sie hatte fünf Jahre vorher der amerikanische Erfinder Thomas Edison konstruiert.

Das Prinzip des Films hat sich seitdem nicht geändert: Eine Reihe von Fotos auf einem Filmstreifen wird so schnell abgespult, daß das Auge des Betrachters den Wechsel der Bilder als Veränderung im Bild selbst wahrnimmt. Das Ganze nannte man „Kinematographie", von den griechischen Wörtern für Bewegung und Aufzeichnung.

Der erste regelrechte Spielfilm - natürlich noch ohne Ton - entstand 1902. 1915 hatte man die neue Filmkunst bereits so sehr im Griff, daß dreistündige Filme entstanden. Statt Sprache gab es bei diesen Stummfilmen Untertitel und Klavierbegleitung durch einen Pianisten, der im Kinosaal saß.

Revolutioniert wurde die junge Kunst 1923 durch das Tonfilmverfahren. Jetzt liefen Film und eine Art Tonband miteinander auf demselben Streifen ab, und die Zuschauer konnten ihre Leinwandhelden nicht nur sehen, sondern auch hören. Für viele Stummfilmstars mit krächzenden, piepsenden oder schrillen Stimmen bedeutete dies das Ende ihrer Karriere.

Wer ließ sich den ersten Zoo bauen?

Aus dem elften Jahrhundert vor unserer Zeit wird vom chinesischen Kaiser Wang berichtet, er habe sich einen Tiergarten angelegt, um sich an exotischen Tieren aus allen Teilen des Reichs und der den Chinesen bekannten Welt zu ergötzen. Auch die Könige David (Israel) und Nebukadnezar (Babylon) hielten Löwen und andere wilde Tiere.

Löwen bewachten im Mittelalter auch den Tower von London. Und diese in der Neuzeit überflüssig gewordenen „Wachkatzen" waren die ersten Attraktionen des Londoner Zoos.

Der Tiergarten Schönbrunn in Wien wurde im Jahr 1752 unter der Regentschaft der Kaiserin Maria Theresia erbaut. Er ist der älteste der Welt, der heute noch existiert. So schön die historischen Bauwerke auch sein mögen, so stoßen sich doch viele Tierfreunde unter den Besuchern an den altertümlichen Anlagen. Vor 250 Jahren kümmerten sich die Erbauer des Zoos noch herzlich wenig um die Bedürfnisse der Tiere in den Zwingern: Zootiere waren für das Empfinden der damals lebenden Menschen bloße Schaustücke.

Seit wann konserviert man Lebensmittel in Gläsern?

Erst seit überraschend kurzer Zeit werden Lebensmittel in Gläsern konserviert. 1809 erfand der Franzose Appert das Einkochen, bei dem gekochte Lebensmittel in Gläser gefüllt und diese anschließend dicht verschlossen werden. Das Kochen tötet die Bakterien ab, die sonst sofort die Ware verderben würden.

Zur selben Zeit entwickelte der Engländer Edwards ein Verfahren, mit dem Gemüse durch

Trocknen konserviert werden kann. Das Trocknen von Lebensmitteln zum Haltbarmachen geht allerdings auf eine lange Tradition in fast allen Kulturen zurück.

Welche Lebensmittel wurden in neuer Zeit erfunden?

Ob der Amerikaner Kellogg die Corn-flakes, wie behauptet wird, tatsächlich erfunden hat, ist unbekannt. Jedenfalls stellte er sie 1906 in den USA erstmals industriell her.

Der Franzose Mège-Mouriez erfand 1869 die Margarine als billigen Ersatzstoff für Butter. Damals wurde Margarine hauptsächlich noch aus Rinderfett produziert und Soldaten zur Aufbesserung der Kost ins Essen gemischt. Heute ist Margarine eine gesunde, von tierischen Fetten freie Alternative zu Butter. 1874 erfanden die deutschen Chemiker Haarmann und Tiemann die ersten künstlichen Aromastoffe. Heute gibt es künstliche, in Chemiefabriken hergestellte Aromen in fast jeder Geschmacksrichtung. (Auf der Packung steht bei Aromastoffen statt „künstlich“: „naturidentisch“.)

„Sojafleisch“ aus Sojabohnen wurde erstmals 1930 in den USA hergestellt.

Wo gab es die ersten Supermärkte?

Wo sich die Kunden ihre Waren selbst aussuchen und aus dem Regal nehmen können, dort braucht ein Laden weniger Personal. Die Betriebskosten sind niedriger, und deshalb können die Preise gesenkt werden. Niedrige Preise wiederum ziehen mehr Kundschaft an. Das war das Konzept der Supermärkte, die in den USA vor sechzig Jahren erstmals eröffnet wurden.

Heute haben Supermärkte mit Selbstbedienung in den meisten industrialisierten Ländern die kleineren Läden verdrängt, wo der Kunde dem Verkäufer hinter der Theke seine Wünsche nannte. Auf der grünen Wiese außerhalb der Städte entstanden riesige Supermärkte mit einem Warenangebot, das in seiner Fülle vor zwanzig Jahren noch völlig unvorstellbar war. Allerdings wird ungeheuer viel Energie verschwendet, wenn man zum „billigen" Einkaufen ein Auto braucht. Ältere und ärmere Menschen, die kein Auto haben, verlieren oft auch ihren Laden um die Ecke.

In vielen Supermärkten müssen sich die Kunden heute nicht nur ihre Waren selbst holen, sondern zum Beispiel auch Obst und Gemüse abwiegen und mit einem Preiszettel versehen.

1990 wurden in Deutschland Computerkassen eingeführt, bei denen der Kunde selbst „zusammenrechnen" muß, was er gekauft hat. Jede Ware hat einen Preisvermerk (Barcode), der vom Kassencomputer gelesen werden kann. Der Kunde führt den gekauften Artikel selbst über diesen Barcodeleser und erhält eine Quittung, mit der er an der Kasse bezahlt.

Seit wann essen Menschen mit Messer und Gabel?

Die meisten Menschen essen nicht mit Messer und Gabel: Chinesen und Japaner führen feste Nahrung mit Stäbchen in den Mund; Inder und Afrikaner, soweit sie sich nicht westlichen Sitten angepaßt haben, essen mit den Fingern - Suppen und Getreidebrei natürlich mit Löffeln. In den dortigen Ländern wird das Essen schon beim Kochen vorgeschnitten - und nicht erst am Tisch. Afrikanern und Asiaten wäre wahrscheinlich unbehaglich bei dem Gedanken, etwas so Spitzes wie eine Gabel in den empfindlichen Mund schieben zu müssen...

In Europa finden sich seit etwa 300 Jahren Gabeln auf den Tischen feiner Leute. In den ärmeren Schichten behalf man sich damit, Fleisch - sofern es welches gab - mit dem eigenen Messer auf dem Tisch zu zerschneiden und die Brocken mit der Messerspitze in den Mund zu schieben. Im Mittelalter hatten Reisende immer ihr eigenes Messer dabei; es war nicht üblich, in Gaststätten auch Besteck bereitzulegen.

Erst seit 200 Jahren werden Bestecke in Fabriken hergestellt, billig genug, daß auch ärmere Leute mit Messer und Gabel essen können.

Wer dachte sich all die Haushaltsgeräte aus?

Der allererste elektrische Haushaltsmixer wurde 1910 von der Firma Hamilton Beach (USA) hergestellt, die erste Küchenmaschine mit vielen Funktionen 1936 von der Firma Sunbeam (ebenfalls USA).

Den ersten Filterkaffee kochte der Amerikaner Thompson im Jahr 1806; kochendes Wasser floß auf Kaffeepulver, das in einem Metallsieb lag.

1892 erfand der Engländer Dewar die Vakuumthermoskanne. Dieses Gefäß ist doppelwandig; zwischen den beiden Glaswänden herrscht Vakuum, so daß die Wärme nicht von innen nach außen übertragen und abgeleitet werden kann.

Den Automatiktoaster erfand der Amerikaner Strite 1927. Das Gerät warf das Toastbrot nach einer bestimmten Zeit aus, so daß nichts mehr verbrennen konnte.

Den ersten Gasherd baute 1802 der Österreicher Winzer. Elektroherde gibt es seit 1889. Den ersten Mikrowellenherd baute 1953 die Firma Raytheon (USA). Infrarotherde gibt es seit 1980 (Firma Thorn, England).

1899 erfand die Amerikanerin Cockran die Geschirrspülmaschine.

Der Kühlschrank ist eine Erfindung des Deutschen von Linde (1897).

Die erste elektrische Waschmaschine baute der Amerikaner Fisher im Jahr 1906. Eine handbetriebene Waschmaschine hatte sich der Engländer Sidgier schon 1782 ausgedacht. Sie mußte mit einer Kurbel gedreht werden.

Wo wurde zum erstenmal gebügelt?

Die Chinesen kannten das Bügeleisen schon vor 1.200 Jahren. Es wurde mit Holzkohle erhitzt. Das elektrische Bügeleisen geht auf eine Erfindung des Amerikaners Seeley (1882) zurück.

Wer erfand den Staubsauger?

Der Engländer Booth baute einen Staubsauger, dessen Saugpumpe erstmals mit einem Elektromotor betrieben wurde. Zuvor hatte es schon Staubsauger mit Pedalbetrieb gegeben (eine Art umgekehrter Blasebalg).

Seit wann gibt es moderne Feuerlöscher?

1905 erfand der Russe Laurent den ersten Feuerlöscher, der kein Wasser verspritzte, sondern die Flammen unter dem Schaum bestimmter chemischer Substanzen erstickte.